함께 동역하는
아름다운 교회

21세기 교회 리더십이 나아갈 길, 복수리더십

제 목	함께 동역하는 아름다운 교회 / 21세기 교회 리더십이 나아갈 길, 복수리더십
발 행	2025년 10월 2일
저 자	이진섭
발행인	최진영
발행처	(주)이새의나무
디자인	신정범
주 소	경기도 고양시 덕양구 삼막3길 5, 8층 823호
전 화	010-3846-0675
이메일	isownara@gmail.com
ISBN	979-11-6902-114-2
가 격	18,000원

ⓒ 2025
*본 책은 저작자의 지적 재산으로서 무단 전재와 복제를 금합니다

함께 동역하는
아름다운 교회

이진섭 지음

21세기 교회 리더십이 나아갈 길, 복수리더십

서문

좋아하는 시구(詩句) 하나가 떠오른다.

나는 당신의 살아 있는 연필
어둠 속에도 빛나는 말로
당신이 원하시는 글을 쓰겠습니다.
<이해인, '살아있는 날은' 중 일부>

신앙인의 간절하고 진솔한 마음을 일상의 언어로 간명하고 소박하게 풀어낸 고백이다. 20대에 좋아했던 여러 시구 중에 지금까지 여전히 마음 한편에 가끔씩 맴도는 문장이다. 『함께 동역하는 아름다운 교회』 원고를 쓸 때도 가끔씩 되뇌었던 문장인데, 지금 원고의 마지막 자리에 다시 떠오른다. 본서가 이 시구(詩句)의 다짐을 닮기를 소망한다.

아름다운 교회의 소망

예수님은 하나님 나라(천국)를 가르쳐 전파하시고 그 나라가 실현되는 역사의 단초를 만드신 후 승천하셨다. 하나님의 아들이 이 땅에 오셔서 십자가에 죽고 부활한 후 승천하신 사건, 곧 메시아 사건은 이 땅에 교회가 등장하게 했다. 그 교회는 하나님 나라가 이 땅에 이루어지는 실체이자 표지(標識)였다. 예수님은 교회의 존재가 하나님 나라의 실현을 알리고 전하는 현실의 지표가 되기를 바라셨고, 세워질 교회를 내다보며 '복수의 리더들'을 세우고 승천하셨다. 하나님 나라의 모습을 이 땅에서 보여주고 경험하게 해 줄 교회의 등장은 그 나라를 소망하게 하는 힘이고 등불이었다.

그런데 교회가 역사 현장에서 항상 그 빛을 내고 그 힘을 잘 발휘한 것만은 아니었다. 현실의 세상과 부딪히며 때론 색이 바랬고 때론 그 역할을 제대로 추스르지 못했다. 때론 퇴색되어 파손되고 무너지기까지 했다. 처음에 등장했던 아름다운 표지는 점점 옅어졌고 어두워지기도 했다. 중세 가톨릭교회에서는 그 빛이 잘 보이지 않는 지경까지 갔다.

개신교회는 교회의 사명을 되새기고 새 꿈을 꾸며 새 빛을 추구했다. 성경으로 돌아가서 신학을 재정비하고 교회를 새롭게 하려 했다. 목숨을 건 개혁자들의 각고의 노력으로 교회는 바닥에서 올라오기 시작했고 새 희망의 불씨를 살렸다. 저점을 지나 신앙의 상승기를 이끌었다. 신학이 바뀌고 새로워졌으며, 교황을 정점으로 하는 수직적 정치체제를 극복했다. 그 결과 개혁신학과 장로정치가 개신교회 현실에 자리 잡았다.

하지만 모든 것이 다 회복되고 온전해진 건 아니었다. 분명 교회는 하나님 나라를 보여주는 힘이고 등불이지만, 현실의 교회는 여전히 세상의 굴레에 얽매인 채 세상 철학과 유혹에 싸우는 존재이다. 여전히 교회는 날마다 개혁 정신에 투철해야 한다. 신학은 늘 성경을 상고하고 말씀을 들어야 하며, 교회 정치는 성경 말씀에 기반하고 그 터 위에 세워져야 한다. 개혁교회는 늘 개혁되어야 한다는 명구(名句)는 빈 말이 아니다. 오늘 현실에도 실현되어야 하는 말이다.[1]

함께 동역하는 아름다운 교회

[1] 필자는 칼뱅이 살았던 집과 그가 교회에서 앉았었다는 의자를 직접 사진으로 찍어, 영국 유학 시절 책상머리맡에 붙여 놓고, 성경 말씀에 입각한 그의 개혁 정신을 닮고자 부단히 노력했다. 물론 칼뱅의 신발 끈도 풀 수 없는 처지이지만, 그분을 멘토로 모시고 그 정신을 배우고자 했다.

아름다운 교회가 되려면 바른 신학이 갖추어져야 한다. 바른 신학은 성경에서 나오지만, 아름다운 교회가 되는 길에는 교회 리더의 역할과 훌륭함이 전제된다. 그리고 그런 교회 리더의 훌륭함과 역할을 상정할 때는 교회 정치 체제를 외면할 수 없다. 성경이 지향하는 교회 리더십 체제는 아름다운 교회로 나아가기 위한 필요조건이 된다. 이런 점에서 신약성경이 지향하는 '교회의 복수리더십'은 아름다운 교회로 가는 중요한 통로이다.

복수리더십이 교회에 발현되어야 하는 건, 성경이 가르치고 신약성경의 교회가 보여주는 바이다. 개신교회는 중세 로마가톨릭의 교황정치 체제의 치명적인 문제를 깨닫고, 신약성경의 장로정치를 복원하려 했다. 그 결과 교황정치 체제를 벗어나는 데에는 성공했다. 하지만 신약성경이 기대하는 복수리더십을 온전히 실현하는 지경까지 가지는 못했다. 개신교회의 역사가 진행되면서, 특히 한국교회에는, 교황정치가 지녔던 단수리더십의 계층구조(hierarchy) 현상이 개교회 안에 다른 형태로 재현되는 모양새가 많아졌다. 물론 여전히 아름다운 개교회가 이곳저곳에 많이 있고, 신실하고 훌륭한 담임 목사님들이 많다. 하지만, 개신교회가 개혁 정신을 여전히 붙든다면, 교회의 복수리더십이 온전히 실현되는 자리까지 나아가는 게 좋다. '함께 동역하는 아름다운 교회'가 21세기 현실에 다시 등장하는 건 개신교회의 개혁정신이 요구하는 바이다.

때가 되었다

정치제도는 시대의 처지와 상황, 시대를 살아가는 사람들의 사고방식과 공감대와 무관하지 않다. 아무리 이상적인 정치제도라도 그 시대 사람들이 받아들이지 못하고 활용하기 힘든 경우라면 실행되기 힘들다. 교회정치 제도도 교회 교인들의 처지와 이해의 폭, 더 나아가 그 시대 사회의 상황과 눈높이에 영향을 받을 수밖에 없다.

21세기는 공유와 협업이 중요한 시대이다. 이미 사회 조직은 계급의 수직적 일방통행의 소통문화를 넘어서는 방향으로 변화하고 발전하고 있다. 팀의 나눔과 공유의 사고(思考), 협업의 효과와 집단 지성의 힘이 공감되고 있다. 이런 현상은 특히 젊은 그리스도인의 사고방식에 여러모로 반영되고 있다.

이미 약 2,000년 전 신약성경의 교회에는 함께 동역하는 복수리더십의 정신이 선명했다. 주님은 함께 동역하는 교회의 청사진을 그리셨고, 제자들은 그 청사진에 따라 아름다운 복수리더십의 교회를 실현했다. 하지만 이 복수리더십의 교회 모습은 초대교회를 벗어나면서 안타깝게도 한 감독이 다른 장로들을 지도하는 형태로 변형되기 시작했다.[2] 결국 교회는 교황정치 제도로까지 가게 되었다. 약 500년 전에 종교개혁자들은 신약성경의 장로 정치를 복원하고자 했다. 하지만 아쉽게도 온전히 회복하지는 못했다. 이제, 신약성경 교회의 복수리더십을 다시 제대로 복원할 때가 되었다. 21세기 교회는 함께 동역하는 아름다운 교회로 발돋움해야 한다. 이 소망을 가지고 이 책을 썼고, 그 소망이 미래의 현실이 되기를 기대한다. 하나님 나라를 누리고 맛보게 해줄 아름다운 교회가 복수리더십으로 더욱 활성화되기를 기도한다.

감사와 기도

오래전, 필자에게 교회의 복수리더십을 연구하는 동기부여를 제공해 주신 고(故) 윤종하 장로님께 감사드린다. 윤 장로님은 복수리더십의 개념을 피력하셨고 추구하셨다. 그분이 꿈꾸셨던 교회의 리더십은 아름다웠다. 필자가 에스라성경연구원

---

2 T.P. Jones(『기독교 역사』, p. 37)는 1세기에 모든 개교회는 '일단의 장로들'이 교회를 이끄는 체제였는데 3세기에 이르자 '감독 한 사람'이 다른 장로들을 지도하는 체제로 변화되기 시작했다고 지적한다.

과 에스라성경대학원대학교에서 성경을 연구하며 가르치는 기간 중에 '함께 동역하는 교회'에 대한 이해가 깊어짐에 감사한다.

함께 동역하는 교회를 실현하려했던 여러 작은 모임과 교회들에 감사드린다. 특별히 원고가 쓰이는 과정에 함께 토론했던 모임의 참여자분들에게 깊이 감사드린다. 유익한 여러 제안과 비평은 본서가 제 모양을 갖추는데 여러모로 도움이 되었다. 아름다운 교회를 세우고 가꾸는 꿈을 함께 꾸어온 '성경사역연합'의 사역자들과 '성사모' 회원 모두에게 고마움을 전하고 출판의 기쁨을 함께 나누고 싶다. 아름다운 교회가 이 땅에 더 많아지는 게 우리의 공통된 기쁨이라는 사실에 참 감사하다.

이 원고를 맡아서 출간해 준 이새의나무(위메이크북) 출판사와 신정범 대표님에게 감사드린다. 필자의 필력보다 더 멋진 모습으로 책이 나온 것은 모두 출판사의 애정과 노력 덕분이다.

이 책이 우리의 마음과 생각에 도전을 줄 뿐 아니라, 실제 교회의 변화와 변혁에도 도전이 되기를 기도한다. 원고는 여기서 마치지만, 함께 동역하는 교회가 실현되는 길은 이제 시작이다. 복수리더십의 교회 네트워크(network)가 이 작은 책의 불씨로 커져가길 소원한다.

무엇보다도, 이런 고민과 소망과 작업을 처음부터 시작하게 하고, 이런 책의 결실까지 이끌어주신 주님께 깊이 감사드린다. 수없이 묻고 연구하고 고민하며 기도했던 시간을 끝까지 붙들어주신 하늘 아버지께 감사드린다.

2025년 5월 8일
아름다운 교회들이 이 땅에 만개(滿開)하기를 기도하며,
이진섭

추천의 글

오늘날 교회를 사랑하는 많은 분들이 한국 교회를 바라보며 우려의 목소리를 높이고 있다. 그 목소리는 대개 교회가 안고 있는 문제가 무엇인지 진단하고 평가하는 내용이다. 문제의 해결 방안을 제시하는 경우도 있지만 다소 교훈적이며 원론적인 수준에 머물러 있어 아쉽다. 하지만 『함께 동역하는 아름다운 교회』를 읽으면서, 복수리더십 체제를 지향하는 교회에 몸담고 있는 한 사람으로서, 오랜만에 참 반가운 소식을 들은 것처럼 마음이 무척 기뻤다.

이진섭 교수는 오랫동안 바울 서신을 연구하여 후학들에게 가르쳐온 학자이다. 또한 사도들의 터(말씀) 위에 교회를 세우는 일에 관심을 가지고 목회자를 위한 성경교육에 열정을 쏟아온 분이다. 본서는 그런 저자의 사역과 경험에서 나온 하나의 결실이다. 이 책이 점점 영적인 힘을 잃어가고 있는 한국 교회에 현실 자각과 개혁 의지를 불러일으키게 될 것을 기대하며 확신한다.

이 책을 적극 추천하는 이유는 크게 세 가지이다. 첫째, 저자는 의사가 병의 증상뿐만이 아니라 병의 원인을 밝히듯이, 한국 교회가 겪고 있는 문제들의 근본 원인이 어디에 있는지를 들추어내고 있다. 둘째, 이상적인 교회 지도체제인 '복수리더십'에 대한 성경적 근거를 자세히 살피면서 그 체제의 정당성을 분명하게 제시한다. 이로써 교회의 실천적 의지를 촉구한다. 셋째, 의사가 병을 진단만 할 뿐만 아니라 그에 맞는 처방을 하듯이, 본서는 복수리더십 체제를 추구하려는 교회가 실제로 취해야 할 행동강령을 맞춤형 처방전으로 제시한다. 모쪼록 개혁과 갱신을 위한 새로운 도전이 필요한 우리 시대 교회에 이 책이 좋은 지침서가 되어 한국 교회의 진정한 부흥이 일어나기를 기원한다.

민경동 (에스라성경대학원대학교 전 총장, 광야교회 장로)

문제를 지적하기는 쉽지만, 해결책을 제시하기는 어렵다. 편 가르기를 하기는 쉽지만, 통합은 어렵다. 그런데, 이진섭 교수는 늘 진실하게 생각하고 구체적인 대안을 제시하는 분이다. 저자의 『함께 동역하는 아름다운 교회』에는 담임목사 제도에 대한 면밀한 분석과 담임목사제의 장점 및 단점과 해결책이, 기준이 되는 신약성경의 모범이, 또한 실현에 필요한 교회 정관까지 꼼꼼히 제시된다. 결국, '지도력의 권력화'가 가장 핵심적인 문제였다.

이런 책이 필요한 현실이 슬프다. 실제로 "부목사의 전직 문제"는 정말 심각하다. 리더인 목회자들은 이 책을 읽고 '본인의 자격'을 점검할 필요가 있다. 젊은 목회자들은 담임목사가 되지 못함에 낙심하지 말고, 책임 있는 지도력을 가진 목회자가 되기 위해 노력할 필요가 있다. 제도 개혁이 일어나지 않더라고 '특별장로'와 '일반장로' 가운데 본인이 어느 그룹에 속하는지를 따져볼 필요가 있다. 무엇보다 '독재 리더십 성향'을 버리고 서로를 존중하는 '복수 리더십'을 늘 염두에 둘 필요가 있다.

절대 권력이 절대적으로 부패한다는 명언을 잊지 말아야한다. 현행 문제를 해결하려면, '권력을 사랑하는 성향' 자체를 버려야 한다. 제도가 어떻든 '권력 지향인 인간'은 권력을 얻기 위해 중요한 가치를 저버리기 때문이다. 교단에 소속된 교회의 경우, 이 책에서 제시하는 정관을 마련하기는 어려울 것이다. 그러나 이 책의 취지를 숙지하여 적용하는 것은 가능하다. 교회의 문제는 이리떼와 같은 삯꾼 목자들이 헤게모니를 장악하는 데에 있다. 삯꾼 목자들이 지도력을 갖는 상황은 결국 전체 성도들의 수준과도 연관된다. 민주주의의 성패가 구성원의 수준에 영향을 받는 것과 유사하다.

부디, 교회에서 직임을 맡은 이들이 본 책의 내용을 숙지하여, 본인이 교회를 세우는 사람인지, 아니면 교회를 허무는 사람인지를 인지하고 개혁되기를, 또한 성도들 각자도 이 책의 가르침을 배워서 성경적인 교회 리더십 확립을 위해 겸손히 노력할 수 있기를 소망한다.

박형대 (총신대학교 신학대학원 교수, 한국복음주의신약학회 회장)

'하나님의 나라를 증시(證示)하는 공동체.' 교회에 대한 이 가슴 뛰는 정의는 오늘 우리의 현실 속에서도 여전히 유효한가? 빛도 맛도 잃은 등불과 소금처럼, 교회는 가슴을 뛰게 하기보다 통곡하게 만드는 아픔이 되어 버렸다. 혹자는 '모든 교회가 그런 것은 아니지 않는가?'라고 반문하기도 하지만, 교회를 그리스도의 몸이라 고백하는 성도라면, 지체의 병듦을 결코 나와 무관한 것으로 외면할 수는 없을 것이다.

　하나님의 말씀이 아닌 사람의 권위, 건물과 제도 그리고 돈과 명예에 마음을 빼앗긴 우리들의 교회를 어떻게 치료하고 회복해야 하는가? 이 지점에서 이진섭 교수의 책『함께 동역하는 아름다운 교회』는 우리에게 귀한 길잡이가 된다. 저자는 교회가 본래의 자리로 돌아가기 위해 반드시 회복해야 할 본질적 요소로 복수 리더십을 제시한다. 신약성경이 보여주는 교회의 리더십은 결코 한 사람에게 집중되지 않았다. 초대교회는 함께 동역하는 리더십 위에서 건강하게 세워졌고, 그 안에서 하나님 나라를 힘 있게 드러냈다.

　그러나 저자가 지적하는 대로 복수리더십은 이후 빛을 잃어 교황 제도로 탈바꿈 되어 중세 가톨릭교회 때까지 왔고, 종교개혁 이후 다시 장로정치와 개혁 신학이 자리를 잡았지만 성경에서 가르친 교회의 복수 리더십은 여전히 약화되었다. 그 결과 교회는 사람이 중심이 된 교권화된 교회로 전락하며 그 본질을 잃고 있다. 오늘의 한국 교회 역시 이 문제 앞에 서 있다. 안타까운 것은 한국 교회가 서구의 어떤 교회보다 더 깊이 단일 지도자 중심 구조에 매몰되어, 말씀의 권위보다 사람의 권위에 굴복하며 헤아릴 수 없는 여러 문제들을 만들어 내고 있다는 사실이다. 이 책은 이와 같은 오늘의 시대를 향한 통찰을 놓치지 않는다.

　세상도 수직적 권위를 넘어 수평적 협력으로 나아가는 지금, 교회가 복수 리더십을 회복하는 것은 단순한 제도 개혁이 아니라 성경적 가르침을 좇아 교회가 교회 됨을 회복하는 일이다. '함께 동역하는 교회'는 추상적 이론이 아니라, 교회가 반드시 만들어 내야 할 실제적 사명이다. 나는 이 책을 읽으며 지역 교회의 담임목사로서 깊은 공감과 도전을 받았다. 교회가 하나님의 나라를 증시(證示)하는 공동체라는 본래의 정체성을 회복하지 못한다면, 우리가 잃는 것은 교세가 아니라 복음일 것이다.

『함께 동역하는 아름다운 교회』는 단순한 신학 서적이 아니다. 본질을 잃고 방황하는 교회에 주는 경고이자, 다시 하나님 나라에 대한 소명을 회복할 수 있다는 소망의 메시지다. 교회를 사랑하는 모든 성도와 목회자에게 이 책을 간절한 마음으로 기쁘게 추천한다.

박희정 (채움과비움의교회 담임목사)

평생 대학생 청년들을 전도하면서 살았지만, 여러 동역자들의 도움이 없었다면 아무도 돕지 못했을 것이다. 거기에는 국제라브리의 전통도 있었지만, 일찍부터 예루살렘교회나 바울 사도처럼 '함께 동역하는 교회'를 꿈꾸고 가르친 이진섭 교수의 '복수 리더십' 정신이 성경적이라 생각했기 때문이다. 이진섭 교수는 이 책에서만 아니라, 설교 강단이나 장로 모임에서 한결같이 강조한 것이 있다. 한국 교회에 진정한 복수(다수) 리더십이 부족하다는 점이다. 치리 장로에 대한 성경적 근거는 희박한데도, 그런 장로들을 많이 세우고 재정이나 행정을 돕게 하고 목양과 설교는 시키지 않았다. 그러나 신약에서 말하는 장로는 모두 가르치는 장로(교무 장로)들이다. 앞으로는 장로를 가르치는 장로로 세워서 그들이 목양, 설교, 성례에 함께 동역하도록 해야 한다. 이제라도 한국 교회는 성경이 말하는 그런 교회로 돌아가야 한다.

성인경 (라브리공동체 한국대표, 라브리교회 목사)

2017년 종교개혁 500주년을 맞이하여 한국교회는 지난날을 돌아보며 새로운 길을 모색하고자 노력을 기울였다. 대표적인 노력이 국민일보가 성도 900명과 목회자 100명을 대상으로 실시한 한국교회의 문제점에 대한 설문조사이다. 가장 큰 문제점으로 세속화, 물질주의, 신앙 실천 부족, 목회자 자질 문제, 개교회주의, 도덕적 타락 등이 지적되었다. 이에 대한 대안들이 여러 모양으로 제시되었지만 개선이 되기보다는 오히려 개악에 치달아 세습의 문제, 교회의 정치 권력화의 문제 등이 가중되어 추정 개신교인수 771만 명 중 '가나안 성도'가 226만 명에 이를 것이라는 지경에 이르렀다(기독일보, 2023).

이런 와중에 『함께 동역하는 아름다운 교회』를 접하게 되었다. 저자는 현재 한국 교회의 문제점에서 근원적으로 벗어나는 길은 "바른 신학"을 되찾는 것에 있음을 지적하고 있어 기쁘고 다행스럽게 생각한다. 바른 신학의 회복에 대한 저자의 간절한 소망은 책의 제목 『함께 동역하는 아름다운 교회-21세기 교회 리더십이 나아갈 길, 복수 리더십』속에 오롯이 들어 있다. 독자들도 같이 느낄 수 있겠지만 제목 속의 등장하는 '함께', '동역', 그리고 '교회'라는 단어의 조합 속에서 '복수의 리더십×복수의 리더십×복수의 리더십' 즉, 복수의 리더십을 세제곱하여 강조하고 있음을 알 수 있다. 저자는 개혁도 새로운 것도 요구하지 않는다. 예수님과 사도 바울의 가르침대로 바른 신학을 구현하길 소망하고 있다. 시인과 촌장의 노래 '풍경'에서 나온 가사처럼 "모든 것들이 제자리로 돌아가는 풍경"이 가장 아름다운 평화, 안정, 그리고 질서 회복을 만들어 냄을 책의 구석구석에서 확인할 수 있다. 그것은 지금의 교회를 교회의 머리 되신 예수 그리스도께 돌려드리는 회복이고, 그리스도의 죽음으로 말미암아 위에서 아래로 완전히 찢겨진 성막의 의미를 되새겨 '제사장(목회자) 중심의 옛 성전'을 선택된 백성의 공동체인 '교회의 시대'로 돌려드리는 것이다. 교회의 시대에는 예수 그리스도 외에 특정 중보자를 말하지 않는다. 따라서 특별장로와 일반장로, 그리고 평신도 사이의 잘못된 위계가 존재할 수 없다. 주님이 가르쳐 주신 대로 사람의 이름이 아닌 주님의 이름으로 모인 사람들이 합력하여 아름다운 선을 이루어 내면 된다.

복수의 리더십은 사람들의 이성을 기반으로 한 합리적 경영을 결코 의미하지 않는다. 오직, '만물을 그의 발아래에 복종하게 하시고, 그를 만물 위에 교회의 머리로 삼으셨느니라.'(엡 1:22)는 말씀을 품고 살아내는 바와 같다. 그래서 저자는 『함께 동역하는 아름다운 교회』에서 특히 교회의 리더들에게 왜곡되거나 각색되지 않은 주님의 가르침을 회복하여야 함을 초지일관 권하고 있다. 왜냐하면 한국교회는 한국 선교 140년을 지나면서 많이도 변질되었기 때문이다.

한국교회의 어두운 그림자를 제하기 위해서는 새로운 빛이 필요하다. 개인적으로는 이 책의 제2부 "신약성경의 교회와 복수리더십"이, 문제의 대안으로서의 빛을 찾는 길을 제시하고 있다고 생각되기에, 먼저 정독하여 읽는 걸 강하게 추천한다. 이 책을 읽는 내내 사도행전의 말씀이 귓전을 맴돌았다. "일어나 너의 발로 서라. 내가 네게 나타난 것은 곧 네가 나를 본 일과 장차 내가 네게 나타날 일에 너로 종과 증인을 삼으려 함이니"(행 26:16)

신현기 (단국대학교 명예교수, 신광교회 시무장로)

이 시대의 목회 현장에서 마주하는 아픔이 있다. 교회의 수적 성장이 정체되고, 세상으로부터의 신뢰가 흔들리는 현실 앞에서 목회자로서 성찰을 하게 된다. 그 아픔의 중심에는 담임목사제라는 단수 리더십 구조가 자리하고 있음을 부인할 수 없다. 한국교회 성장 과정에서 자연스럽게 정착된 이 제도는 분명 순기능을 해왔다. 하지만 시간이 흐르면서 권력의 집중은 세습, 권위주의, 부사역자들의 불안정한 지위, 원로-후임 목사 간의 갈등, 그리고 성도들의 신앙적 수동성이라는 어두운 그림자를 드리웠다. 그리스도의 향기가 구조적 문제로 인해 가려지는 안타까운 현실이다. 이 책은 바로 그 지점을 예리하면서도 온유하게 파헤친다. 누구나 느

끼지만 쉽게 말하기 어려운 문제를 용기 있게 드러내면서도, 단순한 비판에 머물지 않는다. 성경과 교회 전통 속에서 희망의 실마리를 찾아내어 복수 리더십이라는 대안을 제시한다.

개인적으로 작은 경험이 있다. 섬기는 교회와 같은 건물 아래층 교회의 담임목사와 나눈 협력의 시간들이다. 말씀 묵상 세미나를 함께 열고, 아래층 교회의 야유회에 우리 교회가 함께 참여하기도 했다. 주일학교가 없는 우리 교회 아이들을 아래층 교회 예배에 참여시키기도 했다. 아래층 교회의 성도의 성경공부를 제가 진행하기도 하고, 아래층 교회 성도의 신앙 상담을 제가 하기도 했다. 공간과 물품을 나누며, 무엇보다 두 목회자의 삶과 목회의 고민을 함께 나누며 기도해주는 교제를 누리고 있다. 각각 단수 리더십 구조 안에서 섬기고 있지만, 이런 작은 연대만으로도 '혼자가 아닌 함께'의 아름다움을 충분히 맛볼 수 있었다. 이 책은 그 '함께'의 가능성을 교회 전체 차원에서 구체적이고 따뜻하게 그려내고 있다.

복수 리더십은 단순한 제도 개선이 아니다. 교회의 본질로 돌아가려는 회개이며, 성경이 가르치는 원형을 회복하려는 믿음의 결단이다. 초대교회에서 바울이 세운 복수의 장로들, 나눔과 협력 속에서 발휘된 지도력의 모습을 기억한다. 이 책을 읽으며 목회자로서 깊은 공감과 위로를 받았다. 저자의 글에는 이론을 넘어선 교회 현실에 대한 따뜻한 통찰과 성도를 향한 진실한 마음이 담겨 있다. 권력 중심에서 섬김 중심으로, 단수에서 복수로, 제도적에서 성경적으로 나아가는 길. 그 길 위에서 교회는 다시 세상의 빛과 소금으로 아름답게 세워져 갈 것이다. 불편할 수 있는 질문들이 있지만, 동시에 따뜻한 소망의 답이 있는 이 책을 한국교회를 사랑하는 모든 분들에게 기쁘게 추천한다.

윤용 (말씀의빛교회 담임목사, 『건작동 7교회 이야기』 공동저자)

이진섭 교수는 명성과 지위보다는 주어진 자리에서 성경 연구와 성경 교육을 통해 성경이 말하는 바를 끊임없이 도전하며 강의하였다. 성경적으로 올바른 교회가 세워지는 게 자신이 할 역할이라 생각하며 그런 교회를 돕는 길을 감사하며 걸어왔다. 그렇게 숨은 역할을 감당한 저자가 본서의 서문에 "때가 되었다"라고 밝히며 또 하나의 책을 출간한다. 저자에게 지난 20년 이상 가르침을 받으며 교제해왔던 저에게는 이 언급이 아주 큰 울림으로 다가왔다. 성경이 말하는 신학 사상적 이해와 더불어 성경이 말하는 교회 정치의 이슈를 다룰 때가 되었음을 선포한 것이다. 이는 교회를 온전히 아름답게 세워갈 '함께 동역하는 교회' 곧 '복수리더십'에 관한 것이다. 30여 년 동안 3평 남짓한 공간에 갇혀 성경 본문하고 씨름했던 저자는 성경의 시선으로 한국교회의 현실을 보고 진단하여 성경적인 교회의 모습을 제안한다.

교회의 회복, 그것은 어떤 구호나 어떤 캐치프레이즈로 이루어지지 않는다. 성경대로 행하며, 성경의 가르침을 따라 교회가 세워질 때 가능하다. 아니 하박국 선지자의 고백과 같이 철저하게 망해야 다시 설 수 있는 것이 아닌가 싶다. 저자는 먼저 교회의 안타까운 현실의 원인을 진단한다. 많은 사람이 현실 문제에 대해 말하지만, 대개의 경우 원론적인 이야기만 하고 구체적인 대안에 대해서는 쉽게 언급하지 못한다. 하지만 저자는 성경 본문을 꼼꼼하게 연구하듯 한국교회의 현실을 꼼꼼하게 진단하여 교회 회복을 위한 중요한 방안으로 교회 리더십의 갱신을 제안한다.

저자의 특징이 가장 잘 드러나는 자리는 책의 2부이다. 성경이 말하는 바를 명확하게 들려주기 때문이다. 저자의 강의나 글을 접한 이들은 누구나 알고 있듯 단지 주제를 뒷받침하는 수단으로 성경을 사용하지 않는다. 철저하게 본문이 말하는 바를 드러낼 뿐이다. 그렇게 성경이 말하고자 하는 바를 선명하게 드러내는 은사가 저자의 강의나 글의 특징이다. 또한 저자가 3평의 연구실 공간이나 작은 강의실에 갇힌 존재가 아니라 현실의 교회를 보게 하고 그에 대한 대안을 꼼꼼하게 제시할 수 있는 이유는 그의 기획력과 목회 현장의 경험에 있다.

흔히 교회를 위한 신학을 해야 한다고 말한다. 본서를 기쁘게 추천할 수 있는 이유가 여기에 있다. 단지 성경적 고찰에만 무게 중심을 둔 책이 아니라 현실의 교회를 위한 실제적인 제안을 담고 있기 때문이다. 특히 본서는 교회 현실의 문제로 인해 교회에 안 나가는 이들이 '함께 동역하는 교회'를 통해 다시금 교회의 일원으로 회복되도록 돕고자 한다. 기존 목사의 은퇴와 새로 부임하는 목사 교체기에 현실적인 이유로 고민하는 교회와 목회자에게, 자기가 듣고 싶은 말이 아니라 들어야 할 하나님의 말씀을 듣기를 간구하는 성도들에게, 성경적인 교회와 성경적인 리더십을 소망하는 모든 이들에게 본서를 기쁜 마음으로 추천한다.

홍종관 (광산교회 담임목사, 성경사역연합 대표)

예수님께서는 하나님 나라를 전파하시고 십자가의 죽음과 부활과 승천을 통하여 하나님 나라가 이 땅에 이루어지는 실체이자 표지(標識)인 교회를 세우셨다. 그러므로 교회의 존재는 이 땅, 지금 여기, 일상의 삶속에서 구체적인 하나님의 통치가 실현되는 것을 보여주는 가시적(可視的)인 실체이다. 그런데 오늘날 한국 교회의 모습은 어떤가? 기윤실의 "2023년도 한국 교회 신뢰도 조사"에서 '기독교 목사님에 대한 말과 행동에 대해 믿음이 가는가?'라는 질문에 '그렇다'는 12.8%, '그렇지 않다'는 74.6%이었다. 이중에 30대는 '그렇지 않다'가 82.5%까지 나왔다. '교인들에 대한 말과 행동에 대해 믿음이 가는가?'에는 '그렇다'가 20.6%, '그렇지 않다'가 75.2%였다. 개선점을 묻는 질문에 교회 지도자에게는 윤리/도덕성과 물질 추구의 삶을, 교인들에게는 이기적이고 정직하지 못한 언행을 꼬집었다. 이것이 작금의 한국 교회 민낯이다.

한국 교회에 하나님의 통치가 임하게 하는 해법은 무엇일까? 저자는 이 책에서 한국 교회가 존재 목적을 상실해 가는 이유를 바른 신학의 부족함과 교회 리더십의 문제에 기인한다고 보았다. 그리고 그 해법으로 복수리더십의 실천을 성경에 비추어 제시하고 있다. 리더는 신학적으로나 윤리적으로 적정수준의 능력을 갖추어야 하고, 한국 교회의 리더십의 문제는 우리 시대 풀어야할 사활적인 숙제라고 보고 있다. 교회에 복수리더십이 실행되어야 하는 것은 성경이 가르치고 신약성경의 교회가 그 모습을 보여주고 있기 때문이라고 말한다. 교회는 머리이신 그리스도의 뜻을 구현하는 몸이며, 그 몸은 복수리더십을 통하여 구현되므로, 교회의 리더십은 철저히 복수의 '신하리더십'이어야 함을 저자는 강조하고 있다. 그리스도의 뜻이 온전히 구현되지 않는 교회는 진정한 교회가 되기 힘들고, 복수리더십은 주님의 뜻이 교회에 올바르게 실현되도록 돕는다고 말한다. 저자는 이미 오래전부터 여러 글을 통해 복수리더십을 일관되게 주장하여 왔고, 또한 성경이 가르치는 복수리더십의 실현으로 한국교회가 새롭게 변화되어 '함께 동역하는 아름다운 교회'가 되기를 바라는 간절한 염원을 이 책에 담았다.

    복수리더십은 초대교회를 제외하고는 교회 역사상 한 번도 온전히 시행되지 못하였다. 그러나 교회의 복수리더십이 주님의 교회를 그리스도의 몸 된 참 교회답게 만드는 중차대한 사역이라면 이제부터라도 실천해야 하지 않겠는가? 우리가 사랑하고 몸담고 있는 한국교회의 변화를 갈망하는 모든 그리스도인들에게 일독을 권하며 이 책을 적극 추천한다.

황정길 (서울반석교회 원로목사)

함께 동역하는
아름다운 교회

21세기 교회 리더십이 나아갈 길, 복수리더십

목차

서문 / 4
추천의 글 / 9
용어 / 22

서론: 아름다운 교회를 꿈꾸며 / 28

1부 한국교회와 담임목사제

1장 한국교회와 리더십의 문제 / 39
2장 교회 정치와 담임 목사제 / 47
3장 담임 목사제와 한국교회의 문제 / 56

2부 신약성경의 교회와 복수리더십

4장 신약성경 교회의 복수리더십 / 87
5장 교회의 터, 복수리더십 / 116
6장 초대교회 복수리더십의 모습 / 132
7장 복수리더십의 정당성 / 153

3부 복수리더십과 한국교회

8장 함께 동역하는 아름다운 교회, '가나다'교회 / 165

9장 복수리더십의 교회 만들기 / 193

10장 복수리더십과 한국교회의 회복 / 215

맺음말 : 함께 가는 길 / 242

부록 1 표준정관 / 246
부록 2 치리장로 개념은 성경적인가? / 264

FAQ (자주 하는 질문) / 293

참고문헌 / 302

용어

아래 목록은 이 책에 자주 사용되는 용어를 간략하고 평이하게 풀어 놓은 해설이다. 자세한 내용은 이 책의 필요한 자리에서 자세히 서술된다. 이 용어를 먼저 정독하면, 이 책을 읽기가 수월해진다. 또 읽어나가면서 필요할 때마다 이 용어 목록을 참고해도 좋다.

한국교회, 기존 용어

개신교: 루터와 츠빙글리와 칼뱅 등 종교개혁자들의 리더십을 바탕으로 중세 로마가톨릭에서 분리되어 나온 교회 전체를 지칭한다. 개신교회를 신학적으로는 개혁교회라 하고, 교회 정치적으로는 장로교회라 부르기도 한다.

장로교회: 로마 가톨릭이 지닌 교황 중심의 교회 정치제도에 반대하여 종교개혁자들이 신약성경에 나타난 장로 정치를 구현하려고 만든 교회를 일컫는 표현이다. 장로교회는 보통 칼뱅의 주장에 근거하여 (가르치는 역할을 하는) '교무장로'와 (치리와 행정을 감당하는) '치리장로'로 구성된 장로들이 함께 지도력을 발휘한다.

교무장로: 개신교의 전통적 장로교회에서 '가르치는 역할'을 맡은 장로를 일컫는 표현이다. 보통, 한국교회에서는 이를 통칭하여 '목사'(pastor)라 부르는데, 목사는 성찬을 집례하고 설교를 담당한다.

치리장로: 장로이지만 가르치지 않고 치리와 행정을 감당함으로 지도력을 발휘하는 교회 리더를 말한다. 개교회가 교회 성도 중에서 선발한 자를 노회에서 안수하는 절차를 거쳐 세워진다. 통상 '장로'(elder)라 부른다.

노회:	일정 지역에 있는 개교회의 장로들이 모여 함께 지역 교회와 교단의 일을 처리하는 회의체를 말한다. 특정 지역 개교회들의 교무장로들('목사들')과 치리장로들('장로들')이 그 구성원이 된다.
목사:	교회 사역자로 선택된 후 교단에서 인증된 정규 훈련 과정을 받은 다음 교회의 사역자로 검증되고 장로들의 안수를 받은 사역자를 말한다. 보통, 한국교회에서는 교회의 추천을 받은 자가 교단 신학교의 MDiv과정을 졸업한 후 교단의 목사 고시에 합격하고 노회에서 안수 받는 절차를 거쳐 목사가 된다.
담임 목사:	개교회의 책임을 맡은 한 사람의 시무목사를 말한다. 보통 개교회에서 담임 목사를 청빙하여 노회의 승인을 받는다.
위임목사:	사역할 특정 교회에 위임되는 목사를 말한다. 보통 한국교회에서 위임목사는 개교회에 청빙된 담임 목사를 노회에서 공적으로 위임하는 절차를 거쳐 임직된다.
부목사:	담임 목사의 사역을 돕고 보좌하려고 세워진 목사를 가리킨다.
담임 목사제:	개교회에 청빙되고 위임된 한 사람의 목사가 교회 전체를 목양하는 책임을 맡게 하는 교회 정치 제도를 일컫는다. 자연히 개교회의 한 담임 목사는 곧 그 교회의 위임목사가 된다. 보통 담임 목사 한 사람이 교회 사역을 혼자 감당하기 어려울 경우 그 사역을 돕는 부목사를 세우는데, 교회의 규모가 클수록 부목사의 숫자는 증가한다.
당회:	담임 목사제의 교회에서 담임 목사와 치리장로들이 함께 모여 교회의 사무를 처리하는 모임을 말한다. 보통, 부목사는 당회의 일원이 되지 못하나, 포함되는 경우(예컨대, 통합 교단)도 있다.
안수집사:	교회의 재정과 구제와 봉사 등 교회 행정 일을 감당하기 위해 세

워진 직분을 말한다. 보통, 디모데전서 3:8-12과 사도행전 6:1-6을 그 근거 본문으로 삼는다.

서리집사(署理執事): 안수집사로 세워지기 전에 집사의 역할을 잘 감당할 수 있는지를 확인하기 위해 일정기간 집사를 돕도록 세운 직분을 말한다. 보통 1년마다 새로 임명한다. 그런데 보통 한국교회는 한번 서리집사로 세워진 후 변동되지 않고 그대로 가는 경향이 강하다.

제직회: 교회의 각 직분이 모두 함께 모이는 모임을 말한다. 보통 담임 목사, 치리장로, 안수집사로 구성되는데, 통상 부목사, 권사, 서리집사 등도 함께 포함하는 경향이 강하다.

공동의회: 교회 정식 등록 교인이 모두 모여서 논의하는 회의체를 말한다. 교회의 중요 안건이나 재정 등의 논의는 이 공동의회에서 다룬다.

복수리더십의 교회, 관련 용어

장로(감독): 교회의 성도를 가르치고 돌보며 다스리는 리더의 직분을 가리키는 용어이다. 신약성경에는 장로(presbyter)와 감독(bishop, overseer)이 같은 직분을 가리키는 다른 표현으로 사용된다. 장로는 (집사의 직분과 함께) 조직 직제의 직분이다. 조직의 직제는 다른 직분과 중첩될 수 없다. (즉, 장로이며 집사일 수 없고, 집사이며 장로일 수 없다.) 하지만 장로를 기능으로 분류한 직분 명칭인 '사도'와 '선지자'와 '복음 전하는 자'와 '목사' 등(참조. 엡 4:11)은 중첩될 수 있다. (즉, '사도'이며 '선지자'일 수 있고 '복음 전하는 자'일 수 있다. 바울은 그 대표적 예이다. 참조. 행 13:1, 43; 딤후 1:11 등) 신약성경에 나타난 장로(감독)의 가장 중요한 역할과 책무는 성도를 가르치는 일이다(참조. 딤전 3:2; 딛 1:9). 따라서 가르치는 역할이 없는 장로, 곧 치리장로 개념은 신약성경의 것이 아니다. 신약성경의 장로는 '특별장로'와 '일반장로'로 구분된다. 하지만 이

	둘은 모두 가르치고 돌보며 다스리는 역할을 감당한다.
특별장로:	베드로와 11사도, 바울, 디모데, 디도 같이 특별한 사역의 목적에 기초하여 전문적 훈련을 거쳐 전임 사역으로 특별하게 부르심을 받은 사역자를 일컫는 말이다. 디모데와 디도 같은 경우는 젊은 나이였음에도 특별하게 장로회의 일원이 된다. 현대 한국교회의 '목사' 직분은 특별장로의 범주에 해당된다.
일반장로:	전문적 훈련을 반드시 거치지 않고 전임으로 사역을 감당하지 않음에도 교회에서 가르치고 돌보며 다스리는 역할을 공적으로 맡은 사역자를 지칭한다. 사역의 성격은 특별장로와 유사하지만 일반장로는 지역교회에서 선발되며 비전임(非專任) 사역을 감당한다. 현대 한국교회의 치리장로는 일반장로가 아니며, 일반장로가 되려면 가르치는 역할을 할 수 있어야 한다.
복수리더십:	특별장로들과 일반장로들이 함께 교회의 리더로서 협력하여 사역하는 형태의 리더십을 말한다. 이 복수의 장로들은 교회를 가르치며 목양하는 책임을 위임받은 위임 장로들이다.
복수리더십의 교회:	특별장로들과 일반장로들이 함께 가르치고 돌보며 다스리는 리더십을 발휘하는 교회를 가리킨다. 신약성경의 교회는 시종일관 복수리더십의 모습을 보여준다. 유대인 교회의 대표 격인 예루살렘 교회가 (특별장로인) 사도들과 (일반)장로들이 함께 복수로 사역한 모습을 보여주며(행 6:2; 8:14; 9:27; 15:2, 6, 23 등), 이방인 교회의 대표 격인 안디옥교회도 5명의 복수 리더가 함께 사역한 모습을 보여준다(행 13:1). 복수리더십의 측면에서는 바울이 관여한 교회나(행 14:21-23; 행 20:28; 빌 1:1; 딛 1:5), 베드로가 관여한 교회도 큰 차이가 없다(벧전 5:1-2). 신약성경의 교회는 복수리더십의 교회였고, 그런 복수리더십 교회의 청사진을 그린 분은 예수님이셨다.

장로회:	개교회에서 복수의 특별장로와 일반장로가 함께 교회를 목양하는 회의체를 일컫는다. 장로회는 장로들의 (가르치고 돌보며 다스리는) 사역의 회무를 함께 논의하며 감당한다. 장로회는 전통적 한국교회의 '당회'와 유사한 점이 있지만, 당회는 한 사람의 위임목사(담임 목사)와 '치리장로들'로 구성되었다는 점과 치리장로들이 가르침의 사역을 함께 감당하지 않는다는 점에서 복수리더십의 교회의 '장로회'와 구별된다.
대표장로:	복수리더십 교회의 '장로회'를 대표하는 리더(장로)를 지칭한다. 대표장로는 장로회에서 선출하며, 임기가 있으며, 리더십의 변화와 교회의 상황에 따라 변동될 수 있다.
실행위원회:	교회의 여러 사무와 사역을 구체적으로 실행하는 일을 논의하고 감당하려는 목표로 교회의 직분자 모두가 참여하는 모임이다. 특별실행위원과 일반실행위원으로 구성된다.
특별실행위원:	복수리더십의 교회에서 특별장로(예컨대, 목사)와 일반장로, 안수집사 등은 특별실행위원이 된다. 기존의 치리장로가 있는 교회의 경우는 치리장로도 특별실행위원에 해당한다.
일반실행위원:	교회의 직분자들과 함께 실행위원회의 회무를 감당하게 하려고 특별실행위원 외에 일정 기간 실행위원으로 선발되는 이들을 가리킨다. 전통적 교회의 서리집사 역할과 유사하지만, '집사'라는 명칭을 쓰지 않는다는 점에서 구별된다.
일반사역자:	교회에서 특별장로와 일반장로로 위임되지 않았지만, 교회 사역에 일정기간 부르심을 받은 사역자를 말한다.
사역자회:	특별장로와 일반장로와 일반사역자가 함께 교회 사역의 일을 논의하는 회의체를 일컫는다.

운영위원회: 복수리더십의 교회에는 성도가 직접 참여하여 교회에 다양한 기능과 역할을 감당하는 여러 위원회가 있는데, 이런 각 위원회의 장이 대표장로와 함께 모이는 회의체를 일컫는 말이다. 각 위원회는 교인총회와 장로회, 실행위원회에서 결의된 내용을 구체적으로 집행할 뿐 아니라 교인의 자발적이고 유기적인 참여를 활성화하는 역할을 한다.

교인총회(공동의회): 복수리더십의 교회에서 정식 등록 교인이 모두 모여서 논의하는 회의체를 일컫는다. 교회의 중요한 안건과 판단의 최종 결정은 이 교인총회에서 한다. 전통적 교회의 공동의회와 유사하지만, 공동의회보다 더 자주 더 많은 안건을 구체적으로 다룬다는 점에서 차이가 있다.

서론:
아름다운 교회를 꿈꾸며

1. 복수리더십

교회 리더의 중요성

교회 리더가 중요하다는 건 대부분 인정하는 사실이다. 교회의 리더가 훌륭하면, 교회는 좋아질 가능성이 많다. 물론, 무조건 단정할 수는 없다. 리더가 훌륭하다고 해서 곧 교회가 자동으로 좋은 공동체가 되는 건 아니다. 리더의 좋은 영향력이 성도 각 사람에게 미치지 못하는 경우도 있고, 성도들이 리더의 훌륭함에 대리 만족만 하는 경우도 있다. 하지만 리더의 훌륭함이 교회에 좋은 영향을 미치는 건 대체적으로 사실이다. 성도는 훌륭한 리더에게서 선한 영향을 받고, 리더의 장점은 교회에 좋은 영향을 끼친다. (물론, 리더의 단점 또한 교회에 부정적 영향을 준다.)

교회는 훌륭한 리더를 필요로 한다. 리더가 바르게 설 때, 교회가 온전해질 가능성은 높아진다. 예수님께서 부활 후에 하신 중요한 일은 제자들을 다시 만나 가르치시며 그들을 바른 리더로 세운 것이었다. 교회를 세우려고 제자들을 다시 가르치셨고, 제자들이 제대로 깨닫고 바르게 준비되자 교회는 시작되었다. 제자들이 교회의 리더가 된 것이다. 교회 리더의 중요함은 두말할 나위가 없다.

리더에 대한 관심의 바른 방향

세상은 리더와 리더십에 많은 관심을 가진다. 오래전부터 서점에는 리더와 리더십에 대한 책이 넘쳤고,[3] 기독교 서적도 이런 분위기를 탄다.[4] (리더의 모습과 리더십의 성격이란 측면에서 예수님과 사도들을 분석하기도 한다.) 하지만, 리더와 리더십에 대한 관심은 세상보다 성경과 교회가 더 먼저였다. 예수님은 교회를 세우려 하실 때, 건물과 돈과 대중보다 리더를 먼저 생각하셨다. 그래서 제자들을 훈련하여 리더로 세우신 후 승천하셨다(참조. 마 16:18-19; 28:16-20; 눅 24:44-49; 요 21장; 행 1:3-5, 8 등). 성경은 이와 관련된 내용을 자세히 기록한다.

리더에 대한 세간의 관심은 기본적으로는 교회에 유익하다. 하지만 이 관심이 과연 교회 리더십과 관련하여 바른 방향으로 잘 나아가고 있는지는 의문이다. 이런 시각에서 다음의 세 가지 점은 고민할 필요가 있다.

1) 첫째는 리더십을 곧 '경영 능력'과 동일시하는 경향이다. 조직의 경영 능력이란 잣대로 교회 리더와 리더십을 규명하고 평가하는 경우가 있다. 물론, 교회 공동체도 하나의 조직이기에 경영 능력이 중요하다. 하지만, 경영 능력이 리더와 리

---

[3] 2020년 5월 15일 현재, 알라딘 인터넷 매장에서 '리더십'을 검색하면 32,752의 목록이 뜬다. 최근 몇십 년 동안은 리더십이 '코칭'이라는 영역으로까지 확대되었다. 따라서 리더십 관련 목록은 훨씬 더 광범위할 것으로 추측된다. 2022년 11월 26일 현재는 40,769건이었고, 2023년 4월 6일 현재는 42,128건이었다.

[4] 예컨대, 다음의 목록을 보라. L.O. Richards & C. Hoeldtke, *Church Leadership: Following the Example of Jesus Christ*, Grand Rapids: Ministry Resources Library, 1980; J.O. Sanders, 『영적 지도력』 (*Spiritual Leadership*), 이동원 역, 서울: 요단출판사, 1982; J.C. Maxwell, 『열매 맺는 지도자』 (*Be All You Can Be*), 오연희 역, 서울: 두란노, 1991; idem, 『당신 안에 잠재된 리더십을 키우라』 (*Developing the Leader within You*), 강준민 역, 서울: 두란노, 1997; B.W. Jones, 『목회 리더십과 경영』 (*Ministerial Leadership in a Managerial World*), 주상지 역, 서울: 생명의말씀사, 1994; M. Rush, 『예수의 경영원리』 (*Management: A Biblical Approach*), 한석희 역, 서울: 요나, 1995; H. Blackaby & R. Blackcaby, 『영적 리더십』 (*Spiritual Leadership*), 윤종석 역, 서울: 두란노서원, 2002; J. Caliguire, 『사도 바울의 리더십 비밀』 (*Leadership Secrets of Saint Paul*), 조계광 역, 서울: 생명의 말씀사, 2006; G.R. Collins, 『코칭 바이블』 (*Christian Coaching*), 양형주, 이규창 역, 서울: 한국기독학생회출판부, 2011; T. Laniak, 『양을 돌보는 참 목자』 (*While Shepherds Watch Their Flocks*), 김재성 역, 용인: 킹덤북스, 2013 등.

더십의 중심축이 되는 것은 좀 지나친 면이 있다.

 2) 둘째는 교회 리더와 리더십을 말할 때, 예수님의 통치가 종종 간과되는 경향이 있다는 점이다. 교회의 머리는 예수님이다(참조. 엡 1:22-23). 이 말은 예수님의 다스림이 교회 리더십에 가장 본질적인 요소라는 말이다. 그럼에도 불구하고 예수님의 다스림은 종종 교회 리더십 이해와 논의에서 간과되거나, 부차적으로 처리되기도 한다. 이는 분명 극복되어야 한다. 예수님은 교회의 진정한 리더이며 참 리더십을 가지고 계신다(참조. 마 28:18-20).

 3) 셋째, 복수리더십에 대한 고민과 연구가 적다는 점이다. (사실, 필자는 이 문제가 우리 시대에 고민해서 풀어야 할 사활적인 숙제라고 생각한다.) 리더와 리더십을 다룰 때, 보통 리더 한 사람에게 집중하는 경향이 있다. 리더 한 사람이 어떤 능력을 갖추었느냐를 따지고, 그 한 리더가 어떤 식으로 조직을 관리하며 경영하여 이끌어갈 것인가를 고민한다. 하지만 교회 리더십에 있어 매우 중요한 것은 '복수리더십'이다. 성경은 교회의 복수리더십을 분명하게 말하고 있다. 복수리더십을 생각하지 않고는 교회 리더십을 말할 수 없다.

 앞에서 서술한 이 세 가지 점은 서로 긴밀히 엮여 있다. 교회 리더와 리더십은 단순히 '경영 능력'을 중심으로 다룰 수 없고, 오히려 예수님의 통치를 중심으로 이해해야 한다. 그런데 이 예수님의 통치는 교회에서 복수리더십을 자연스레 만들어낸다. 교회의 진정한 리더는 한 인간 리더가 아니라 주님이며(마 23:10), 인간 리더들은 주님의 신하들로서 주님의 뜻을 실현하는 작은 리더 역할을 하는 것에 불과하다. 교회 복수리더십은 주권자이신 예수님의 통치 때문에 존재하며, 주(主)이신 예수님의 다스림은 주님의 통치를 따르는 신하들(리더들)을 있게 만든다. 결국, 복수리더십을 자세히 깨닫는 게 교회의 리더와 리더십 이해에 중요한 특징이라 말할 수 있다.

복수리더십의 중요성

한국교회의 문제를 말할 때, 종종 교회 리더와 리더십의 문제를 많이 언급한다. 교회의 타락과 변질이 리더들의 문제에 많이 기인한다고 생각한다. 만일, 교회 문제의 일정 책임이 리더들에게 있다면, 해결의 방향은 크게 두 가지일 것이다. 1) 하나는 리더들의 변화개선과 수준제고(提高)이고, 2) 또 다른 하나는 진정한 복수리더십의 확보이다.

보통 선호하는 해결책은 첫 번째 답이다. 리더가 바뀌고 수준이 높아져야, 교회가 변한다는 논리다. 신학적으로나 윤리적으로나 어떤 측면에서든지 리더의 자질과 능력이 향상되어야, 교회가 변화될 수 있다는 주장이다. 리더와 교회 공동체의 긴밀하고 불가분한 관계를 고려할 때, 맞는 말이다. 하지만, 이 첫 번째 답을 좀 자세히 풀어 가다 보면, 금세 두 번째 답이 첫 번째 답에 이어 필수적이어야 함을 알게 된다. 교회 리더와 리더십은 태생적으로 복수리더십일 수밖에 없기 때문이다. 리더의 자질은 복수리더십의 틀 안에서 판단되어야 하고, 리더의 능력은 복수리더십의 구성과 발휘에서 나타난다. 교회의 진정한 리더십은 복수리더십이라는 토양에서 자라난다는 말이다. 따라서 해결책은 결국 두 번째 답까지 나아가야 한다. 복수리더십까지 가야 진정한 해결책이 된다. 복수리더십을 진정한 대안으로 추구할 때, '리더 자질의 제고'라는 답은 답으로서의 가치를 지닌다. 복수리더십의 실현이 교회 리더십 문제를 해결하는 중요한 틀이 된다.

복수리더십은 복수의 특별장로들(예컨대, 사도들, 선지자들, 목사들)과 복수의 일반장로들(곧, 치리만 하는 장로가 아니라 가르치는 역할까지 하는 장로들)이 개교회의 장로회를 구성하여 함께 성도를 가르치고 돌보며 다스리는 리더십 형태를 말한다. (물론, 그 리더들 중에 한 사람이 대표의 역할을 하며, 그 대표는 변동되기도 한다.) 예수님은 복수리더십의 교회 청사진을 마련하셨고, 신약성경의 사도들과 제자들은 그 청사진을 실현하여 복수리더십의 초대교회를 세웠다. 신약성경은 이러한 점을 보여준다.

  이 책은 이런 생각이 과연 어떤 것인지, 진짜 맞는지, 또한 왜 그런 답이 우리 시대에 진정 필요한지를 살피고, 복수리더십의 현실적 실현 방안을 제안하며, 그 실현이 한국교회에 가져다 줄 영향에 대해 상고한다.

2. 책의 구성

이 책은 크게 세 부분으로 되어 있다. 1부는 한국교회의 문제를 리더십과 교회 정치의 시각에서 살피고, 2부는 그 리더십과 교회 정치 문제의 중요한 해답이 신약성경에서 말하는 교회의 복수리더십에 있음을 밝히며, 3부는 그 복수리더십을 한국교회에 실현하는 구체적 방법을 다룬다. 문제의 원인을 분석하고, 성경이 가르치는 답을 찾고, 현실에 맞는 실제적 대안을 제시하고자 한다.

1부는 한국교회 문제가 일정 부분 복수리더십의 부재에 있음을 추적한다. 1장은 한국교회의 문제에 리더와 교회 정치의 문제가 적잖이 차지하고 있음을 고민하고, 교회 정치와 직결된 교회의 여러 문제들의 목록을 제시한다. 2장에서는 교회 정치의 여러 형태를 살피며, 한국교회가 가진 교회 정치 문제의 중심에 '담임 목사 제도'가 자리 잡고 있다고 진단한다. 3장은 담임 목사제의 장단점을 이해할 뿐 아니라 담임 목사제와 결부된 문제의 종류를 조사하고, 결국 복수리더십이 이러한 다양한 문제들의 해결에 실마리가 될 수 있다는 점을 파악한다.

2부에서는 복수리더십이 과연 정당성을 인정받을 수 있는지를 고민한다. 자연히 성경이 가르치고 보여주는 교회의 리더십과 교회 정치가 무엇인지 탐색하는 길로 나아간다. 4장은 그 답의 방향을 정공으로 제시하는 자리인데, 신약성경의 교회가 사실 복수리더십의 교회이었음을 밝힌다. 신약성경의 교회들, 예컨대 예루살렘교회, 안디옥교회, 그 외 여러 교회들이 담임 목사제의 형태를 가진 것이 아니라 (사도들 같이 특별하게 세워져 가르침을 감당하는) '특별장로들'과 (또 한편으로 '장로'로서 가르침을 담당하는) '일반장로들'(치리장로가 아님에 주목하라.)이 함께 힘을 모아 사역했던 복수리더십으로 운영되었음을 알린다. 5장에서는 그러한 복수리더십의 초대교회가 어떻게 생성되었는지, 그 역사적인 과정을 추적한다. 예수님께서 교회와 관련하여 가지고 계신 복안은 무엇이었으며, 초대교회는 그러한 주님의 계획을 어떻게 이해하고 실현하며 전수했는지를 파악한다. 6장은 그렇게 실현된 교회 복수리더십의 내면을 들여다본다. 초대교회 복수리더십은 장로제도로 현실화되었는데, 장로의 성격과 역할과 구성이 어떠했는지를 분석하며 설명한다. 이 과정은 초대교회에 나타난 복수리더십의 실체를 자연스럽게 드러내고, 그것을 한국교회 현실에 적용할 수 있는 가능성을 내다보게 한다. 7장은 결국 이 신약성경의 교회가 보여준 복수리더십이 과연 신학적 정당성을 인정받을 수 있는가에 대해 논의한다. 복수리더십이 신약성경의 교회를 넘어 역사에 등장하는 모든 시대의 교회에 실현되어야 하는 정당성의 이유를 밝힌다.

3부는 성경에서 말하는 복수리더십을 현재 한국교회에 어떻게 실현할 수 있는지를 다룬다. 8장에서는 21세기 한국교회에 맞는 복수리더십의 교회 모습을 제시한다. 현재 한국교회가 약화되어가는 모습을 단적으로 반영하는 현상 하나가 (교회 '안 나가'는) '가나안' 성도라면,[5] 그런 성도를 다시 (교회로) '다 나가'게 하는 '가나다'교회를 만들자는 제안이다.[6] 물론, 이 교회는 복수리더십이 제대로 실현되는 건강하고 아름다운 공동체를 말한다. 복수리더십 교회의 철학과 각종 모임의 법적 토대, 사역과 소통 방법 등을 교회 공동체에 어떻게 실현하는가를 다룬다. 9장은 이 '가나다교회'를 만들어 가는 구체적 방법을 고민한다. 21세기 한국교회의 상황에서 어떤 과정과 단계를 거쳐야 하는지, 그 미로를 찾는다. 10장은, 담임 목사제가 한국교회에 미친 안 좋은 결과와 대비하여(3장), 복수리더십이 어떻게 한국교회를 건강하게 세울 수 있는지에 대해 살핀다. 복수리더십이 한국교회의 여러 문제들을 어떻게 개선할 수 있는지를 탐색하고, 복수리더십의 교회가 피해야 하는 복병(伏兵)의 문제를 지혜롭게 해결하는 방식 또한 내다본다.

---

5 '가나안'을 거꾸로 하면 '안 나가'인데, 신앙은 있지만 교회를 나가지 않는 신앙인을 부르는 말이다. 가나안 성도 현상에 대해서는 다음의 자료를 참조하라. 양희송, 『가나안 성도 교회 밖 신앙』 (서울: 포이에마, 2014); 정재영, 『교회 안 나가는 그리스도인: 가나안 성도를 어떻게 이해할 것인가?』 (서울: 한국기독학생회출판부, 2015).

6 '가나다'를 거꾸로 읽으면 '다 나가'가 되는데, 교회를 안 나가던 사람들이 모두 교회에 다 나가는 교회를 꿈꾸며 이런 명칭을 사용하고자 한다.

마지막으로 맺음말은 1, 2, 3부에서 다룬 내용 전체를 조감하면서 하나님 나라를 실현하는 '함께 동역하는 아름다운 교회'의 모습을 정리한다. 왕이신 예수님의 통치가 복수의 신하들(즉, 교회 리더들)로 더불어 그 백성에게 실현됨으로 교회가 하나님 나라를 실현하는 공동체가 됨을 재천명한다. '복수리더십 교회', 즉 '함께 동역하는 아름다운 교회'는 현재 한국교회의 문제와 교회 정치에 중요한 대안으로 자리 잡아야 함을 확인한다. 자, 이제 그것을 확인하는 길고도 짧은 여정을 시작하자!

1부
한국교회와 담임 목사제

교회의 문제는 리더십과 어떤 관련이 있을까?
교회 정치는 한국교회에 어떤 영향을 줄까?
교회 정치에는 어떤 형태가 있으며,
한국교회가 지향하는 담임 목사 제도는 어떻게 평가할 수 있을까?
현재 한국교회의 담임 목사 제도는 과연 잘 가고 있는 것일까?

1부에서는 이런 의문을 갖고 시작한다.

▶ 1부 개요

1부는 한국교회 문제가 일정 부분 복수리더십의 부재에 있음을 추적한다. 1장은 한국교회의 문제에 리더십의 문제가 적잖은 분량을 차지하고 있음을 추적하고, 그런 문제의 종류를 간략하게 분석한다. 2장에서는 교회 정치의 여러 형태를 살피고, 한국교회가 가진 교회 정치 문제의 중심에 '담임 목사제'가 자리 잡고 있다는 점을 고민한다. 3장은 담임 목사제와 결부된 문제의 종류를 조사하고, 결국 복수리더십이 이러한 다양한 문제들의 해결에 실마리가 될 수 있다고 제안한다.

1장 한국교회와 리더십의 문제

한국교회를 개혁하는 효과적인 길은 무엇인가?

1. 한국교회의 문제 해결 노력

한국교회의 많은 문제들

우리 시대 한국교회를 안타깝게 바라보는 시선이 많다. 교회 안에서도 그렇고, 교회 밖에서도 그렇다. 교회에 문제가 있다고들 한다. 이미 오래전부터 '교회개혁'이란 용어가 통용되어 왔다.[7] 교회가 지닌 문제가 한두 가지 사건이나 영역에 국한되지 않고 다양하게 퍼져있다. 문제는 넘칠 대로 넘쳤다.

『한국교회, 개혁의 길을 묻다』라는 책에서는 교회 개혁의 필요성에 공감하는 21명의 저자들이 한국교회의 20가지 핵심 과제 해결 방안을 제시하기도 했다. 20가지 과제를 4가지 영역, 즉 1) '근본 정신 회복하기', 2) '교회 문화 직시하기', 3) '구조 개혁 시도하기', 4) '참여 방식 점검하기'로 나누어 그 해결책을 다루었다.[8] 한국교회의 문제가 많기에 이렇게 여러 영역에서 답을 찾으려는 건 필요한 일이다.

---

[7] '교회개혁'을 화두로 던지는 단체와 사람들이 적지 않다. 예컨대, '교회개혁실천연대'라는 단체는 2002년부터 지금까지 다양한 활동과 사업을 진행하고 있다.

[8] 강영안 외, 『한국교회, 개혁의 길을 묻다: 새로운 한국교회를 위한 20가지 핵심 과제』 (서울: 새물결플러스, 2013).

문제를 해결하는 지혜로운 방식

하지만 현재 널려 있는 문제들을 모두 늘어놓고 건별로 해결책을 동시에 찾는 방식이 문제 해결에 가장 좋은 방법인가는 더 고민해야 한다. 해결하는 힘의 자원 분배도 고려해야 하고, 문제 심각도의 경중도 생각해야 하며, 무엇보다도 문제들 사이의 인과 관계를 파악해서 해결책의 선후(先後)를 찾는 게 진정한 해결에 더 유리하기 때문이다.

문제들은 종종 서로 얽히고설켜 있다. 각 문제는 대개 다른 문제의 원인도 되고 결과도 된다. 그런데 어떤 문제는 원인적 요소가 더 강해 다른 안 좋은 결과(문제)를 많이 내는 반면, 어떤 문제는 다른 문제(결과)를 많이 내기보다는 다른 여러 문제(원인)에 영향을 받아 생긴다. (물론, 원인이나 결과나 어느 한쪽 요소만 가진 경우는 드물다.) 따라서 가능하면 원인적 요소가 큰 (달리 말해, 여러 다른 문제를 많이 일으키는) 문제를 해결하려는 노력에 집중하는 게 지혜로운 방법이다. 해결의 가동 자원이 제한되어 있는 현실에서, 결국 이런 지혜로운 대안 설정이 중요할 수밖에 없다.

이때 고민이 되는 게 있다. 원인이 되는 문제를 얼마나 정확하게 찾을 수 있느냐 하는 것이다. 원인적 요소가 강한 문제를 쉽게 찾을 수 있다면, 해결의 답을 찾는 것도 상대적으로 쉽다. 그 원인적 문제를 해결하는 데 자원을 집중하면 되기 때문이다. 하지만 문제의 현실은 종종 그렇게 간단하지 않다. 문제들 사이의 역학관계는 매우 복잡하기에 그 원인과 결과의 실체를 규명해내기가 어렵다. (사실, 문제를 해결하려 할 때, 이 역학관계를 깊이 따져보지 않는 성향이 우리에게 있기에 해결이 어려워지는 면도 있다.)

더 난감한 경우는, 문제들의 원인이 되는 근본적 문제가 진짜 문제로 잘 인식되지 않을 때에 생긴다. 이런 경우, 결과적 문제를 해결하려고 잔뜩 노력하지만, 근본 원인이 해결되지 않기에 문제는 새롭게 계속 발생한다. 증상 치료만 해서는 병이 근본적으로 낫지 않는 경우와 유사하다. 교회 개혁에 있어서도 원인적 문제를 해결하려는 노력이 중요하다는 점은 두말할 나위가 없다.

"원인적 문제를 해결하는 게 문제 해결의 좋은 방법이다."

2. 중요한 해결책의 하나: 리더십의 갱신과 회복

중요한 원인적 문제: 신학적 문제와 리더의 문제

교회는 '하나님과 예수 그리스도를 믿는 사람들의 공동체'이기에, 교회의 문제는 곧 '사람들'의 문제이다. 사람들의 문제는 1) 한편으로는 그들의 '생각과 사상'의 문제이고, 2) 다른 한편으로는 그들의 '행동과 삶'의 문제이다. 이 두 가지는 서로 영향을 준다. '행동과 삶'이 현실에 직접적인 또 다른 문제를 만들긴 하지만, '생각과 사상'의 문제가 좀 더 근원적이고 원인적이라고 볼 수 있다.

문제들을 다른 범주의 용어로 생각할 수도 있다. 예컨대, 신학적, 윤리적, 경제적, 조직적 문제의 시각으로 바라보는 방식이다. 각 영역의 문제는 모두 근본적으로는 성경의 가르침을 벗어난다는 특징을 지닌다. 또한 각 영역의 문제는 다른 영역과 서로 영향을 주고받는다. 하지만 그래도 신학적 문제가 원인적 성격을 더 강하게 지닌다. 신학적 문제는 결국 생각과 사상의 뒤틀림과 왜곡의 문제인데, 파괴력이 크다. 신학적 문제는 사고와 행동을 지배하기에 윤리적 문제를 만들고, 경제적, 조직적 측면에도 악영향을 미친다.[9]

교회의 문제를 '리더의 문제'와 '성도의 문제'로 나누어 생각할 수도 있다. '리더의 신학과 윤리'가 문제일 수도 있고, '성도의 신학과 윤리'가 엉터리일 수도

---

[9] 앞에서 언급한 『한국교회, 개혁의 길을 묻다』라는 책도 신학과 지성의 문제를 보다 근원적인 것으로 보고, 제 1부('근본정신 회복하기')에서 그 내용을 다루고 있다. 여기서 김세윤은 '한국교회 문제의 근원'을 '신학적 빈곤'이라 판단하고 있다(pp. 17-36).

있다. 하지만 어느 쪽이 더 원인적일까? 리더와 성도가 서로 영향을 주고받는 점은 피할 수 없지만, 그래도 리더가 성도에게 영향을 더 끼친다는 사실은 부인할 수 없다. 리더가 잘못된 신학적 사고를 하면, 그 신학적 사고의 악영향은 리더에게만 머물지 않고 교회 전체에 미친다. 리더의 엉터리 삶도 유사한 결과를 나타낸다. 결국, 리더의 문제가 더 원인적이다. 리더의 주요 역할이 신학과 삶을 가르치고 이끄는 일인데, 이게 바로 리더십이다. (교회 리더십을 단순히 경영능력이라고만 보면 안 되는 이유 중 하나가 여기에 있다.) 결국, 리더십의 문제가 교회의 여러 문제에 원인적이고도 근본적인 문제로 작동하는 것을 알 수 있다.

해결의 중요한 단초: 리더십의 갱신과 회복

교회의 리더십이 왜곡되고 붕괴되면 교회는 생명력을 잃고 타락한다. 중세교회의 타락 현상이 그런 대표적인 예다. 반면 리더십이 갱신되고 바르게 서면, 교회는 다시 회복될 여지가 생긴다. 개신교회의 시작이 그러했다. 루터와 칼뱅과 당시 개혁자들의 갱신된 리더십은 교회개혁의 문을 열었다. 교회의 역사는 이런 흥망성쇠를 잘 보여준다.

사실 교회에 리더십이 사활적이라는 점은 이미 신약성경에 잘 나타나 있다. 예수님은 교회를 세우시려고 제자들을 훈련하여 교회의 리더가 되게 하셨다. 복음서와 사도행전이 보여주는 내용이 그렇다. (이 부분은 2부에서 자세히 다룬다.) 예수님께서는 부활하신 후 (다른 일을 하시기보다) 제자들을 재교육하여 바르게 가르치고 이끌 수 있는 리더들로 세우는 일에 매진하셨다. 그렇게 교회의 리더십을 만들어 놓으신 후 승천하셨다. 타락한 유대교를 극복하고 넘어서는 길이 새로운 리더들로 말미암아 세워지는 교회 공동체임을 알려주신 것이다.

이처럼 리더십은 중요하다. 성도를 바르게 가르치며 이끄는 리더들이 있어야 교회 공동체는 회복되고 살아난다. 문제를 극복할 수 있는 힘이 점점 생기고, 결국 해결의 물꼬를 틀 수 있게 된다. 한국교회의 경우에도 마찬가지일 거다. 지금 한국교회는 크고 작은 많은 문제에 휩싸여 있지만, 그 해결책의 중요한 실마리는 결국 리더십의 갱신과 회복에 있다. 리더십이 회복되면, 교회가 살아날 길이 열린다. 리더십의 갱신과 회복은 한국교회의 문제 해결에 매우 중요한 원인적 영역이다.

"리더십의 문제는 한국교회 문제의 원인적 요소이다."

3. 리더십의 문제와 담임 목사제

리더십과 관련된 여러 문제들

리더십과 관련된 문제들은 다양한 영역에 걸쳐있다. 가장 먼저 생각할 수 있는 분야는 사상과 가르침의 영역이다. 리더들의 뒤틀어진 성경해석과 신학적 빈곤이 이곳저곳에서 보이고 많은 문제와 부작용을 낳고 있다. 성경을 바르게 풀어내지 못하는 설교가 범람하고, 세상의 욕심을 참된 신앙인양 포장해 판매하는 설교판매상이 인기를 얻는다. 미신적 영성이 쉽게 팔리고, 구원파의 구원론이 일반 교회에도 별 차이 없이 떠돌아다닌다.[10] 이런 무분별한 사상과 가르침은 리더들의 엉터리 삶과 궤적을 같이하고, 이는 또한 신자들의 뒤틀린 생각과 그릇된 삶의 모습으로 확대 재생산되고 있다.

리더들의 윤리적 부패 모습은 종종 재정 문제로 나타나기도 한다. 교회 재정이 명확한 기준 없이 리더 개인의 사적 필요에 사용되기도 한다. 일종의 횡령인 셈이

---

[10] 김세윤 교수는 한국교회에 이러한 현상이 나타남을 지적한다. 김세윤, '한국교회 문제의 근원, 신학적 빈곤', 강영안 외, 『한국교회, 개혁의 길을 묻다』, p. 21; 김세윤, 『칭의와 성화』, pp. 190-91; 『바른 신앙을 위한 질문들』, pp. 18-19, 45.

다. '성전 건축'이라는 명목으로 예배당 헌금을 무리하게 강요하는 경우가 비일비재하고, 각종 헌금 항목을 다양하게 만들어 헌금 액수를 키우려는 꼼수가 신앙 고양(高揚)의 명목으로 버젓이 사용되기도 한다. 이는 모두 성경이 가르치는 '객관적 재정 관리의 원리'와 '자원하는 헌금의 원리'를 무시한 처사다.

    남성 목회자가 여성 성도를 성희롱하거나 성폭력을 가하는 사례가 심심치 않게 나온다. '교회 리더' 자리를 활용해 신자를 심리적으로 지배한 후 성폭력을 가하는 '그루밍(Grooming) 성범죄'가 뉴스에 오르내린지 이미 오래다. 성범죄를 저지르고도 분명한 반성과 회개나 처벌 없이 장소나 공동체 이름만 바꾸어 버젓이 리더 행세를 하는 사람도 볼 수 있다. 때론 다윗의 간음 사건을 면죄부로 활용하기도 한다. 이미 잘못된 리더십에 심취된 교인들은 바른 판단을 할 상식적, 신학적, 심리적 기준을 상실했기에 문제의 지도자를 여전히 따르는 경우가 적지 않다.

    교회조직과 정치와 관련하여 작금의 한국교회가 고민하는 대표적 문제는 아마도 '교회 세습'일 것이다. 교계 언론 뿐 아니라 일반 지상파에까지 문제의 뉴스로 오르내리곤 한다. 교회 지도력의 가계 세습을 비판하고 막으려는 움직임이 일자, 교회 세습은 오히려 다양한 세습 방식으로 진화 발전하기도 한다. (예컨대, '교차 세습', '징검다리 세습', '지교회 세습', '직계 세습', '합병 세습' '사위 세습' 등의 방식이 나타나기도 한다.) 사실, 교회 세습은 지도력의 가계 인수인계를 넘어서 지도자의 타락과 특권 남용의 문제이다.

    교회 세습 문제 논쟁의 내면에는 '원로 목사'와 '새 담임 목사' 사이의 갈등 문제가 중요한 이슈로 깔려 있다. 몇십 년 사역하던 담임 목사가 원로 목사가 되고 새 담임 목사가 세워지면, 두 목사 사이에 갈등이 일어나는 경우가 많다. 그 갈등은 곧 교회 리더십의 약화와 공동체의 균열로 나타나고, 교회는 그로 말미암은 여러 부작용을 겪는다. 때론 원로 목사나 후임목사 한 쪽이 공동체에서 쫓겨나거나, 교회 자체가 쪼개지는 경우도 생긴다. 한편에선 이런 갈등의 부작용이 교회 세습을 정당화하는 논리로 작용하기도 한다.

원로 목사의 전별금(餞別金) 규모가 문제가 되기도 한다. 상식 이상의 전별금을 요구하거나 주는 관례가 생겨서 교회의 재정 건전성에 큰 부담을 준다. 교회는 이런 재정의 어려움을 극복하려고 새 담임 목사 지원자에게 거액의 지참금을 요구하는 어처구니없는 상황이 펼쳐지기도 한다. 교회의 규모에 따라 지참금의 액수가 매겨진다는 말도 은연중 돈다. 돈을 받고 교수로 임용하는 세상의 타락한 모습이 담임 목사를 세우는 길에도 유사하게 나타나는 셈이다. 이런 부류의 현상은 교회 리더십 개념의 붕괴이자, 리더의 타락을 의미한다.

교회조직과 교회 정치와 관련하여 한국교회에서 빼 놓을 수 없는 또 하나의 큰 어려움은 부교역자의 처우 문제다. 한국교회는 부교역자에게 오랜 기간 동안 매우 부당한 처우를 해왔다. 신앙과 사역이라는 거룩한 이름으로 부사역자의 노동과 시간을 부당하게 사용한 경우가 많았다. 대체로 사례비가 적정하게 책정되지 않았고, 사역의 종류와 시간 등도 무리하게 요구되었다. 사역 기간이 안정적으로 명확하게 보장되는 경우도 드물었다. 한 마디로 말해, 한국교회의 부교역자 처우 형태는 한국 사회의 비정규직 근로자의 것과 유사하다. 어쩌면 한국 사회의 비정규직 문제를 이미 교회가 먼저 앓고 있었다. 교회가 부당하게 비정규직을 활용해왔다. 교회가 사회에 바른 본을 보여야 하는데, 오히려 먼저 잘못된 제도와 방식을 소개한 꼴이다. 그런데 이 문제의 심각성은 부교역자의 비정규직화가 사실 담임 목사제도와 구조적으로 깊이 연결되어 있다는 점이다. 부교역자의 처우와 인사(人事)는 대체적으로 담임 목사의 결정에 쉽게 좌우되는 구조였다. 자연히 부교역자는 하나님과 교회를 위해 사역하기보다 담임 목사의 요구와 필요에 맞게 일하는 형태로 변형될 수밖에 없는 환경에 놓여있다.

단수 리더십과 담임 목사제

리더십과 관련된 이런 여러 문제의 양상과 성격을 찬찬히 되짚어 볼 때 한 가지 중요하게 떠오르는 공통적 고민이 있다. 이 문제들은 대체적으로 교회 리더십이 한 사람에게 집중될 때 쉽게 나타나고 더 크게 증폭된다는 점이다. 다시 말해, 한국교회에 복수리더십의 부재가 이런 리더십 문제를 배양하고 양산한다는 말이다. 물론 한국교회는 명목적으로는 많은 경우 '장로교' 형태를 갖추고 있기에 복수리더십을 지향하는 듯 보인다. 하지만 대부분 교회가 담임 목사제를 채택하고 있기에 실질적으로는 단수 리더십으로 운영된다고 보는 게 더 정확하다.

결국 무슨 말인가? 한국교회의 많은 문제는 리더의 타락과 리더십의 문제로부터 오고, 한국교회 리더십의 여러 문제는 대체로 단수 리더십 체제인 담임 목사제도와 연관되어 있다. 물론, 담임 목사제를 취하는 교회가 모두 잘못된 것은 아니고, 담임 목사들이 모두 잘못하는 것도 아니다. 존경할만한 신실한 담임 목사들은 이곳저곳에 많다. 하지만 앞에서 다룬 여러 문제가 단수 리더십과 더 깊이 연관되어 있다는 사실 또한 부인하기 힘들다. 그렇다면 해결의 방향은 어디에 있을까? 교회 개혁의 고민은 담임 목사제에 대한 의문을 피해갈 수 없다. 지금은 담임 목사제에 대해 다시 생각해야 될 때다. 따라서 2장과 3장에서는 이런 의문을 하나씩 풀어가며, 한국교회의 문제를 해결하는 효과적인 길이 어디에 있는지를 살필 필요가 있다.

"신실한 담임 목사는 여전히 많다.
하지만, 리더십과 관련된 여러 문제는 담임 목사제와 연관되어 있다."

2장 교회 정치와 담임 목사제

담임 목사제는 진정한 장로정치 제도인가?

교회 리더를 잘 세우고 리더십을 적절히 발휘하는 건 중요하다. 리더와 리더십에 문제가 생기면, 교회는 그로 인한 악영향을 오롯이 받을 수밖에 없다. 자연히 교회 리더가 어떻게 세워지고 리더십을 어떻게 발휘하는가의 이슈, 즉 '교회 정치'는 중요하지 않을 수 없다.[11] 세상의 개혁에 정치가 중요하듯이, 교회 개혁에도 '교회 정치'는 중차대하다. 이번 장에서는 한국 개신교회의 정치 제도가 어떤 위치와 자리에 있으며 교회 개혁과 어떤 관계를 맺고 있는지 가늠해 본다.

1. 교회 정치의 네 가지 형태

에릭슨(M.J. Erickson)은 교회 역사에 나타난 교회 정치 형태의 종류를 감독제, 장로제, 회중제, 무정치 제도로 분류한다. 이 네 가지의 순서는 구성의 심화도가 큰 것에서 작은 것으로 배열된 것이다.[12]

---

[11] Erickson(『복음주의 조직신학(하)』, p. 264)은 '교회 정치의 문제는 최종적으로 분석해 볼 때, 권위가 교회 내에서 어디에 속해 있으며, 누가 그것을 행사할 수 있는가에 대한 문제'라고 간략히 요약한다. 이하 각 제도에 대한 서술은 에릭슨의 자료에 많은 도움을 받았다.

[12] Erickson, 『복음주의 조직신학(하)』, pp. 265-79.

감독제

감독 정치제도는 다양한 등급 수준의 감독들 존재를 기반으로 한 형태이다. 일차적 수준의 감독은 지교회의 '장로'로서 목회와 관련된 기본 임무, 예컨대 설교와 성례전 등을 수행하는 리더를 말하는데, 이 지역 교회의 감독(장로)을 지휘하는 또 다른 감독들의 체계를 가진 제도가 감독제이다. 이 두 번째 수준의 감독의 특별한 점은 성직을 안수하는 권한이다(참조. 마 16:18-19; 28:18; 행 6:3, 6 등). 이 감독제도는 마태복음 16:16-19의 가톨릭교회 해석에 가장 크게 기반하고 있다. 가톨릭교회는 예수님께서 베드로에게 교회의 수장으로서 교회를 다스리고 리더를 세울 권세를 주셨다고 이해하며, 이런 베드로의 권한은 또한 승계된다고 생각한다. 감독제를 채택한 교회는 감리교, 영국 성공회, 로마 가톨릭 등인데, 감리교는 가장 낮은 수준의 감독제이고, 성공회는 다소 발전된 것이며, 가톨릭은 가장 고도로 발전된 감독 체제이다.[13]

장로제

장로정치제도는 오직 한 가지 수준의 성직자, 즉 '장로'(곧, 감독)만 있다고 보며, 장로를 감독하는 이차 감독의 존재를 부정하는 정치제도이다. 장로제는 감독의 분화와 발전은 거부하지만, 장로들 회합 수준의 발전은 받아들인다. 즉, '당회(session)' '노회(presbytery)' '대회(synod)' '총회(General Assembly)'로 올라가며 발전되는 의사결정의 지휘는 인정한다. 장로들은 각 회의체의 구성원과 의장(議長)이 될 수 있지만, 그들은 모두 직분에 있어서는 '장로'일뿐이다. 따라서 구성원과 의장에 대한 추가 성직 수임식은 없다. 사도행전과 바울서신의 여러 구절이 장로제의 근거 본문으로 여겨진다(참조. 행 11:30; 14:23; 15:6-29; 20:17; 딤전 3:1-2; 5:17; 딛

---

[13] Erickson, 『복음주의 조직신학(하)』, pp. 265-68.

1:7 등). 개신교회는 기본적으로 이 장로정치제도를 택하는데, 칼뱅의 전통적 견해를 따라 장로가 '교무장로(목사)'와 '치리장로'로 구성된다고 이해한다.[14]

회중제

회중 정치제도는 두 가지 점을 중요하게 고려하는데, 하나는 '개별 그리스도인의 역할'이고 또 다른 하나는 '지역 회중'이다. 이 두 가지는 '자율'과 '민주주의'의 원리가 이 정치제도에 중요하게 작동하게 한다. 지역 교회를 명령하는 어떠한 권력과 권위도 인정하지 않고, 오직 지역 교회가 자율적으로 민주주의적 과정을 통해 모든 결정을 한다. 이 제도도 한 가지 수준의 성직만 인정하는데, 감독과 장로와 목사라는 직분은 같은 직무에 대한 다른 명칭에 불과하다. 사도행전에 나타난 초대 예루살렘교회가 유다의 후임을 천거한 이야기와(행 1:15-26), 최초의 집사 일곱 명을 택한 사례(행 6:1-6)는 종종 이 제도에 정당성을 제공하는 것으로 여겨진다.[15] 침례교와 형제단 교회가 대체로 이런 회중 정치제도를 택한다.[16]

무정치 제도

무정치 제도는 아예 어떤 특별한 정치 제도를 선호하거나 취하지 않는 경우를 말

---

14 Erickson, 『복음주의 조직신학(하)』, pp. 270-73. 칼뱅은 고전 12:28, 롬 12:8, 딤전 5:17을 중심으로 치리장로의 정당성을 주장했지만, 그의 주장에는 오류가 있다고 생각된다. 칼뱅의 주장은 *Institute*, IV, 3, 8(Calvin, 『기독교강요(하)』, p. 68); IV, 11, 1(Calvin, 『기독교강요(하)』, pp. 255-56)등을 참조하고, 그의 오류에 대해서는 이진섭, '치리장로 개념은 성경적인가?' 『성경과 교회』 5 (2007), pp. 238-47을 보라. 이와 관련된 간략한 논의는 이 책 2부, 4장 '4. 장로의 역할'을 보라.

15 Erickson, 『복음주의 조직신학(하)』, pp. 274-76.

16 Erickson(『복음주의 조직신학(하)』, pp. 278-79)는 '플리머스 형제단' 교회를 회중제보다는 무정치 제도의 범주에 넣고 있다. 물론 형제단 교회가 장로를 성직자의 개념으로 보지 않는다는 점에서는 그의 분류가 타당한 점이 있지만, 형제단 교회의 리더로 '장로'가 있다는 점을 고려하면 회중제의 범주에 넣는 게 또한 적절해 보이기도 한다.

한다. 정치 제도가 없는 걸 오히려 제도로 삼은 것이기에, 교회 정치 구조를 사실상 제거하는 입장이다. 이 제도는 성령의 내적 역사를 강조하여 성령님께 의존하는 점을 매우 중요시한다. 예컨대, '퀘이커 교도' 공동체가 이런 입장에 속한다.[17]

각 제도의 비교

각 정치제도의 모습과 차이는 '그림 2.1. 교회 정치제도 비교'와 같이 간략하게 표시할 수 있다. 리더의 등급이라는 측면에서 보면, 앞의 네 가지 제도는 세 가지로 종류로 구분된다. 감독제는 리더의 다단계 구조를 주장한 반면, 장로제와 회중제는 리더의 한 가지 수준의 성직만 인정하고, 무정치 제도는 아예 리더의 특별한 성직을 인정하지 않는다.

장로제는 회중제에 비해 장로들의 리더십과 의사결정권을 중시한 반면, 회중제는 성도 각 사람과 회중 전체의 의사결정권을 더 중시한다. 감독제는 인간 리더에 부여된 권위와 판단을 크게 부각시켰다면, 반면 무정치 제도는 성령님의 활동에 민감해야 함을 더 강조한다.

네 가지 제도 모두는 나름대로 각 제도가 선호하는 성경 본문에 근거하여 자기 정당성을 주장하는데, 그런 각각의 주장과 설명이 한편으로 타당성이 있기는 하지만 언제나 설득적인 것은 아니다. 감독제는 리더의 다단계 구조와 인간 리더의 권위를 지나치게 강조한 반면, 무정치 제도는 성령의 역사(役事)에 치중하여 인간 리더의 역할을 무리하게 약화시킨 면이 있다. 회중제는 개별적 인간과 회중 공동체를 동시에 중시하는 장점을 지녔지만, 공동체를 이끄는 리더의 역할과 기능을 한편으로 약화시키는 약점을 지녔다.

여러 면을 함께 고려할 때, 교회사 속에 나타난 정치제도 중에서는 장로정치 제도가 신약성경에 나타난 교회 정치의 원리와 형태를 가장 유사하게 반영하고

---

17 Erickson, 『복음주의 조직신학(하)』, pp. 278-79.

있다고 판단된다. 하지만 교회사에 실제 나타난 장로정치 교회가 신약성경의 교회 정치와 얼마나 근접했는지는 또 다른 문제이다. 바로 이런 시각에서 개신교회와 한국교회의 장로정치 모습을 좀 더 자세히 들여다 볼 필요가 있다.

"감독제는 리더의 다단계 구조를 주장하고,
 장로제와 회중제는 한 가지 수준의 성직만 인정하며,
 무정치 제도는 성직 자체를 인정하지 않는다."

"장로제가 신약성경의 교회 정치 모습과 가장 근접해 있다."

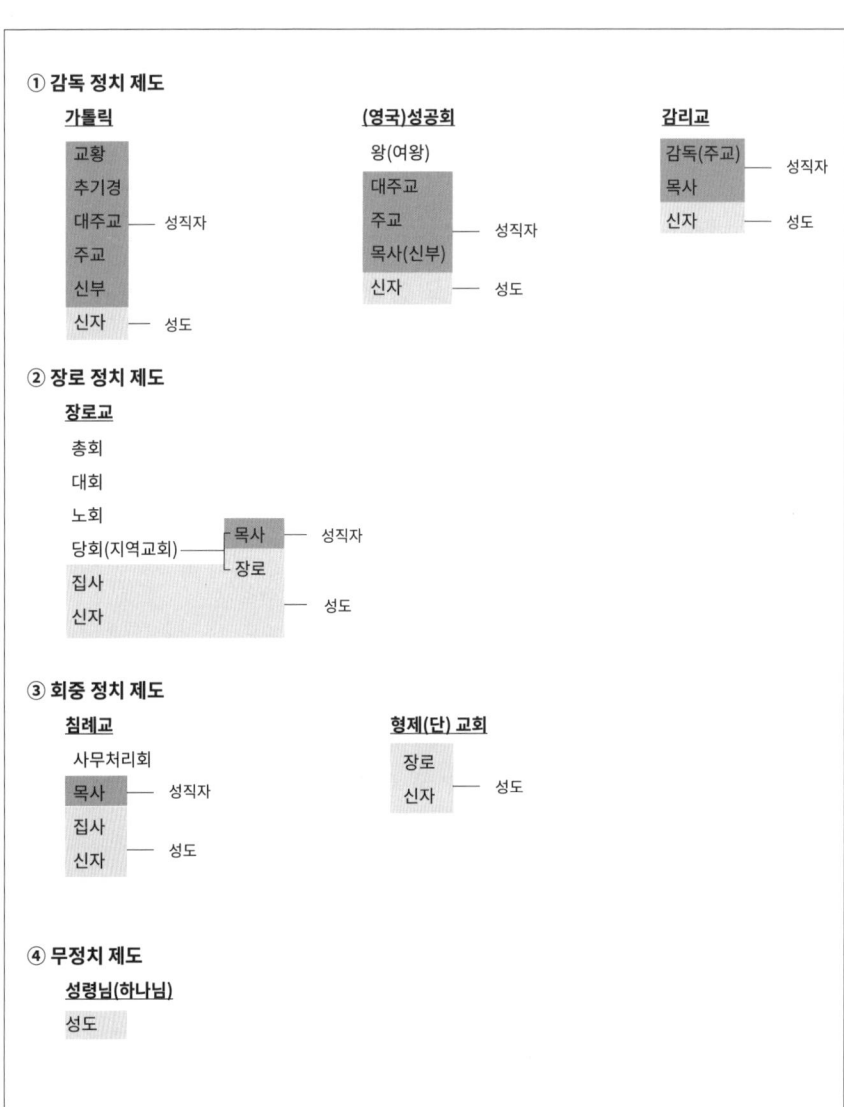

그림 2.1. 교회 정치제도 비교[18]

---

[18] 이 비교표는 고(故) 윤종하 장로의 강의 교안에 도움을 받았다.

2. 담임 목사제

개신교회의 장로정치

개신교회는 대체로 장로정치를 지향한다. 개신교회는 신학적으로는 중세 로마 가톨릭의 신학사상을 반대하는 종교개혁자들의 주장을 이어받고, 정치적으로는 가톨릭의 감독정치 특히 교황 제도를 거부하며 장로정치를 교회 조직의 근본으로 삼았다. 그래서 종종 개신교회를 신학적으로는 '개혁교회', 정치적으로는 '장로교회'라고 부르기도 한다. 교회 정치와 관련하여 현대 개신교회와 한국 개신교회는 이런 유산을 자연스레 물려받았다.

물론 개신교는 가톨릭교회와 달리 개신교회 내에 각 교단과 교파가 다양하게 있고, 또 각 교단과 교파에도 각 지역교회의 독자성이 중요시되기에 교단과 교파와 개교회의 상황에 따라 교회 정치 형태가 일률적이거나 고정적이지는 않다. 하지만 거시적으로 볼 때 개신교회가 대체로 장로정치를 지향한다는 점은 부인하기 힘들다. 장로정치의 모양과 형태는 다양하지만, 장로정치의 특징은 대체로 유지된다.

담임 목사제

그런데 개신교회의 장로정치 모습에서 오히려 더 중요하게 고민해야 하는 점이 있다. 그것은 다름 아닌, 개신교회의 장로제가 '담임 목사제'라는 형태로 발전해왔고, 현대 한국교회는 이런 흐름이 가속화되는 최일선에 서 있다는 점이다. 문제는 이 담임 목사 제도가 신약성경 교회의 장로정치 모습과는 적지 않은 차이가 있을 뿐 아니라, 신약성경 교회가 지닌 장로정치 제도의 중요한 원리인 '복수리더십'에서 이탈하고 있다는 점이다.

종교개혁자들은 중세 로마가톨릭의 감독제가 지닌 교회 정치의 폐단을 극복하려고 신약성경에 있는 복수리더십인 '장로정치'를 부활시키려 했다. 감독제의 다단계적이고 수직적 교회 정치 구조를 거부하고 복수의 장로 협의체를 선택하려 했다. 하지만 개신교회는 개(個)교회 안에서 교무장로(목사)와 치리장로를 구분함으로 목사와 장로의 등급 구조가 발생하도록 방조했으며,[19] 그 자연스런 부산물로 담임 목사제를 지향하게 되었다. 특별히 한국교회는 이 담임 목사제를 강화함으로 담임 목사와 (수석부목사) 부목사, 강도사, 전도사의 사역자 다단계 체계를 세워 개교회 안에 사역자의 서열 구조를 만들었다. 이는 감독제 리더십의 다단계 수직적 구조 성격을 개교회 안에 유사하게 복사해 놓은 꼴이다. 개신교회가 진정한 의미의 장로정치를 실현하지 못하고, 오히려 감독제와 장로제의 어중간한 혼합물을 만들어 놓은 셈이다.

결국, 개신교의 담임 목사제가 발전되고 극단화될수록 중세 가톨릭의 감독 정치 제도가 가졌던 다양한 문제와 오류를 유사하게 답습하게 되는 폐단이 생겼다. 한국 개신교회는 대체로 담임 목사제의 형태로 운영되고 있고, 이 담임 목사제는 이미 한국교회 여러 문제에 '폭풍의 눈'이 되었다. 1장에서 잠시 살핀 대로 담임 목사제가 한국교회에 많은 문제의 원인적 요소로 작용한다는 말이다. 그런데 더 큰 어려움은 많은 사람이 이런 사실을 모르거나, 또는 알더라도 이에 대해 대부분 함구하고 있는 현실이다. 담임 목사제를 비판하는 일은 곧 자신이 서 있는 토대를 비판하는 셈이어서 그런지, 교회개혁을 주장하는 많은 사람들조차도 담임 목사제의 문제에 대해서는 대체로 거론하지 않는다.

그러나 과연 이런 함구가 적절한 태도일까? 변화될 수 없는 영역, 자기 목에 방울 달기, 내부 총질의 피해 등의 명목으로 침묵하고 피해가야 하는 걸까? 이는 다

---

19 이런 문제 발생에 큰 영향을 미친 것은 장로를 '교무장로'와 '치리장로'로 구분하여 정리한 칼뱅의 생각이다. 칼뱅은 종교개혁 당시 개혁자들의 교회에 이미 존재하던 치리 장로들의 존재를 성경 몇 구절로 정당화하는 일을 하였다. 물론 중세 로마가톨릭의 교황 정치 체제를 반대하는 측면에서는 큰 기여를 한 셈이 되었지만, 칼뱅의 이런 해석과 판단은 석의적으로나 논리적으로 타당해 보이지는 않는다. 자세한 내용은 다음을 참조하라. 이진섭, '치리장로 개념은 성경적인가?', pp. 238-47.

룰 수 없는 금기의 영역이고, 다루어서는 안 되는 걸까? 아니다. 이런 금기의 영역을 고민할 필요가 있다. 따라서 다음 과제는 담임 목사제를 좀 더 가까이에서 냉철하게 보는 일이다. 담임 목사제의 장단점을 비교하고, 담임 목사제가 한국교회에 어떤 기여를 하고 있으며 어떤 다양한 문제를 만들어내고 있는지를 좀 더 살피는 게, 바른 대안을 찾는 데 필요하다. 다음 장(3장)은 이를 살핀다.

> "담임 목사제는 이미 한국교회 여러 문제에 '폭풍의 눈'이 되었다.
> 따라서 담임 목사제를 가까이에서 냉철하게 보는 일이 필요하다."

3장 담임 목사제와 한국교회의 문제

담임 목사제는 한국교회의 문제에 어떤 영향을 미치는가?

앞의 두 장에 걸쳐 담임 목사제가 한국교회의 여러 문제와 깊이 연관되어 있음을 시사했다. 하지만 담임 목사제 자체를 무조건 안 좋은 것으로 볼 필요는 없다. 여전히 담임 목사제 안에서 신실하게 사역하는 목회자가 많다.

조직 구성과 정치 체제는 그 자체로 좋고 나쁨이 금세 판명 나는 건 아니다. 그 조직과 단체의 목표를 잘 이행하면 좋게 평가 받고, 잘 이행하지 못하면 안 좋게 평가 받는다. 목표 실행 여부는 조직과 단체의 본질과 상황에 따라 달라지기도 하고, 구성원의 성향과 수준에 따라 다르게 나타나기도 한다. 예컨대, 어떤 나라에는 대통령제가 유익하고, 어떤 나라에는 내각제가 적절할 수 있다. 한 나라의 통치 제도도 시대의 상황과 제반 환경에 따라 바뀔 수 있다. 왕 제도에서 대통령제로, 또는 내각제로 바뀌는 게 시대와 환경과 의식에 적응하는 변화일 수 있다. 기업이 커지고 발전하는 과정에 리더십의 형태에 변화가 생기는 것도 한편으로는 자연스럽다. 조그만 개인 회사에는 주주나 이사회가 없는 게 당연하고, 반면 대 그룹에는 있는 게 당연하다. 조그만 개인 자영업을 복수리더십으로 운영하는 건 부자연스럽다. 이처럼 조직 구성과 정치 체제는 조직의 본질과 단체의 상황에 비추어 적절히 선택되고 평가될 필요가 있다.

그렇다면 한국교회의 담임 목사제는 어떠할까? 교회의 본질과 목표를 잘 반영하는 정치 제도일까? 우리 시대 상황과 처지에 잘 맞는 체제일까? 현재 한국교회가 바르게 나아가는데 꼭 필요한 제도일까? 한국교회의 문제를 해결하는데 적절한 지도(指導) 체제일까? 이런 의문은 우리 시대 담임 목사제의 맨얼굴을 직면하도록 이끈다.

> "정치 제도는 그 단체의 목표를 가장 잘 실현해야 한다.
> 교회의 본질과 목표를 잘 반영하는 교회 정치 체제는 어떤 것일까?"

1. 담임 목사제의 장단점

담임 목사제의 장점

담임 목사 제도가 때론 필요하고 장점이 있다는 점을 간과해서는 안 된다. 담임 목사제 자체를 무조건 부정적으로 볼 필요는 없다는 말이다. 하나의 정치 제도로서 담임 목사제는 분명 장점이 있다.

① **[빠른 의사결정]** 가장 먼저 생각할 수 있는 장점은 복수지도 체제보다 의사 결정을 빨리 할 수 있다는 점이다. 복수의 다양한 의견으로 판단이 보류되는 것을 피할 수 있고, 의견 수렴에 드는 시간을 줄일 수 있다.

② **[발 빠른 대응]** 이런 점은 환경 변화에 발 빠르게 대응할 수 있다는 장점으로 이어진다. 시시각각으로 변하는 목회 현장의 상황에서는 발 빠른 대응이 한편 필요하다.

③ **[강한 드라이브]** 또한 권한이 한 사람에게 집중되어 있기에 사안에 대해 강한 드라이브를 걸 수 있다는 장점도 있다. 자원과 힘을 집중할 수 있다는 말이다.

④ **[재정 효과]** 재정 측면에도 장점이 있다. 재정 부담이 (복수리더십에 비해) 상

대적으로 적다. 소규모 공동체일 때는 재정 운영 부담의 정도가 덜하고, 대형 교회의 경우는 재정 운영의 여유가 커진다.

이런 장점은 20세기 중후반 한국교회의 개척과 성장에 일정 부분 잘 드러났다. 20세기 중후반 한국은 교회가 많이 개척되는 시기였고 또한 사회의 경제도 빈곤에서 점차 벗어나며 성장하는 시기였다. 교회도 사회의 급격한 변화에 발맞추어 빠른 의사결정을 필요로 했고, 나라의 가파른 경제 성장과 사회의 의식 변화에 맞물려 교회에 강한 드라이브가 필요하기도 했다. 그래서 어쩌면 그동안 한국교회는 담임 목사제를 큰 의문 없이 자연스럽게 받아들였는지 모른다. 담임 목사들의 열정과 헌신이 교회의 규모와 외형을 키우는 데 부합하고 또 필요했다. 어찌됐든 20세기 한국교회는 담임 목사제와 함께 개척의 길을 시작했고 걸어왔음을 부인하기 힘들다. 담임 목사제도는 20세기 한국교회가 자라나는 데 일정 부분 기여했다.

담임 목사제의 단점

하지만 이런 담임 목사제는 단점 또한 만만치 않게 가지고 있다.

① **[의사결정의 상대적 위험성]** 쉽게 파악할 수 있는 단점은 의사결정의 부정확성 문제이다. 담임 목사의 의사결정과 상황대응이 빠를 수는 있지만, 문제는 그런 결정과 대응이 잘못되고 부적절할 가능성이 (복수리더십과 비교하여) 상대적으로 크다는 점이다. 교회의 리더는 주님의 뜻이 무엇인지를 바르게 판단하여 리더십을 발휘해야 한다. 교회리더십은 내 생각을 밀어붙이는 것이 아니라, 주님의 뜻을 현실에 실현하는 거다. 그런데 담임 목사 혼자서 그 상황에 맞는 주님의 뜻을 생각하기보다는 여러 사람이 함께 그 뜻을 헤

아리는 게 더 좋은 판단일 가능성이 높다. 물론, 때로는 다수의 의견보다 한 사람의 탁월한 판단이 더 나을 수 있다. 하지만 이 경우에도 다수가 함께 상의하며 그 판단의 우월성을 확신하고 다양한 실행 방법을 함께 찾는 게 필요하다. (함께 헤아린다는 말은 무조건 다수결을 따른다는 뜻은 아니다.) 그런데 담임 목사제에는 담임 목사의 부적절한 결정과 대응을 점검하고 조율하며 그에 제동을 걸 제도적 장치가 부족하다.[20]

② **[힘의 집중으로 말미암는 타락]** 권한과 책임의 집중이 타락을 부를 수 있다는 점 또한 하나의 단점으로 작용한다. '절대 권력은 절대 부패한다.'는 말이 담임 목사제에도 적용된다. 담임 목사제는 담임 목사 한 사람에게 많은 권한을 부여하는데, 그 권한의 크기가 커질수록 담임 목사가 그 권한을 부적절하게 사용할 위험성은 커진다. 그 누구도 유혹과 타락의 가능성을 빗겨갈 수는 없기에, 가능하면 그런 위험을 막아줄 제도적 장치가 필요하다. 리더 한 사람의 영적-윤리적 감수성에만 의존하는 것만으로는 부족하다. 담임 목사에게 책임의 무게를 과하게 부과하는 것도 미혹의 요소가 될 수 있다. 과부하(過負荷)된 책임은 꼭 필요한 역할을 제대로 감당하지 못하게 하고, 때로는 부적절한 방법에 눈 돌릴 여지를 만들 수 있기 때문이다. 결국, 적절한 제도적 장치가 없는 상태에서 리더가 막강한 권한과 과한 책임을 동시에 갖게 되면, 그 결과가 부조리함과 타락의 방향으로 나아갈 수 있다. 한국교회의 담임 목사제에는 이런 위험성이 존재한다.[21]

---

20 치리장로가 함께 하는 당회가 어떤 점에서는 이런 완충 역할을 한다. 하지만 근본적으로 담임 목사제는 담임 목사 1인에게 많은 권한과 책임이 집중되는 제도이기에 당회 제도만으로 이런 단점을 충분히 극복하기는 힘들다. 때론 치리장로들이 다른 의도로 담임 목사와 힘겨루기를 하는 경우도 생긴다. 치리장로 제도가 과연 성경적인가 하는 점과 그와 관련된 장로정치 제도의 문제는 4장에서 다룬다.

21 이런 위험성이 현실로 나타나는 예는 교계 언론과 사회 언론에 자주 등장한다. 일부이긴 하지만, 담임 목사가 교회 재정을 횡령했다거나, 성폭행을 했다고 언급되는 기사 등이 그런 예이다.

③ [가르침의 한계와 폐쇄성] 잘 인식하지는 못하지만 사실은 '가르침의 한계(限界)'라는 매우 커다란 단점이 담임 목사제에 숨겨져 있다. 담임 목사제에는 가르침의 폐쇄성과 한계가 적잖이 존재한다. 교회는 리더의 가르침 역량에 크게 영향을 받는다. 리더의 깨달음이 교회 공동체의 인식에 큰 영향을 미치고, 리더의 지식과 신학이 성도의 삶과 신앙에 자연스레 반영된다. 리더의 가르침이 좋을수록 교회가 온전해질 가능성은 높아진다. 그런데 한 사람의 신학적 소양과 지식의 정도, 리더십의 역량 등은 제한될 수밖에 없다. 한 리더의 능력과 지식과 역량보다 여러 리더들 각각의 것들의 합이 크다. 한 사람이 가르치는 것보다 여러 사람이 가르치는 것이 더 낫다는 말이다.

물론 아주 뛰어난 한 사람이 가르치는 게 그보다 못한 다른 여러 사람들이 가르치는 것보다 나을 수는 있다. 예컨대, 뛰어난 설교자 한 사람이 계속 설교하는 게 설교를 잘 못하는 여러 사람이 설교하는 것보다 나을 수 있다. 하지만 이는 극단적인 예에 불과하다. 아주 뛰어난 설교자는 사실 그리 많지 않다. 예외적이다. 보통의 경우, 설교자는 대체적으로 서로 그만그만한 역량을 지닌다. 그래서 보통은 한 사람의 역량보다 다수 역량의 총합이 더 크다. (앞의 예외적인 경우에도 뛰어난 한 사람보다 뛰어난 두세 사람이 함께 하면 더 좋은 게 당연하다.) 또한, 한 사람이 부족한 시간에 많은 것을 혼자 다 감당하는 것보다는 여러 사람이 할 일을 나누어 적절한 시간의 여유로 각각의 역할을 함께 감당하는 게 더 유익하고 효율적이다.

각 리더가 가진 장점이 다르다는 점도 중요하게 고려되어야 한다. 한 사람만이 가르치면, 그 사람이 잘 하는 것만 알게 된다. 하지만 여러 사람이 함께 가르치면 여러 사람이 각기 잘 하는 것을 다양하게 알게 된다. 더 풍성해진다는 말이다. 결국 담임 목사제에는 담임 목사 한 사람의 한계에 갇혀 그 이상의 발전과 변화가 일어나기 어려워지고 결국은 닫힌 지도체계 안에만 머물러 매너리즘에 빠지게 되는 결정적인 단점이 존재한다.

④ **[교회 리더십의 정체성과의 괴리]** 더 중요한 문제는 담임 목사제가 사실 교회 리더십의 정체성과 잘 맞지 않다는 점이다. 엄밀히 말해 교회의 진정한 리더는 '그리스도' 한 분이시다(참조. 마 23:8, 10).[22] 교회의 인간 리더들은 모두 그리스도의 몸인 교회를 돌보는 수종자에 불과하다. 인간 리더들은 참 리더이자 주(主)이신 그리스도의 신하들일뿐이다. 신하는 결정권자가 아니라 다른 신하들과 함께 주의 뜻을 받드는 자들이다. 그래서 신하는 태생적으로 복수로 존재한다. 자기 스스로 결정권자가 되지 않고, 옆의 신하들과 함께 그리스도의 뜻을 찾고 실행하는 자들이다. 이것이 원래 교회의 인간 리더십이 가진 정체성이다. 담임 목사제는 원칙적으로 이런 교회 리더십의 정체성과 잘 맞지 않는다. 사실 신약성경의 교회는 담임 목사제를 지지하지 않는다.[23] 담임 목사제는 그리스도의 몸인 교회가 본질적으로 지닌 인간 지도력의 정체성과 잘 부합하지 않으며, 그리스도의 머리됨을 적절히 수호하는 데 여러모로 잘 어울리지 않는다.

> **"담임 목사 제도에도 장단점이 있다.
> 담임 목사제 자체를 부정적으로만 볼 필요는 없다.
> 하지만 장점과 함께 심각한 단점이 있음을 부인할 수는 없다."**

---

22 '그러나 너희는 랍비라 칭함을 받지 말라 너희 선생은 하나요, 너희는 다 형제니라.'(마 23:8). '또한 지도자라 칭함을 받지 말라 너희의 지도자는 한 분이시니 곧 그리스도시니라.'(마 23:10).

23 초대교회 대표적인 두 교회였던 예루살렘교회와 안디옥교회의 정치체제가 복수리더십이었다는 점은 이를 잘 보여준다(행 13:1-3; 15:6, 22; 16:4 등). 이에 대한 논의는 본서 4장 '1. 신약성경 교회의 복수리더십'을 보라.

2. 담임 목사제와 관련된 한국교회의 문제들

담임 목사제 안에서 신실하게 사역을 잘 감당하는 목회자가 여전히 많다. (분명, 이 점을 간과하거나 무시해서는 안 된다. 이런 분들께 참 감사하다.) 하지만, 담임 목사제가 여러 유혹에 취약하고 여러 문제의 원인적 요소를 지니고 있음을 또한 부인하기는 힘들다. 한국교회의 담임 목사제는 앞에서 제시한 여러 단점들이 서로 복합적으로 작용하여 여러 부작용을 낳고 있다. 그 부작용의 결과는 한국교회의 다양한 문제에 스며들어 있다. 이미 1장 끝에서 한국교회 리더십 영역의 문제들이 담임 목사 제도와 긴밀히 엮여 있음을 간략하게 시사했다. 이런 문제들은 대체로 아홉 가지 종류로 나누어 생각할 수 있다.

(1) 리더십의 권력화

담임 목사제와 관련해서 한국교회에 나타나는 가장 일차적인 문제는 리더십의 권력화 문제이다. 한국교회의 담임 목사제는 가르침이 담임 목사에게 집중되게 할 뿐 아니라 교회의 중요한 의사결정도 담임 목사에게 집중하게 만든다. 보통 개교회 담임 목사는 인사와 재정 등에 결정적 영향력을 행사한다. 예컨대, 부목사의 선임과 해임 뿐 아니라, 사역자들의 사역 방향과 내용 등에도 담임 목사의 의사가 매우 크게 영향을 끼친다. 자연히 부목사는 (하나님의 뜻대로 사역하기보다) 담임 목사의 뜻을 추구하는 사역에 빠지기 쉽다. (이 말은 담임 목사의 뜻이 언제나 나쁘다는 뜻이 아니다. 사역의 정확한 목표가 언제나 주님의 뜻에 맞추어져 있어야 한다는 말이다.) 부사역자는 담임 목사의 눈치를 살피거나 담임 목사에게 잘 보이려 할 수 있다. 담임 목사의 권한이 결국 권력으로 넘어갈 위험이 생긴다.

물론 보통 장로정치를 표방하는 개교회는 목사와 치리장로로 구성되는 '당회'라는 복수리더십의 장치가 있어 리더십의 권력화를 일정부분 방지하고 있다.

하지만 한국 장로교회의 '당회'는 사실 명목상의 복수리더십일 뿐이다. 원래, 복수의 리더는 함께 힘을 보태며 더불어 판단하며 사역하는 공동 사역 그룹이다. 하지만 한국교회의 당회는 담임을 맡은 목사와 가르침의 사역 기능이 없는 치리장로들로 구성되기에, 그 구조상 가르침과 다스림의 복수리더십이 발휘될 여지가 적다. (통합 교단은 부목사가 당회의 구성원이 되고, 기타 교단에서도 간혹 부목사들이 당회에 참석하는 경우도 있지만, 부목사들은 사실 담임 목사에 부속되어 있기에 진정한 복수리더십을 발휘하기는 힘들다.) 다만 담임 목사의 독주를 일정 부분 견제하는 최소한의 구조적 장치만 마련되었을 뿐이다. 이런 구조 때문에 자연히 담임 목사와 치리장로들은 당회에서 갈등관계로 발전하기 쉽고, 부목사는 담임 목사의 의중을 고민하고 눈치를 보는 쪽으로 나가기 쉽다.

원칙적으로 교회의 리더는 공동체를 위해 섬기고 희생하는 역할을 맡았다. '너희 중에 큰 자는 너희를 섬기는 자가 되어야 하리라.'(마 23:11)라는 예수님의 말씀은 이런 특징을 압축적으로 잘 보여준다. 리더의 위치는 힘과 권력을 누리는 자리가 아니라, 섬기고 희생하는 자리이다. 무거운 짐을 지는 희생의 자리이다. 큰 통나무를 지는 일을 생각하면 쉽다. 혼자 지겠는가, 여럿이 함께 지겠는가? 당연히 다른 사람들과 함께 들려 할 것이다. 하지만 무거운 돈 다발을 가져가는 일을 생각해 보라. 무겁고 힘들더라도 혼자 지고가려 할 것이다. 세상의 리더는 권력과 이익을 추구하기에 단수 리더십을 추구하고 권력을 휘두르려 한다. 하지만 교회 리더십은 희생하고 섬기는 일을 하는 무겁고 힘든 역할이기에 혼자 감당하기보다는 함께 하는 것이 좋고 마땅하다. 교회 리더십은 태생적으로 희생의 복수리더십인데, 담임 목사제는 이런 교회 리더십의 생리에 잘 맞지 않는다. 오히려 리더십의 권력화 문제에 쉽게 빠지게 한다. 물론 훌륭한 리더(담임 목사)는 권력화의 유혹에 빠지지 않으려 노력할 것이다. 하지만 지금의 이슈는 한 리더의 자질 문제가 아니라 교회정치 제도의 적절함과 유익성의 문제이다. 담임 목사 제도는 권력화의 유혹에 매우 취약하다.

(2) 다양한 가르침의 부족

리더십의 권력화와 함께 고민할 것은 다양한 가르침의 부족 문제이다. 담임 목사제는 생태적으로 교회에 필요한 가르침을 충분하고 적절하게 채우기 어려운 구조다. 교회가 온전해지고 제대로 자라려면 다양한 영양분의 가르침이 필요하다. 이는 다양한 영양분이 갖추어져야 우리 몸이 건강해지는 것과도 유사하다. 건강하려면 골고루 잘 먹어야 한다. 탄수화물, 단백질, 지방 등이 모두 필요하다. 어느 한 가지만 먹는 것으로 건강해질 수는 없다. 비타민 C가 좋다고 해서 그것만 먹으면 되는 게 아니다. 비타민 A, B, D, E 등 모두 필요하다. 여러 영양소가 잘 갖추어져야 건강해진다. 교회도 마찬가지다. 다양한 영역의 영양소가 채워져야 한다. 그런데 담임 목사 한 사람이 교회에 필요한 다양한 가르침의 영양소 모두를 다 채워주기는 힘들다. 한 사람이 잘 하는 것은 대체로 제한되기 때문이다.

설교를 예로 생각해보자. 설교 방식과 성향만 해도 그렇다. 어떤 설교자는 논리적으로 설교를 잘 한다. 교회는 그것으로 유익을 얻는다. 하지만 그 설교자가 방식과 특성을 바꾸어 감성적으로 설교를 잘 하기는 힘들다. 보통 설교자의 스타일은 쉽게 바뀌지 않고 대체로 정해져 있기 때문이다. 담임 목사제는 주로 담임 목사 한 사람이 설교를 거의 대부분 감당하기에 (한 계절 뿐 아니라, 그가 은퇴하기까지 거의 20~40년 정도까지) 그 교회에 교인들은 한 가지 성향의 설교만 오래 동안 듣는다. 한 가지 스타일에만 맛이 들게 된다. 자연히 감성보다 논리를 중요시하는 분위기가 있게 되고 한쪽으로 치우친다. 설교의 스타일 뿐 아니라, 가르침의 내용도 한쪽 방향으로 기울게 된다. 리더마다 자신이 특별히 중요하게 생각하는 것을 주로 가르치기 때문이다.

결국, 한 담임 목사에게 30여년 가르침을 받게 되면, 필요한 다양한 가르침의 영양소를 모두 공급받기가 힘들다. 비타민 C나 탄수화물만 먹고 건강하기 힘든 것처럼, 담임 목사 한 사람의 가르침과 설교만 30년 들은 교회 공동체가 여러 면에서 건강해지기는 쉽지 않다. 물론 그 한 담임 목사가 너무 뛰어나 다양한 가르침을 모두 잘 할 수 있고 설교도 다양한 방식과 내용으로 잘 할 수 있다면 괜찮을 수 있다. 하지만 그런 사람을 어디 그리 쉽게 찾을 수 있겠는가?

또한, 혼자 가르치다보면 매너리즘에 빠지기 쉽다. 자신이 쉽게 할 수 있는 것만 하게 되고, 보통 자신의 단점과 문제를 돌아보는 일을 잘 하지 못한다. 자연히 가르침의 칼이 무뎌지고, 가르침의 색이 바랜다. 때론 잘못된 생각이나 사상을 접할 수 있고, 그에 매혹될 수도 있다. 더 큰 문제는 거기서 스스로 극복해 나오기가 쉽지 않다는 점이다. 자기 문제를 스스로 해결할 수 있는 능력을 가진 사람은 그리 많지 않다. 철이 철을 날카롭게 한다고 했는데(참조. 잠 27:17), 담임 목사제는 리더가 가진 장점을 강화시키거나 단점을 극복할 기회를 잘 얻기 힘들다. 담임 목사제는 그렇게 리더 자신을 불합리하고 어려운 자리에 있게 한다.

정리하면, 한국교회의 담임 목사 제도는 교회가 필요한 가르침의 총량을 충분하고 적절히 채우는 데 어려움이 있을 뿐 아니라, 리더 자신이 훌륭한 사역자로 성장하게 하는 데 한계를 지니고 있다.

(3) 윤리적 삶의 약화

앞의 두 가지 문제는 한국교회 리더와 성도의 윤리적 문제와 또한 결부된다.

가르침의 빈약함은 윤리적 부패를 유발하기 쉽다. 교회에 바른 가르침이 다양하게 제공되지 않으면, 공동체는 바른 윤리적 삶을 영위하는데 어려움을 겪는다. 무엇이 주님의 뜻이며 어떻게 살아야 할지를 명확히 알아야, 유혹을 피하고 부패의 길에서 쉽게 벗어날 수 있다. 하지만, 담임 목사 제도가 지닌 가르침의 빈약함은 그런 기회를 충분히 제공하지 못한다.

또한 리더십의 권력화는 교회를 부패와 타락으로 빠지게 할 가능성을 크게 만든다. '권력은 부패하는 경향이 있으며, 절대 권력은 절대 부패한다.'는 말은 교회 권력구조에도 동일하다. (사실 이 말은 원래 교회 권력구조를 비판하는 말이었다.)[24] 교회의 리더십에도 제어 제동 장치, 리더 부패의 보호 장치가 필요하다. 현재 한국교회의 담임 목사들이 종종 재정 문제나 성적 타락 사건의 문제로 구설수에 오르내리는 현실은 큰 권한을 가진 담임 목사의 정치적 구조와 무관하다고 보기 힘들다. 막강한 권력이 있으니 선을 넘기가 쉽고, 견제 장치가 적으니 방지하거나 제동하기가 어렵다. 젊었을 때는 꽤 좋고 훌륭한 리더였지만, 담임 목사의 자리에 올라 시간을 보내면서 결국 부패하고 타락하는 자리로 떨어진 사람들이 적지 않다. 1인 체제는 그만큼 위험하다.

한국교회의 윤리적 문제는 담임 목사제가 지닌 리더십의 권력화나 가르침의 빈약함과 무관하다고 보기 힘들다.

(4) 부사역자의 비정규직화

한국교회의 담임 목사제가 비정규직 부사역자 체제를 만들었다는 점은 또 다른 커다란 문제다.[25]

보통 한국의 개신교회는 담임 목사 한 사람에 복수의 부목사(추가로 강도사/전도사)가 함께 하는 구조를 지닌다. 물론, 이때 부사역자의 숫자는 교회의 규모와 비례한다. 교회가 작으면 부목사(강도사/전도사)의 숫자가 적고, 교회가 크면 부사역자 수가 많다. 대형교회는 부목사만 10명이 넘는 경우가 흔하다. 그런데 사실

---

24 'Power tends to corrupt and absolute power corrupts absolutely.' 사실 이 말은 영국의 종교 역사가며 정치가인 John Dalberg-Acton 경이 1887년에 교회의 권력화를 비판하며 당시 성공회 주교에게 편지로 쓴 말이라고 한다. 여전히 우리 시대 교회 정치 구조에도 적용되는 말이다. 참조. '[여기는 논설실] 전대권력은 절대 부패한다'(한경닷컴) (https://www.hankyung.com/politics/article/202101042225i)

25 이성호('부목사가 귀한 시대', pp. 114-19)는 한국 교회의 부목사 제도가 '전통적인 개혁교회'와 어울리지 않는 제도임을 언급하며, 부목사 제도와 관련된 여러 문제(개교회 사역자 사이의 위계질서 문제, 부목사가 담임 목사를 섬기는 것에 집중하게 되는 문제 등)를 지적한다.

이런 조직 행태는 기형적이다. '부(副)'자 붙은 직책의 사람 숫자가 이렇게 많은 것은 이상하다. '부'자 붙은 직책은 한 명이면 족하다. 원래의 직책이 중요하기에 역할을 보충하거나 유고 시를 대비해 '부(副)'의 직책을 여분으로 두는 거다.

그렇다면 이런 기형적 체제가 어떻게 형성되었을까? 그 배경은 담임 목사제에 있다. 한 사람만을 담임 목사로 택하여 위임목사로 세웠기에, 교회가 커져 사역의 양이 많아졌을 때 그 담임 목사를 돕는 부목사들을 부르게 된 것이다. 따라서 교회가 커질수록 부목사의 숫자가 는다. 그런데 여기에 문제가 생긴다. 담임 목사가 정규직이라면, 부사역자는 비정규직이라는 점이다. 정규직 1명에 비정규직이 여럿이 되는 형태가 된다. 결국 담임 목사제가 부사역자의 비정규직화를 만든 셈이다. 이미 한국사회에는 비정규직 문제가 뜨거운 감자가 되었다. 그런데 담임 목사제는 여전히 자연스레 비정규직을 원천적으로 활용하는 기반 위에 서 있다. 담임 목사제는 머지않은 미래에 비정규직 논란에 직면하게 될 수밖에 없다. 한국교회가 비정규직 문제로 비판 받게 될 것이다.

사실, 답은 간단하고 명확하다. 교회 규모가 커지고 사역의 필요 양이 커지면, 위임목사를 추가로 세우면 된다. 자연히 복수리더십이 된다. 이전에는 담임 목사와 함께 하는 '동사(同事)목사' 제도도 있었는데, 이제는 그마져도 찾아보기 힘들다. 하지만 '동사목사'를 넘어서 복수의 위임목사가 함께 동역하는 복수리더십 체제를 만들어야 한다. (물론, 복수의 위임목사 그룹을 대표하는 '대표 리더'는 필요하다.) 그것이 진정한 장로정치의 모양이다. 결국, 복수리더십을 외면하는 장로정치인 담임 목사 제도는 부사역자의 비정규직화를 기반으로 운영된다는 비판을 피하기 힘들다. 이는 분명 극복해야 할 문제이다.

(5) 부목사들의 이동/전직(轉職)과 목사의 이중직 현상

담임 목사 제도가 목사와 관련하여 직간접적으로 영향을 미치는 또 다른 문제는 부목사들의 이동과 전직, 더 나아가 목사의 이중직 현상이다.

1) 새 담임 목사의 부임과 부 사역자의 이동

보통 새 담임 목사가 교회에 부임하면 교회에 있던 이전의 부목사나 강도사 등은 일정 기간 내에 사퇴하고 다른 사역지로 가는 게 한국교회에는 통례로 인식되고 있다. 부목사 등의 부사역자는 담임 목사를 보필하고 보조하는 역할을 하는 직분이라고 기본적으로 이해하기에, 이전 담임 목사의 사퇴나 은퇴는 그에 딸린 부사역자의 사퇴를 포함한다고 보는 거다.

새 담임 목사는 자기를 잘 도울 수 있는 부 사역자를 새로 찾게 되고 자연히 이전에 자신이 아는 사역자를 택하는 경우가 많다. 또는 자신이 인사권을 발동해서 새 인원을 선택하여 자신의 사역에 맞도록 조율하려고 한다. 이전 사역자들은 담임 목사의 일사불란한 리더십을 발휘하는 데 불편하다는 생각 때문에 새 담임 목사와 함께 하지 못하는 경우가 많다.

따라서 보통 새 담임 목사가 시무하게 되는 교회의 이전 사역자들은 사역할 다른 곳을 찾는다. 사회의 비정규직 직원이 근무 기간을 안정적으로 인정받지 못하는 모습과 유사하게, 부목사들에게 새 담임 목사의 부임은 새로운 사역 현장을 찾아야 한다는 무언의 압력으로 받아들여진다. 담임 목사의 변동이 부목사의 사역 현장 이동에 영향을 준다.

2) 부목사들의 전직

담임 목사제가 부목사들에게 영향을 주는 또 다른 현상 중 하나는 부목사들의 전직(轉職)이다. 결국, 나이가 들어가면서 담임 목사제라는 허들을 넘지 못하여 부목사들이 아예 목사직을 포기하고 다른 직업을 갖는 경우다.

담임 목사는 (교회의 규모와 성격에 따라 다르지만) 대체적으로 40대 중후반이나

50대 초에 맡게 된다. 한국인의 정서상 자연히 부목사는 새 담임 목사보다 나이가 많으면 사역하기 힘들어진다. 50세 전후까지 담임 목사가 되지 못하는 부목사들은 부사역자의 자리를 찾기가 힘들어진다. 자연히 목사 사역을 할 수 없는 상황에서 가족을 부양하는 경제적 필요를 채우는 아르바이트를 찾게 된다. 이런 일이 반복되고 시간이 좀 지나면, 어쩔 수 없이 목사직을 그만두는 상태까지 가게 된다. 담임 목사는 보통 70년까지 정년이 보장되지만, 담임 목사직의 허들을 넘지 못한 부목사는 사실 50대가 넘어가면 목사직을 그만두는 상황으로 몰리는 것이다.

　세상의 일반 회사에서도 높은 직급에 (예컨대, 부장, 이사 등에) 더 올라가지 못하는 사람들이 결국 50대 초에 여러 모양으로 (예컨대, 명예퇴직을 하거나, 아예 회사의 구조조정에 걸리는 등으로) 회사를 나와야 하는 모습과 어떤 점에서는 유사하다. 하지만 일반 직장은 회사에서 감당하던 전문 영역이 있어 퇴직 후에도 그와 관련된 일을 찾을 가능성이 남아 있는 경우가 있지만, 부목사들은 세상에서 그런 자리를 찾기 어렵다. 자연히 부목사는 나이 든 상태에서 세상에서 보통 힘들다는 직종(소위 3-D 업종)을 택하는 경우가 많다. 또한 세상의 일반 직장인은 퇴직 때 퇴직금이나 이전에 저축하여 둔 자산으로 새로운 일이나 자영업을 시작하는 경우도 있지만, 부목사들은 그것도 어렵다. 결국 목사직을 그만 두는 것뿐 아니라, 직접 몸으로 감당해야 하는 힘든 직종을 택하는 쪽으로 내몰리는 경우가 적지 않다.

　이런 길이 뻔히 보이기에 종종 젊은 목사들은 큰 교회 부사역자로 일하기를 선호한다. 큰 교회의 부사역자 경험은 곧 40~50대에 다른 교회의 담임 목사로 갈 수 있는 경력 사다리가 되기 때문이다. (물론, 사례비의 차이도 여전히 존재한다.) 자연히 큰 교회 사역은 선호되고 작은 교회나 시골 교회는 경원시된다. 이는 교회의 빈익빈 부익부 현상을 낳게 하는 또 다른 원인이 된다.

3) 목사들의 이중직

이런 두 가지 현상은 또한 목사들의 이중직 고려를 촉발한다. 부목사로 사역 교회를 자주 이동해야 하는 부담과 또 이른 나이에 목사직을 그만 둘 수도 있다는 불안은 결국 경제적 필요를 다른 방면에서 채우며 사역해야 한다는 생각으로 발전하기 쉽다.[26] (물론, 부사역자의 사례비가 생계비에 비해 적은 점도 이중직을 택하는 중요한 이유이다.)

그래서 젊은 나이부터 사역과 함께 할 수 있는 적절한 다른 직업을 모색하는 경우가 있다. 중년의 나이에 담임 목사로 부임할 다른 교회가 생기지 않으면 교회 개척으로 담임 목사가 되는 길이 하나의 선택지이다. 개척 교회는 경제적으로 어렵기에 다른 직업으로 경제적 필요를 채우려 한다. 자연스레 목사직도 붙들고 있으면서 다른 직업의 일도 하는 이중직의 길로 가게 된다.

이럴 경우 보통 많이 선택하는 경우가 카페이다. 카페를 차릴 경우 그 공간은 주일에 교회 예배당 공간으로 쓸 수도 있고, 개인적으로 시간 활용도 가능하기 때문이다. 하지만 이것도 경제적 기반이 어느 정도 있어야 하기에 쉽지는 않다. 주중에 몸으로 감당하는 직업을 택하고, 주말에는 집에서 가정교회로 모이는 경우도 종종 있다. 물론, 이중직이 무조건 안 좋은 건 아니다. 사역의 본질과 효과에 긍정적 측면이 있다면 신중하게 고려해 볼 수 있다. 하지만 사역 현장의 불안 때문에 나타나는 이중직 고려는 사역의 질과 효과라는 측면에서는 안 좋은 결과를 낼 수 있다.

이처럼 담임 목사제는 부목사들의 사역 교회를 자주 변동하게 하는 현상을 만들고, 또한 목사직을 그만두고 다른 직업을 택하게 하는 전직 현상을 부추길 뿐 아니라, 더 나아가 사역자들이 이중직을 고려하는 분위기를 조성하기도 한다. 부사역자의 비정규직 문제와 함께 깊이 고민해야 하는 문제다.

하지만 복수리더십의 교회는 이런 여러 현상과 문제를 완화시킨다. 한 사람의

---

[26] 목회데이터연구소에서 발행하는 「넘버즈」 156호 (22. 8. 16)에 따르면, 이중직 부목사는 10%인데, 50대 이상에서는 27%이고 '99명 이하 교회 부목사'의 경우는 45%가 이중직을 한다고 한다. 이중직을 하지 않는 부목사의 57%가 이중직 의향이 있다고 한다.

담임 목사가 교회를 목양하는 게 아니라 다른 목사들이 위임목사로 함께 사역할 수 있기에, 목사들이 한 교회에서 계속 사역할 수 있게 할 뿐 아니라 위임목사의 숫자를 늘리기에 목사들이 은퇴 전의 나이에 목사직을 그만두지 않아도 되게 한다. 복수리더십은 부목사의 숫자를 줄이고, 위임목사의 수를 늘려서 목사들이 함께 동역하며 주님의 부르심을 오래 동안 함께 하게 한다.

(6) 교회 세습

한국교회에 담임 목사제 때문에 문제로 나타나는 또 다른 현상은 '교회 세습'이다. '교회 세습'은 개교회의 담임 목사 직책을 이전 담임 목사의 직계 자손이 이어받는 것을 부정적으로 지적하는 표현이다.[27] 그런데 명확히 해야 할 게 있다. '교회 세습'이 문제로 등장하는 정확한 이유를 찾는 일이다. 이유는 크게 두 가지다. 리더십의 변질과 담임 목사제의 성격이다. 돌려 말해, 리더십이 변질되지 않았거나 담임 목사제가 없으면 교회 세습의 부정적인 문제는 없다.

1) 리더십의 변질

사실, 교회 세습을 안 좋게 바라보는 근본 이유는 리더십의 변질 문제 때문이다. 섬김과 희생의 모습으로 있어야 할 리더의 자리가 권력과 누림의 모양으로 바뀌었기 때문이다. '사랑의 원자탄'으로 알려진 손양원 목사의 예를 가정해서 생각해 보면, 쉽게 알 수 있다. 손양원 목사의 두 아들이 총으로 사살되지 않고 살아서 그 아들 중 하나가 목사가 된 후 아버지를 뒤이어 애양원교회의 목사로서 한센병 환자들을 사랑과 희생으로 돌보는 사역했다고 하자. 과연 그를 교회 세습 목사라고

---

[27] 혹자는 '목회 세습'이라고 표현하기도 한다. 한 개교회의 리더십을 이어받는 측면에서는 '교회 세습'일 수 있고, 담임목회의 리더 자리를 물려받는 다는 측면에서는 '목회 세습'일 수 있다. 두 표현 모두 개교회의 담임 목사 리더십을 자식에게 물려주는 것을 가리킨다.

비난할까? 그러지 않을 거다. 왜 그럴까? 그 자리가 권력과 누림의 자리가 아니라 섬김과 희생의 자리이기 때문이다. 그렇다면 답은 분명해진다. 교회 목회를 아들이 잇는 것 자체가 문제의 핵심이 아니다. 오히려 핵심은 리더(목사)의 자리가 섬김과 희생의 모습이 아니라 권력과 누림의 모양으로 바뀌었다는 점이다. 리더십의 변질과 리더의 타락이 목회 잇기를 부정적으로 보게 한 거다. 교회 세습의 비판은 리더의 자리가 '섬김의 자리'가 아니라 '권력의 자리'가 되었다는 증거인데, 본질을 꼬집기보다 그 파편과 증상을 지적한 것이다.

2) 담임 목사제의 성격

이런 점에서 두 번째 이유, 곧 담임 목사제의 문제와 연결된다. 담임 목사제가 리더십의 권력화를 부추겼고 그래서 교회 세습을 부정적으로 보게 만들었다. 만일 복수리더십으로 교회가 운영되었다면, 교회 세습 문제는 아예 발생하지 않는다. 복수리더십은 한 사람에게 과도하게 권한이 집중되게 하지 않을 뿐 아니라, 복수 리더의 대표가 바뀐다고 해도 그 리더십은 복수의 리더들 중 그 다음으로 리더십이 큰 사람에게 자연스레 전달되기 때문이다. 하지만 담임 목사제는 다르다. 담임 목사제는 리더십의 권력화를 만들 가능성이 높고, 그런 권력화는 리더십의 성격을 세상 권력자와 유사하게 만든다. 담임 목사는 힘과 누림이 있는 자리가 되기에, 누가 담임 목사의 자리를 잇느냐가 주요 관심사가 된다. 만일 이전 담임 목사의 자식이나 친인척이 새 담임 목사가 된다면, 자연히 어떻게 교회에서 그럴 수 있느냐며 비판을 한다.

하지만 이런 비판은 사실 '이중적'이다. 문제의 본질을 벗어났기 때문이다. 비판하는 과녁의 정중앙은 '리더십의 변질'이어야 한다. 좀 더 정확히 말하면 '담임 목사의 자리'가 권력의 의자가 된 것을 먼저 비판해야 한다. 하지만 세간의 모습은 그 특권과 권력의 자리를 친인척이 승계한 것만 문제시할 뿐, 리더십의 변질 자체를 문제시하지 않는다. 왜 이런 기이한 현상이 생긴 것일까? 아마 그 누구도 고양이 목에 방울을 달 수 없기 때문일지도 모른다. 담임 목사제의 문제를 거론하는 순간, 그 화살이 결국 우리 자신 모두에게 올 수 있기 때문이다. 하지만, 좀 더 이 문제에 정직해져야 한다. 한국교회 리더십은 주님께서 가르쳐주신 '섬김과 희생'의 모습에서 많이 이탈했다. '담임 목사가 된다.'는 말이 어느새 '목회자로서 이제 고생이 끝나고 꽃길이 펼쳐졌다.'는 뜻이 되고 말았다. 그래서 축하하는 게 당연해졌다. (물론, 목양의 일을 맡는다는 것은 원래 고귀하고 정결한 직분을 감당하는 것이기에 영적인 면에서는 축하할 수 있다. 또한 여전히 담임 목사는 힘든 여러 일을 맡는 자리다. 아직도 이 직분을 바르게 감당하는 신실한 리더들은 여러 곳에 숨겨져 있다.)

결국, 단언하면, 교회 세습 문제의 진짜 핵심은 '리더십의 변질'과 '담임 목사제의 문제'이다. 한국교회의 담임 목사제는 리더의 권력화를 부추겼고 결국 교회(목회) 세습을 비판하는 자리로까지 나아가게 했다. 담임 목사제가 없으면, 교회 세습의 문제는 없다.

(7) 원로목사와 후임목사의 갈등

담임 목사제는 원로목사와 후임목사가 갈등하는 문제에까지 관련되어 있다. 한국교회는 1960년대에서 1990년대 초반까지 교회의 수와 규모 면에서 두드러지게 성장했는데, 그때 성장한 교회들의 담임 목사가 은퇴하고 새 담임 목사가 세워지는 전환기가 1990년대 이후 계속 되고 있다. 그런데 그 전환 과정에서 (은퇴한 이전 담임 목사인) 원로목사와 새 담임 목사 사이의 갈등 문제가 자주 나타나고 있다.

이에 대한 해결책으로는 보통 두 가지 방식이 사용된다. 한 가지는 원로목사가 교회와 거리 두기를 하는 것이다. 원로목사가 교회에 자주 나오지 않는 게 미덕인 양 여겨지거나, 심지어는 원로목사가 아예 먼 지역으로 가서 사는 게 은퇴자의 훌륭한 리더십인양 추앙되기도 한다. 또 다른 방식은 교회를 세습함으로 갈등 자체가 원천적으로 생기지 않도록 하는 것이다. 담임 목사의 아들이나 친인척이 새 담임 목사로 세워지면, 원로목사와 후임목사 사이의 갈등이 최소화 된다는 생각이다. 이런 생각은 교회 세습을 정당화하는 논리 중 하나로 작용하기도 한다. 교회 세습이 목회 원리의 연속성을 일정 부분 보장한다고 보기에, 개교회의 전통과 평화를 유지하고 싶은 교회들은 종종 이런 후자의 방식을 선호하기도 한다. 전자의 방식이 원로목사와 후임목사의 갈등을 막는 소극적 방법이라면, 후자는 갈등의 여지를 차단하려는 적극적 방법으로 여겨진다. 전자를 선택하면 원로목사가 대체로 존경받는 경향이 강하고, 후자를 선택하면 대개 비판받는 모양새가 된다.

그런데 과연 이런 두 가지 방법이 진정한 해결책일까? 문제를 진짜 해결하는 것일까? 사실 진짜 문제는 이런 갈등의 진정한 근원을 잘 헤아리지 않고 있다는 점이다. 원인을 해결하지 않기에 이 두 가지 해결 방법은 모두 진정한 해결책이 되지 않는다. 원인 치료가 없는 증상 치료는 근본적 치유가 될 수 없는 것과 같다. 원인은 담임 목사제의 문제에 있다. 원로목사와 후임목사 사이의 갈등은 담임 목사제가 내포한 '리더십의 권력화'와 '다양한 가르침의 부족'이라는 문제에 뿌리박고 있다. 이 사실을 알고, 처리해야 이 갈등 문제를 근본적으로 해결할 수 있다.

1) 리더십의 권력화 문제

첫째, 담임 목사제가 내포한 리더십의 권력화가 이 갈등을 만드는 근본적 토양임을 알아야 한다. 담임 목사의 자리가 '권력의 의자'가 되었기에, 그 의자의 주인이 바뀌면서 이전 힘과 새로운 힘 사이의 갈등이 쉽게 나타난다. 원로목사는 이전 권력의 자리에 익숙해져 있었기에, 새 담임 목사가 일하는 방식이나 원로목사를 대하는 태도가 마음에 들지 않을 수 있다. 반면, 후임목사는 리더십을 발휘하려 할 때 원로목사의 잔존하는 리더십을 걸림돌로 느낄 수 있다. 원로목사의 리더십이 여전히 강하게 남아 있는 경우, 원로목사의 벽을 못 넘고 담임 목사가 다시 바뀌는 경우도 있다.

하지만 만일 교회 리더십이 희생과 섬김의 모습이었다면 전혀 다른 현상이 나타날 것이다. 원로목사는 자기가 하던 희생을 새 담임 목사가 대신 이어서 감당하는 것에 감사할 것이고, 후임목사는 자신이 현재 감당하는 희생의 섬김을 이전에 오랫동안 원로목사가 해왔었다는 사실에 참 존경과 감사를 표할 것이다. 두 사람 모두 리더십을 권력과 힘의 싸움으로 생각하지 않고, 상대방을 섬김과 희생으로 고생하는 참 동역자로 여길 것이다. 바울과 디모데/디도와의 관계가 바로 이런 것이었다. (목회서신의 내용과 메시지는 바로 이런 토양 위에 있다.)

결국, 담임 목사제의 부작용으로 리더십이 변질된 게 결국 교회 세습의 문제뿐 아니라 원로목사와 후임목사 사이의 갈등까지 초래한 셈이다. 두 리더십 사이 갈등의 뿌리는 담임 목사제가 가진 리더십의 권력화 문제이다. 담임 목사제의 권력화 문제가 또 다른 문제를 낳은 것이다.

2) 다양한 가르침의 부족 문제

둘째, 담임 목사제가 지닌 다양한 가르침의 부족이 또한 이 문제의 또 다른 원인으로 작용한다는 점을 알아야 한다. 새 담임 목사가 오면 교회는 후임목사를 따르는 그룹과 여전히 원로목사를 그리워하는 그룹 사이의 갈등을 보이기도 한다. 이런 현상은 리더십의 권력화가 지닌 속성 때문에 등장하기도 하지만, 담임 목사제가 가진 '다양한 가르침의 부족' 문제 때문에 생기기도 한다. 즉, 후임목사와 원로목사의 가르침이 서로 다른 성격을 지니거나 지향점이 다르기에 생긴다는 말이다. 어떤 그룹은 새 담임 목사의 가르침을 좋아하지만, 또 어떤 그룹은 원로목사의 이전 가르침을 좋아한다. 주로 나이든 분들은 원로목사의 성향을 좋아하고, 젊은 분들은 새 담임 목사의 성향을 좋아하는 경향이 있다. 예컨대, 30년 동안 엄마가 만들어 준 맛있는 김치와 김치찌개를 좋아했던 아들이 결혼을 해서 아내가 좋아하는 치즈와 치즈 파스타를 자주 먹어야 하는 상황을 가정해 보라. 그 아들이 엄마의 김치와 김치찌개를 그리워하는 것은 당연하다. 전라도 토속 음식을 좋아하던 사람에게, 경상도 토박이 음식을 매일 먹으라고 하는 상황도 마찬가지다. 30년 동안 감성적 설교를 들으며 인이 배인 사람에게, 이제부터는 메마른 논리적 설교만 매번 들으라고 하면 어떻게 될까? 이전 설교에 대한 그리움은 당연하다. 갈등은 이런 면에서 발생할 수 있다. 참신한 논리적 설교를 들으니 좋아하는 사람도 있을 수 있지만 말이다. 원로목사와 후임목사가 모두 훌륭한 설교자라도 이런 갈등의 괴리는 일어날 수 있다. 이런 점 때문에 변화를 거부하고 옛 방식을 좋아하는 교회는 교회 세습을 선호하기도 한다. 오랫동안 먹어왔던 김치찌개를 계속 먹기 원하는 거다.

하지만 처음부터 김치도 먹고, 치즈도 즐겨 먹었었더라면, 이런 갈등 문제가 크게 나타나지는 않는다. 복수리더십은 감성적 설교와 논리적 설교를 번갈아 가며 청중에게 듣게 한다. 복수의 설교자가 가르치고 설교하기에, 성도는 다양한 가르침의 영양분을 골고루 받게 되고, 자연히 한쪽에 인이 박이지 않게 된다. 복수리더십으로 처음부터 다양한 가르침을 받은 교회는 다양한 영양분으로 균형 있게 자라게 되며, 리더십의 변화가 좀 있어도 큰 문제와 갈등 없이 그런 변화를 수용하며 잘 지낸다.

결국, 원로목사와 후임목사의 갈등 문제는 담임 목사제가 만들어 내는 리더십의 세속화와 다양한 가르침의 부족 문제에 기인하는 면이 많다. 원인의 뿌리가 일정 부분 담임 목사제에 있는 셈이다. 원인적 문제가 문제들을 만든다. 이 갈등은 담임 목사제가 만들어 내는 2세대 문제다.

(8) 은퇴목사 전별금과 후임목사의 지참금

담임 목사제로 파생되는 또 다른 문제는 은퇴하는 담임 목사의 전별금과 후임으로 오는 새 담임 목사의 지참금 문제이다.

1) 은퇴하는 담임 목사의 전별금

언제부턴가 세간에 오르내리는 뜨거운 감자는 담임 목사가 은퇴할 때 받는 전별금 논의이다. 종종 '은퇴 예우금'으로 언급되기도 한다. 전별금은 퇴직금, 위로금, 사택, (은퇴한 후 원로목사가 될 때의) 월 사례비 등으로 구성되는데 이 중에 한 가지나 여러 개가 섞여 구성되기도 한다. 이런 전별금은 은퇴하는 목사의 이후 생계를 염려해서 등장한 제도이지만, 전별금 규모가 커지고 확대되면서 교회 재정에 큰 부담을 주는 문제가 되었다.

2) 후임목사의 지참금

이러한 교회 재정의 압박은 또 다른 문제를 낳기도 한다. 일부 교회에서 나타나는 현상이겠지만, 교회가 감당해야 할 은퇴목사 전별금 부담을 후임목사가 준비해 오는 경우가 가끔 회자된다. 즉, 새 담임 목사의 청빙 조건 중 하나가 일정 금액을 지참하는 것이다. 교회가 은퇴목사로 말미암은 전별금 부담을 새 담임 목사 지원자에게 지우는 셈이다. 교회 규모가 클수록 이 부담금 액수는 더 커진다. 이런 구조적 현상 때문에 후임목사가 전임목사의 전별금을 가져오게 하는 관행은 '성직매매'라는 비판을 받는다.[28] 이는 교회가 세속화된 사회의 어두운 단면을 점점 더 닮아가는 모양새다. 마치 뇌물을 주고 좋은 학교의 교수 자리를 얻는 것에 비유될 수 있고, 또한 좋은 목의 장사 자리에 권리금을 받는 것과도 비교될 수 있다. 도무지 있어서도 안 되고, 있을 수도 없는 일인데도, 이런 현상이 한국교회 안에 독버섯처럼 생기고 있다.

---

[28] 참조. '전별금, 욕망인가 미덕인가'(뉴스앤조이) (https://www.newsnjoy.or.kr/news/articleView.html?idxno=194620)

그런데 더 마음 아픈 점은 이런 문제들의 근본적 이유가 가려져 있다는 점이다. 전별금과 지참금의 잘못된 현상은 종종 비판의 대상이 되지만, 정작 그 근본 원인과 뿌리는 잘 언급되지 않는다. 사실, 이 문제는 담임 목사란 자리가 희생과 섬김의 자리가 아니라 권력과 특권의 자리로 인식될 때 나타나는 현상이다. 담임 목사 자리는 적고, 지원 경쟁률은 높고, 일단 그 자리에 가면 경제적 측면만 아니라 여러 특권이 보장되기에 나타나는 현상이다. 결국, 담임 목사제가 리더십의 권력화로 변질되는 문제 현상은 결국 은퇴목사의 전별금과 후임목사의 지참금 문제를 또한 파생시킨다.

(9) 교회의 빈익빈 부익부 현상

한국 사회에 고질적 문제 중 하나가 '부익부 빈익빈' 현상인데, 교회에도 이와 유사한 성격의 문제가 나타나고 있다. 잘 되는 교회는 더 잘되고, 안 되는 교회는 더 안 되는 현상이 생긴다. 한국교회에 작은 미자립교회의 비중은 매우 높은데,[29] 대형교회는 더 커지고, 작은 교회는 자립이 점점 힘들어지는 경향이 있다.

이런 현상은 왜 어떻게 생기는 것일까? 물론 여러 원인과 이유가 있을 것이다. 그런데 교회정치의 시각에서 보면 어떤 답이 나올까? 교회가 잘 성장하거나 쇠락하는 이유는 무엇일까? 물론 일반적 정답은 리더와 성도가 참 신실하고 하나님께서 은혜를 주어 세워 가시는 여부에 있다. 이것을 담임 목사제도에서 보면 어떤 답이 나오는지 생각해보자. 리더인 담임 목사가 진짜 신실하고 또 희생정신이 아주 강하면 교회가 잘 성장할 수 있다. 반면 담임 목사의 리더십이 약해서 교회가 성장하지 않을 수 있다. 하지만 현실에서는 꼭 이런 이유만으로 결정되는 것은 아니다. 신앙과 은혜의 원리와 함께 경제와 경영의 원리도 영향을 미친다.

---

[29] 2015년 현재 한국기독교총연합회가 종교인 과세와 관련하여 밝힌 자료에 의하면 미자립교회는 약 80%에 이른다고 한다.
참조 (https://blog.naver.com/violett/222742149334)

한국교회 '빈익빈 부익부' 현상을 은사와 재원의 총량 시각에서 생각해보자. 하나는 리더 은사의 총량 효과이고, 다른 하나는 교회 재원 총량의 활용 효과이다.

1) 리더 은사의 총량(總量) 효과

대형교회의 리더는 대체로 능력이 뛰어나다. 이 점은 부인하기 힘들다. 리더의 많은 은사는 성장의 기초가 된다. 그 은사의 성격이 설교, 지식, 경영, 행정 등 어떤 것이건, 리더가 가진 능력은 교회 성장에 큰 영향을 미친다. 담임 목사가 설교도 잘하고 경영과 행정에도 능하면, 교회는 성장할 기회가 커진다. (물론 현실이 이렇게 단순하지만은 않다. 각종 편법이 교회 규모를 크게 하는 경우도 많다. 하지만, 여기서는 단순하게 담임 목사의 좋은 리더십만 고려하자.) 그런데 이 말은 역으로 하면, 작은 교회는 리더의 은사와 능력이 적은 경우가 많다는 말이다. 대형교회의 능력 많은 리더와 비교할 때, 그 역량이 적다. 그러기에 작은 교회의 리더 한 사람의 능력만으로는 부족하다. 리더가 설교 능력만 있다면, 다른 리더의 행정과 경영 능력이 필요하다. 감성적 설교만 한다면, 논리적 설교를 하는 다른 리더의 도움이 필요하다. 한 리더의 능력과 은사가 적기에 성도를 돕고 교회를 성장시키기가 어렵다. 은사의 총량이 부족하다는 말이다. 결국, 담임 목사제의 상황에서는 담임 목사의 리더십이 적으면 자연히 교회가 성장하기 힘들다.

하지만 복수리더십의 교회는 다르다. (아주 뛰어나지 않은) 보통 리더들의 은사와 능력은 아주 많지 않기에, 여러 사람의 은사가 함께 하는 게 필요하다. 여러 리더가 함께 하면 교회 리더십의 은사와 능력의 총합은 커지고 많아진다. 설교 능력에 경영과 행정 능력이 추가될 수 있고, 감성적 설교에 논리적 설교가 추가될 수 있다. 결국, 복수리더십은 교회 리더십의 총량을 크게 하고, 자연히 교회 성장의 기회가 마련된다. 담임 목사제라는 링에서는 뛰어난 사람은 점점 커지고, 능력이 부족한 사람은 점점 약화된다. 즉, 담임 목사제는 부익부 빈익빈의 원리를 잘 탄다. 반면 복수리더십(의 교회)은 이런 현상을 극복할 수 있는 여지를 만든다. 한 사람의 능력이 적더라도 함께 하는 자들의 복합 능력으로 교회 성장의 단초를 마련할 수 있게 된다.

2) 재원 총량 활용 효과

'빈익빈 부익부'와 관련하여 두 번째로 고려할 사항은 '재원의 배분과 활용'이다. 규모가 커진 대형교회는 담임 목사제 틀 안에서 '규모의 경제' 효과를 크게 누린다.[30] 반면, 소형교회는 정 반대의 현상으로 힘들어진다.

소형교회는 교인수가 적어 재정 여력이 적다. 자연히 부족한 재정 여력은 교회 제반 여건을 어렵게 하여 교인수 증가 또한 어렵게 한다. 빈익빈 현상이 나타난다. 반면, 대형교회는 규모의 경제 효과를 크게 누린다. (초대형교회, 곧 메가처치가 되면 더 그렇다.) 소형교회는 재정 면에서 사역자 사례비 비중이 높은 반면, 대형교회는 그 비중이 낮다. 그래서 대형교회는 나머지 재정을 다른 목회 활동과 사역 영역에 쓰기 쉽다. 그리고 그 결과는 다시 교인수 증가로 돌아온다. 쉽게 말해, 큰 교회는 예배당이 좋기도 하고 많은 프로그램이 있어, 신자들이 선호하고 교인들이 몰리게 된다. 또한 대형교회는 담임(위임)목사 사례비가 높지만, 부목사 사례비는 그에 비해 낮다. 위임목사를 복수로 쓰지 않는 그 차이만큼 (쉽게 말하면 정규직과 비정규직 사이의 사례비 차이만큼) 다른 활동의 재정 지출이 가능하다. 정리하면 이런 말이다. 대형교회는 재정 여분 효과가 상대적으로 크고 그것으로 경제적 부익부를 실현하기 더욱 쉽다는 것이다. 하지만 능력이 적은 소형교회 담임 목사는 빈익빈의 고리

---

30 '규모의 경제'는, 간략히 말해, 경제 규모가 커질수록 고정비 대비 수익이 늘어 이익률이 증가하는 현상을 말한다. 담임 목사제로 운영되는 대형교회는 사역자 사례비 증가에 비해 교인수 증가로 인한 재정수익이 더 커지므로 이 규모의 경제 효과를 누리게 된다.

를 벗어나기 힘들다.

그러나 복수리더십 정치형태를 취하면, 이 '부익부 빈익빈' 효과는 좀 줄어들 여지가 생긴다. 복수리더십의 대형교회는 여러 위임목사의 사례비를 감당해야 함으로 재정 여분 효과가 줄어들어 부익부의 강도가 줄어든다. 반면 소형교회는 일정기간 복수리더를 세울 수만 있다면, 은사의 총량 크기 확대로 '빈익빈'의 고리를 탈피할 여지가 생긴다. 혹자는 대형교회의 복수리더십이 더 커지기에 부익부 현상을 더 유발한다고 볼지 모르지만, 사실은 중소형교회의 복수리더십 총량 증가율과 그 효율성이 대형교회의 그것들보다 높기에 전체적으로 복수리더십 제도는 부익부 빈익빈 현상을 누그러뜨린다. 다만, 문제는 작은 교회는 (위임목사들 사례비) 재정비용의 부담이 있어 초창기에 복수리더십을 유지하기 곤란하다는 점이다. (그래서 사실, 이 부분은 교단 차원이나 대형교회가 소형교회의 복수리더십을 위해 지원할 필요가 있다.)

정리하면, 이렇다. 담임 목사제는 은사와 재원의 총량의 격차를 크게 함으로 '부익부 빈익빈' 효과를 가중시키는 측면이 있는 반면, 복수리더십 교회는 은사와 재원의 총량 격차를 줄이는 효과가 있어 '부익부 빈익빈' 성향을 저지하는 측면이 있다. 탄탄한 중소형교회의 복수리더십이 많이 등장해야 한국교회의 '빈익빈 부익부' 현상에 제동을 걸 희망이 생긴다. (일반 사회에서 탄탄한 중소기업의 증가가 경제의 빈익빈 부익부에 제동을 걸고 부의 재분배에 의미 있는 기여하는 것과 유사하다.)

담임 목사제와 관련하여 앞에서 살핀 아홉 가지 문제는 서로 직간접적으로 얽혀 있는데, 그 연관 관계의 가장 중심에 '리더십의 권력화'와 '다양한 가르침의 부족'이라는 문제가 있다. 이 두 문제는 여러 다른 문제들을 파생시키는 원인적인 요소가 된다. 도식 3.1.은 담임 목사제와 관련된 문제들의 연관 관계를 간략히 보여준

다.[31]

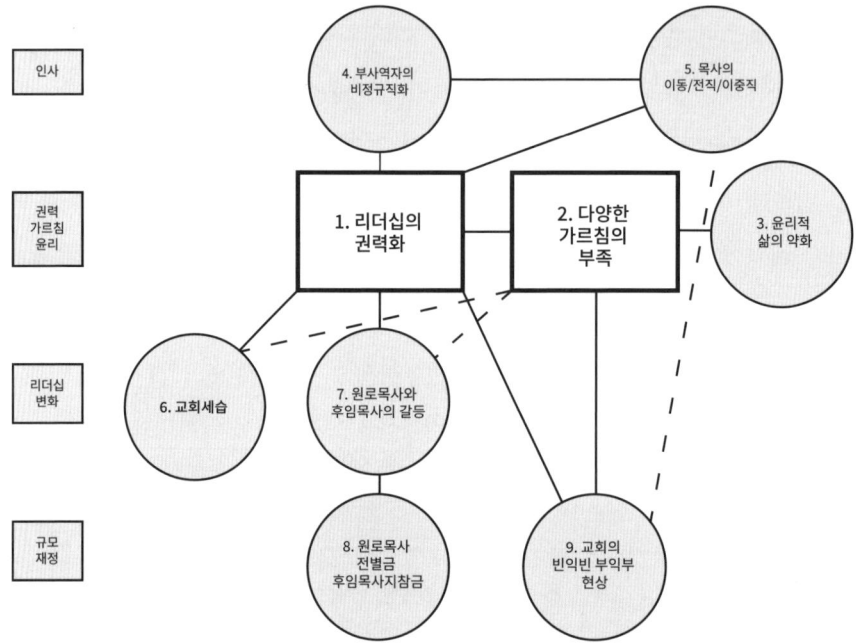

도식 3.1. 담임 목사제와 관련된 문제들의 상호 연관 관계

"한국교회에 나타나는 다양하고 복잡한 문제들은 그 뿌리가 담임 목사제와 연결되어 있다."

3. 새로운 형태의 제안들

31　이 도식은 양세원 목사의 제안에 도움을 받았다.

이처럼 한국교회에 나타나는 다양하고 복잡한 문제들은 담임 목사제와 연동되어 있다. 문제들은 대체로 서로 얽히고설켜 있는데, 담임 목사제가 그 원인적 요소가 되고 있다. 문제들의 뿌리에 담임 목사제가 있다. 다시 말해, 담임 목사제의 문제가 한국교회 여러 문제들의 기저에 깔려있다는 말이다.

담임 목사제의 이러한 어려움 때문에, 여러 대안이 등장하기도 한다. 담임 목사의 부패와 권력화를 방지하려고 '담임 목사 임기제'를 실시하기도 하고, 담임 목사의 절대 권력화를 막으려고 공동의사 결정 기구인 '운영위원회'를 구상하기도 한다. 심지어는 담임 목사가 없는 장로들 중심의 교회 체제를 만들기도 하고, 아예 평신도교회 형태를 꿈꾸기도 한다.

하지만 이런 생각과 대안은 리더십을 제한하고 가두는 방어적이고 소극적 차원의 시도일 뿐이다. 단수 리더십의 문제를 떠올려 아예 리더십 자체에 올무를 씌우는 형태다. 리더십은 중요하고 사활적이기에 리더십 자체를 제한하는 방식은 그리 좋은 대안이 되기 힘들다. 오히려 리더십을 키우고 바르게 사용하는 방식의 대안이 나와야 한다.

그 답은 결국 진정한 복수리더십의 교회를 세우는 것이다. 리더십 자체는 나쁜 것이 아니다. 단수로 독점하기에 리더십이 쉽게 변질되는 것이 문제다. 이런 폐단을 피하면서도 리더십의 활성화를 꾀하는 대안은 복수리더십을 발휘하도록 하는 것이다. 복수리더십의 교회가 되면, 리더십은 더욱 커지고 자라되, 변질되거나 왜곡될 가능성이 적어진다. 그래서 주님은 처음부터 복수리더십의 교회를 만들려 하셨고, 초대교회는 그런 모습으로 발전했다. 그리고 여전히 지금의 현실에서도 복수리더십의 교회는 한국교회의 여러 문제를 극복하고 해결할 수 있다.

이런 내용은 2부와 3부에서 다룬다. 2부는 신약성경이 보여주는 교회정치의 원리와 초대교회 모습이 복수리더십의 교회라는 점을 밝히고, 3부는 그런 복수리더십의 교회가 결국 한국교회 현실에 어떻게 실현될지를 내다본다.

"결국, 한국교회 리더십 문제를 해결하는 중요한 실마리는 진정한 복수리더십의 교회를 꿈꾸는 데서 시작한다."

2부
신약성경의 교회와 복수리더십

신약성경의 교회는 어떤 리더십의 모습을 보여줄까?
예수님께서 교회를 위해 준비하신 건 무엇이었을까?
초대교회 리더십의 형태는 어떠했을까?
장로, 감독, 목사의 직분은 같은 걸까, 다른 걸까?
어떤 점에서 유사하며, 어떤 점에서 다를까?
신약성경의 교회에 목사 직분은 과연 있었던 걸까?

2부에서는 이런 관심을 가지고
성경이 말하는 교회 복수리더십의 실체를 밝히고자 한다.

▶ 2부 개요

2부에서는 복수리더십이 과연 정당성을 인정받을 수 있는지 고민하며 성경에서 그 답을 찾는다. 4장은 신약성경의 교회가 (예컨대, 예루살렘교회, 안디옥교회, 에베소교회, 빌립보교회 등이) 담임 목사제로 운영되지 않았고, 사실은 복수리더십의 교회였음을 밝힌다. 5장에서는 그러한 복수리더십의 초대교회가 어떻게 생성되었는지 그 역사적 과정을 추적하며, 교회 리더십에 대한 예수님의 청사진과 초대교회의 실현 모습을 그린다. 6장은 그렇게 실현된 복수리더십 구조의 내면을 들여다보며, 초대교회 장로정치 제도의 구체적 모습을 밝혀낸다. 마지막으로 7장에서는 신약성경에 나타난 이 복수리더십이 과연 역사의 어느 시대에도 적용가능한지를 고민하는, 신학적 정당성의 문제를 논의한다. 결국, 이런 연구는 21세기 한국교회에 실현되어야 할 복수리더십의 방향 설정에 중요한 기초가 된다.

4장 신약성경 교회의 복수리더십

신약성경의 교회는 복수리더십의 교회였다.

이제 관심은 교회의 복수리더십 자체에 모아진다. 교회가 꾸려야 할 복수리더십은 과연 어떤 모양이어야 하며 어떤 방식으로 실현될 수 있을까? 과연 교회는 처음부터 복수리더십을 발휘하고 있었을까? 초대교회의 리더십은 어떤 모습이었을까? 이런 의문들은 우리의 시각을 신약성경이 보여주는 초대교회의 리더십에게로 향하게 한다. 과연 신약성경은 복수리더십의 교회를 말하고 있을까?

신약성경의 교회는 과연 복수리더십의 모습을 보여줄까?

1. 신약성경 교회의 복수리더십

그 답은 한 마디로 '그렇다'이다. 사실 신약성경은 복수리더십의 교회를 명확하게 보여준다. 그런데 이상하게도 이 점이 한국교회에는 거의 인식되지 않는 것 같다. 보편화된 담임 목사 제도가 그런 인식의 눈을 막고 있는 것인지, 아니면 보이는데도 모르는 척 하는지는 판단하기 힘들다. 하지만 분명한 것은 신약성경의 교회들이 복수리더십의 모습을 명확하게 보여준다는 점이다. 유대인 교회의 대표 격인 예루살렘교회가 그렇고, 이방인교회의 대표 격인 안디옥교회 모습이 그렇다. 또한 바울의 수고로 세워진 여러 이방 교회들도 마찬가지다. 모두 복수리더십의 모습을 보여준다.

(1) 예루살렘교회

예루살렘교회는 시작부터 복수리더십이었다. 베드로 한 사람이 예루살렘교회를 담임한 것이 아니라, 열두 사도가 함께 가르치고 다스리는 일을 위임받아서 했다. 예수님의 승천 후, 11명 사도는 다른 사람들과 함께 기도하며 교회를 시작했다(행 1:12-14). 이후 맛디아가 가룟 유다의 자리를 대신할 사도로 보선되어(행 1:15-26), 그 열두 사도가 예루살렘교회의 (가르치고 다스리는) 리더들로 활동했다.[32] 베드로가 혼자 담임 목사로 위임되었을 때 나머지 11명의 사도들이 부목사나 전도사로 활동한 게 아니었다. 베드로가 열두 사도의 대표 격으로 활동하기는 했지만, 예루살렘교회는 사도들이 함께 가르치고 다스린 복수리더십의 교회였다. 오순절 성령 강림 때 베드로가 대표로 나서서 강론했고, 그 오순절 사건으로 확대된 예루살렘교회를 사도들(즉, 복수의 리더들)이 가르치며 이끌었다. 행 2:24은 이점을 잘 보여주고 있다.

> 그들이[예루살렘교회 성도들이] 사도[들]의 가르침을 받아 서로 교제하고 떡을 떼며 오로지 기도하기를 힘쓰니라. (행 2:42, 밑줄은 첨가 됨)

예루살렘교회에 복수의 사도들이 함께 가르치며 여러 사역을 감당했다는 점은 사도행전 여러 본문에 잘 나타난다. 복수의 사도들은 예루살렘 사람들에게 예수의 부활의 복음을 전하다가 예루살렘 관원들에게 잡히기도 했다(행 4:1-2). 열

---

[32] 12사도의 지도력 위에서 예루살렘교회가 시작되는 것은 예루살렘교회가 역사상 첫 교회라는 점에서 색다른 의미가 있다. 사도들의 기반에서 이 땅의 교회가 시작된다는 의미도 있고, 교회 공동체의 등장이 이스라엘 12지파 공동체와 겹쳐지고 연상된다는 의미도 있다. 하지만 12사도들이 예루살렘교회의 복수의 리더들로 활동한다는 점도 또한 분명한 사실이다. 이는 교회 리더십의 정체성에 큰 함의를 던진다.

두 사도는 교회의 직분을 세우는 일에도 함께 했다. 구제 건으로 헬라파 유대인과 히브리파 유대인 사이 갈등 문제가 생기자 열 두 사도는 구제를 담당할 사람들을 세우는 결정을 함께 했다(행 6:1-6). 사도행전 저자는 이런 결정의 주체를 (담임 목사 베드로가 아니라) '열두 사도'라고 명확히 못 박는다(행 6:2, 4, 6). 사마리아도 하나님의 말씀을 받았다는 소식이 들렸을 때, 베드로와 요한을 그곳에 파송하는 주체도 예루살렘교회의 '사도들'이었다(행 8:14). 사도행전 저자는 바나바가 회심한 사울을 예루살렘교회의 리더에 소개할 때에도 바울을 (복수의) '사도들'에게 데리고 갔다고 표현한다(행 9:27). (예루살렘교회의 담임 목사 베드로에게 데리고 간 게 아니다!) 이처럼 초창기 예루살렘교회는 복수의 사도들이 함께 하는 복수리더십 체제로 운영되었다. 베드로 담임 목사 체제로 운영된 게 아니었다.

사도들의 복수리더십은 머지않아 다른 리더들(즉, 사도 외 또 다른 장로들)이 포함되어 더 확대된 복수리더십으로 발전된다. 사도행전 15장은 예루살렘교회가 '사도들'과 '장로들'로 구성된 리더십으로 되어 있음을 분명하게 보여준다. 이방 교회인 안디옥교회에 할례와 구원의 연관 문제가 논란이 되었을 때, 안디옥교회는 바울과 바나바와 몇 사람을 예루살렘교회에 보내 예루살렘교회의 리더들과 상의하고자 했다. 그때 예루살렘교회는 (베드로 담임 목사 체계가 아니라) '사도들과 장로들'이 복수로 이끌어가는 체계였다(행 15:2, 4, 6, 22, 23). 이 리더들은 함께 제기된 문제에 대해 토의하여 결론을 내리고 그 내용을 이방인 교회들에 편지로 보냈다. 이 편지에도 예루살렘교회의 리더가 '사도들과 장로들'이었다는 점이 분명하게 나타나 있다(행 15:23) 이 복수리더십에는 주의 동생 야고보도 포함되어 있었다(행 15:13).[33]

> 그 편에 편지를 부쳐 이르되, "사도[들]와 장로[들] 된 형제들은 안디옥과 수

---

[33] 행 15:13의 야고보는 보통 '주의 동생' 야고보로 추측되고 있다. 이에 대해서는 Barrett, *Acts 15-18*, p. 722; Stott, 『사도행전 강해』, pp. 246, 291 등을 참조하라.

리아와 길리기아에 있는 이방인 형제들에게 문안하노라." (행 15:23)

그 이전에 안디옥교회는 기근으로 어려운 예루살렘교회에 부조의 헌금을 보낸 적이 있었는데, 사도행전 저자는 그때 예루살렘교회의 리더십이 '장로들'에게 있다고 기록한다(행 11:30). 이 '장로들'이 사도들을 제외한 장로들을 가리키는 것인지,[34] 아니면 사도들과 장로들을 모두 포함한 것인지는 명확하지 않다.[35] 명확한 것은 예루살렘교회가 그때에도 복수리더십 형태를 계속 유지하고 있었다는 점이다.

많은 시간이 지나 바울이 3차 선교여행 끝에 이방인 교회들의 구제 헌금을 가지고 예루살렘교회에 갔을 때도 교회의 리더십은 여전히 복수의 '장로들'에 있었다(행 21:18). 그들은 바울의 이방인 사역내용을 듣고 바울이 유대인들과의 충돌을 피하는 일에 대해 논의하며 대책을 생각했다(행 21:19-26). 복수리더십은 변함없었다.

반면 예루살렘교회가 보여주는 복수리더십의 내부 지형에는 일부분 변화가 감지된다. 처음에는 사도들 중심이었다가, 이후에는 사도들과 장로들이 함께 함으로 복수리더십의 폭이 확대되었다. 또한 처음에는 복수리더십 안에서 베드로의 리더십이 두드러졌는데(예컨대, 행 2장; 4:8-12; 5:1-11등), 시간이 지나면서는 주의 동생 야고보의 리더십도 두드러졌다(참조. 행 15:13-21; 21:18-26; 갈 2:9, 11-14).[36] 하지

34　참조. Keener, *Acts: An Exegetical Commentary, 3:1-14:28*, p. 1860; Barrett, *Acts 1-14*, p. 566.

35　베드로전서와 요한이서, 요한삼서에서는 베드로와 요한이 자신들을 교회의 '장로'라고 말하고 있다(벧전 5:1; 요이 1:1; 요삼 1:2). 혹 베드로전서와 요한이서, 요한삼서의 저자가 사도들 본인이 아니라고 해도, 그 저자들이 사도 베드로와 사도 요한을 '장로'로 표현했다는 점은 인정할 수 있다. 이런 점에서 초대교회는 '사도'도 '장로'로 이해하고 있었음을 알 수 있다. 누가복음의 저자가 이런 이해를 공유했다면, 행 11:30의 '장로'가 사도들을 포함했을 가능성이 생긴다.

36　의미심장하게도 갈라디아서 2:9, 11-14에서는 야고보의 리더십이 베드로보다 더 두드러지게 나타나기도 한다. 갈 2:9는 '야고보와 게바와 요한'의 순서로 이름을 거론하고, 2:11-14은 베드로가 야고보 측 인물들을 피한 에피소드를 소개하기도 한다. 참조. Longenecker, 『갈라디아서』, p. 261; Dunn,

만 복수리더십의 철학은 변하지 않고 여전했다. 복수의 리더들 중에 두드러지는 인물의 변화는 있지만, 복수리더십 자체는 변하지 않고 계속 유지되었다.

(2) 안디옥교회

이방인 교회의 대표 격인 안디옥교회도 복수리더십으로 운영되었다. 안디옥교회는 스데반의 일로 핍박이 일었을 때 흩어진 사람들이 안디옥에서 헬라인에게 주 예수를 전하여 세워진 '이방인 중심의 교회'였다(행 11:19-21). 예루살렘교회는 이 교회에 바나바를 파송했고, (바울을 예루살렘 사도들에게 소개했었던[참조. 행 9:27]) 바나바는 다소에서 사역하던 바울을 데려다 둘이서 함께 이 안디옥교회에서 사역했다. 안디옥교회는 이 모멘텀을 잘 받아 더욱 성장했다(행 11:22-26). 이처럼 안디옥교회는 초기부터 바나바와 바울 두 사도가 복수로 함께 사역했던 복수리더십의 교회였다.[37] 바나바가 담임 목사고, 바울이 부목사로 사역한 담임 목사제의 교회가 아니었다.

> 바나바가 사울[바울]을 찾으러 다소에 가서 만나매 안디옥에 데리고 와서 둘이 교회에 일 년간 모여 있어 큰 무리를 가르쳤고 제자들이 안디옥에서 비로소 그리스도인이라 일컬음을 받게 되었더라. (행 11:25-26)

바나바와 바울이 안디옥교회를 함께 목양하는 복수의 리더였기에 예루살렘교회에 부조(扶助)의 헌금을 보낼 때에도 안디옥교회는 이 두 사람을 함께 보냈다(행 11:29-30).

Galatians, pp. 108-109. 물론 이런 표현들은 베드로나 야고보 중에 누가 더 높거나 훌륭한 리더인지를 말하는 것도 아니고, 누가 예루살렘교회를 담임했는가를 말하는 것도 아니다.

37 사도행전은 초대교회 때 바나바와 바울이 '사도'로 인식된 점을 분명하게 기록한다. 참조. 행 13:43; 14:1, 4, 5, 14, 26; 갈 2:8; 고전 15:9 등.

사도행전 13:1-3의 기록은 안디옥교회의 복수리더십이 이 두 사도 외에 다른 리더를 더 포함하고 있었다는 점을 알려준다. 안디옥교회가 바나바와 바울을 선교사로 보낼 즈음, 이 교회의 리더가 모두 5명이었음을 사도행전 저자는 명시한다(행 13:1). 그 다섯 명은 바나바, 시므온, 루기오, 마나엔, 사울[바울]이었다. 사도행전 저자가 이들을 '선지자들과 교사들'이라고 밝히는 것으로 보아,[38] 두 사도 외에 나머지 세 사람도 가르치는 사역을 맡은 사람들, 즉 가르치는 리더들이었음을 알 수 있다. 바나바와 사울(바울) 외의 3인이 언제부터 안디옥교회에서 리더십을 발휘했는지는 알기 힘들다. 하지만 이 다섯 사람은 모두 가르치는 사역을 맡은 사람들로서, 에베소서 4:11를 함께 고려할 때, 교회의 장로 역할을 한 것으로 보인다.[39] 그렇다면 안디옥교회도 '사도들'과 '장로들'로 구성된 복수리더십을 발휘하고 있었음을 간접적으로 알 수 있다.

결국, 중요한 점은 이처럼 (이방인교회의 대표격인) 안디옥교회도 복수의 리더들이 함께 가르쳤던 복수리더십의 교회였다는 사실이다. 성령께서 바나바와 바울을 선교사로 보내라고 했을 때, 안디옥교회에 두 사람의 목사(바나바와 바울)를 빼고 '치리장로' 세 사람(시므온, 루기오, 마나엔)만 남겨두려는 게 아니었다. 다섯 사람은 모두 가르치는 리더들이었다. 바나바가 담임 목사이고 사울이 부목사이며 다른 3인이 치리장로였던 것이 아니라, 다섯이 모두 함께 교회를 가르치며 다스렸던 복수의 리더들이었다. 안디옥교회는 복수의 리더들이 함께 가르치고 목양하는 복수리더십의 교회였다.[40]

---

38 바나바와 바울은 '사도'로 불렸지만, 여기서는 '선지자'와 '교사'로 불린다. 이처럼 한 사람에게 여러 호칭이 주어질 수 있다. 바울은 '사도' '선지자' '교사' '선포자(복음 전하는 자)' 등의 여러 호칭으로 불렸다(행 13:1-2, 43; 14:1, 4, 5, 14, 26; 갈 2:8; 고전 15:9; 딤후 1:11 등).

39 칼뱅은 엡 4:11에 등장하는 '사도' '선지자' '복음 전하는 자' '목사와 교사'의 그룹을 궁극적으로는 가르치는 사역을 맡은 '장로'의 직분에 있는 자들이라고 판단한다(*Institutes*, IV, 3, 4-8). Calvin, 『기독교강요(하)』, pp. 63-68.

40 물론 여전히 복수 리더들 사이의 리더십의 크기와 우열은 있을 수 있고, 또 있는 게 당연하다. 행 13:1에 등장한 안디옥교회 리더들의 이름 순서는 이런 점을 일정 부분 반영한 것으로 보인다.

성령은 이 안디옥교회를 향해 선교 사역도 복수로 진행할 것을 지시하셨다. 안디옥교회를 성장시키는데 결정적 역할을 했던 바나바와 사울 두 사도를 선교 사역에 함께 보내도록 요구하셨다. 선교 사역에도 단수로 한 명의 선교사만 보내는 게 아니라, 복수로 사역하도록 한 것이다. 이 두 사람이 안디옥교회에서 복수로 사역한 것처럼 선교 사역도 복수로 하게 하셨다.

> 주를 섬겨 금식할 때에 성령이 이르시되, "내가 불러 시키는 일을 위하여 <u>바나바와 사울을</u> 따로 세우라." 하시니, 이에 금식하며 기도하고 <u>두 사람에게</u> 안수하여 보내니라. (행 13:2-3)

이렇게 복수로 복음 전파 사역을 하는 형태는 이미 예수님께서 제자들을 둘씩 파송하던 전례와도 연관 된 듯 보인다(참조. 막 6:7; 눅 10:1). 바나바와 사울은 선교 사역을 시작하면서 '마가 요한'을 더 추가함으로 복수리더십의 사역을 더 강화하였다(행 13:4-5; 참조. 12:25).[41]

이처럼 안디옥교회는 복수리더십으로 성장했고 운영되었다. 이는 예루살렘교회의 복수리더십 형태와 원리적으로 크게 다르지 않았다. 또한 안디옥교회는 선교 사역을 시작할 때도 복수리더십의 원리를 채택하였다. 이는 예수님의 본을 따르고 성령의 지시를 따른 것이다. 이처럼 복수리더십은 초대교회 리더십의 디엔에이(DNA)라고 생각할 만큼 자연스러웠다.

---

41 행 13:5은 '마가 요한'을 'ὑπηρέτης'(후페레테스, '조력자')라고 부르는데, 이는 '힘을 합하여 돕는 자'라는 뜻을 의미한다. 개역개정은 '수행원'으로 번역한다. (KJV은 minister로 번역하기도 한다.) 물론, 이때 마가는 바나바와 바울 같은 리더의 역할을 충분히 감당하지는 않는다. 바나바와 바울이 마가를 조력자로 둔 결정에는 단순히 그의 도움이 절대적으로 필요했다기보다는 사역을 함께 감당함으로 그를 또 다른 동역자로 세우려는 의도 또한 있었던 것으로 보인다. 이후 마가의 자리를 대신한 디모데는 결국 바울의 동역자로서 바울이 쓴 서신의 공동 발신자로 등장하게 된다(참조. 살전 1:1; 살후 1:1; 빌 1:1; 2:19-24; 몬 1:1 등).

(3) 그 외 신약성경의 교회들

예루살렘교회와 안디옥교회 외, 신약의 다른 교회들에도 복수리더십의 DNA는 여전히 나타난다. 신약성경은 교회 정치와 리더십 체계를 집중적으로 서술하지는 않지만, 신약성경에는 신약의 교회들이 복수리더십을 지도력의 기본 틀로 취하고 있다는 정보가 충분히 있다. 사도행전이 보여주는 내용도 그렇고, 서신서가 제공하는 모습도 그렇다.

사도행전의 교회들

바나바와 바울이 선교여행에서 개척한 교회들의 리더십 정보는 이런 점을 잘 알려준다. 두 사도는 1차 선교여행에서 갈라디아지역, 곧 루스드라와 이고니온과 안디옥에 교회들을 세우는데, 그곳을 떠날 때 각 교회에 복수의 '장로들'을 세운다(행 14:21-23).

> ...루스드라와 이고니온과 안디옥으로 돌아가서, 제자들의 마음을 굳게 하여 이 믿음에 머물러 있으라 권하고 또 우리가 하나님의 나라에 들어가려면 많은 환난을 겪어야 할 것이라 하고, 각 교회에서 장로들을 택하여 금식 기도 하며 그들이 믿는 주께 그들을 위탁하고 (행 14:21-23)

이 표현은 '각 교회'에 한 사람씩의 담임 목사를 위임했다는 것이 아니라, '복수의 장로들'을 세워 복수리더십 체제를 만들었다는 말이다.

이런 형태의 복수리더십 모습은 바울의 3차 선교여행 끝부분에 등장한 소아시아 지역의 에베소교회에도 그대로 나타난다. 바울은 3차 여행 중에 에베소에서 2~3년 정도 사역을 하며 에베소뿐 아니라 소아시아 지역에 복음을 전하는 데 큰 관심을 가졌다(행 19:8-10; 골 1:5-7). 자연히 에베소교회에 대한 그의 사랑과 애착은 컸다. 그는 3차 선교여행 끝부분에 구제 헌금을 가지고 예루살렘교회로 가는 중에 밀레도에서 에베소교회의 장로들을 만나자고 청했고, 거기서 에베소교회의 미래를 염려하며 그들에게 권면했다. 이 권면에는 에베소교회가 복수리더십을 취하고 있다는 점이 잘 드러난다.

"여러분은 자기를 위하여 또는 온 양 떼를 위하여 삼가라. 성령이 그들 가운데 여러분을 감독자로 삼고 하나님이 자기 피로 사신 교회를 보살피게 하셨느니라." (행 20:28)

본문은 에베소교회를 목양하는 책임이 듣는 장로들 전체에 있다고 말한다. 복수의 장로들이 양 떼를 감독하는 책무를 받았다는 말이다. 바울은 특별히 자신이 가르치고 행동한 모습을 따라 장로들도 그대로 가르치며 다스릴 것을 요청한다 (행 20:18-21, 30, 32). 이 장로들은 (치리장로가 아니라) 가르침의 사역을 감당하는 복수의 리더들, 즉 교무장로들이었다. 이처럼 에베소교회는 담임 목사제로 운영되는 교회가 아니라, 복수의 (교무)장로들로 운영되는 복수리더십의 교회였다.

목회서신의 교회들

목회서신도 마찬가지로 복수리더십의 교회를 보여준다. 디도서와 디모데전서가 제공하는 그레데 섬 교회들과 에베소교회 리더십의 모습이 그렇다.

1) **[디도서, 그레데 섬의 교회들]** 종종, 한국의 장로교회는 디도서 1:5-9을 담임 목사제에서 치리장로를 세우는 것과 관련된 본문으로 이해한다. 디도서의 디도가 담임 목사에 견주어지고, 1:5의 장로들이 치리장로로 이해된다. 따라서 1:5-9은 치리장로를 세우는 자격조건을 제공하는 것으로 종종 설명된다. (어떤 장로교단의 헌법

은 이 본문을 이런 식으로 사용하기도 했다.)⁴²

하지만 이런 이해는 본문의 생각과는 다르다. 디도서의 바울은 사역자 디도가 맡은 일을 동일하게 할 동역자들, 즉 소위 '교무장로'를 복수로 세우는 것을 말한다.⁴³ ① 장로 조건의 정점(딛 1:9)에 '가르침'의 자질이 가장 중요하게 등장한다는 사실은 1:5-9의 직분이 (치리장로가 아닌) 교무장로를 염두에 둔 것이라는 점을 알려준다.⁴⁴ ② 또한 이 최고의 자질을 제시하는 구절 1:9은 디도가 해야 할 사역 내용을 압축한 2:1과 2:15과 매우 유사하다. 장로들은 '말씀의 가르침'을 그대로 지키며 '바른 교훈'으로 '권면'하고 거슬러 말하는 자를 '책망'할 수 있는 사람이어야 했는데(1:9), 그 일은 사실 디도가 해야 하는 것과 같다(2:1, 15). 디도는 '바른 교훈'(2:1)에 합한 것을 '말하며(가르치며)'(2:1, 15) 그것을 '권면'할 뿐 아니라 모든 권위로 '책망'해야 했고(2:15),⁴⁵ 그레데 섬의 거짓교사들을 막는 일을 감당해야 했다(1:10-16). 결국, 디도서의 바울은 디도에게 복수의 장로들을 세워 디도가 해야 하는 일을 같이 하라고 한다.⁴⁶ 1:5-9의 장로들은 디도가 하는 일을 동일하게 해야 하는 동역자들(즉, 교무장로들)이고, 따라서 이 본문은 교회의 복수리더십을 주문하는 내용이다.⁴⁷

> 내가 너를 그레데에 남겨 둔 이유는 남은 일을 정리하고 내가 명한 대로 <u>각 성</u>에 <u>장로들</u>을 세우게 하려 함이니 (딛 1:5)

---

42 참조. 이진섭, '치리장로 개념은 성경적인가?, pp. 226-29.
43 자세한 내용은 본 장(章)의 '4. 장로의 역할: 치리만 하는 장로는 없고, 장로는 모두 가르친다.'를 보라.
44 이진섭, '치리장로 개념은 성경적인가?, pp. 232-33.
45 참조. Towner, *The Letters to Timothy and Titus*, p. 766.
46 참조. 이진섭, '디도서 3:8', pp. 190-91; *idem*, '복수리더십의 교육목회(딛 1:5-9)', pp. 137-41.
47 이에 대한 자세한 내용은 이진섭, '복수리더십의 교육목회(딛 1:5-9)', pp. 110-47을 참조하라.

주목할 점은 (갈라디아 지역의 교회들처럼[참조. 행 14:3]) 여기서도 '각 성'의 교회에 '복수의 장로들'을 세우려 한다는 점이다. 한 교회에 한 사람만 위임해서 한 명의 담임 목사를 세우라는 게 아니라, 각 성의 지역교회에 여러 교무장로들을 세우라는 말이다. 이처럼 바울은 디도에게 복수리더십의 교회체제를 만들 것을 지시한다. 디도서는 바울이 디도에게 자신의 목회 철학과 방식을 전수하는 성격을 지니기에,[48] 복수리더십을 권하는 바울의 이런 언급은 교회 정치와 리더십 체계 수립에 매우 의미심장한 메시지를 던져준다.

2) [디모데전서, 에베소교회] 복수리더십을 지향하는 바울의 이런 권면은 디모데전서에서도 마찬가지이다. 한국 장로교회는 디모데전서 3:1-7도 디도서 1:5-9와 유사하게 치리장로 자격 본문으로 이해하는 경향이 있다.[49] 하지만 이런 이해는 여전히 디모데전서 본문이 보여주는 내용과는 다르다.

디모데전서 3:1-7은 디도서 1:5-9과 유사하게 교무장로를 세우는 자격 기준을 담고 있다. 두 본문이 보여주는 자격 기준은 매우 유사할 뿐 아니라, 디모데전서 3:1-7에 나타난 '감독'(장로)[50] 자격의 중요한 기준에 '가르치기를 잘하는' 요건이 자리 잡고 있기 때문이다(딤전 3:2. 참조 딛 1:9).[51] 이 '가르치는 자질'은 적극적 측면의 자격 조건에 가장 중요하게 등장한다.[52] 디모데전서의 바울도 교무장로를 세우는 것에 대해 말하고 있다. 바울은 에베소교회의 거짓교사들을 막는 일을 염두에

---

48 디도서는 바울의 목회 전략과 전술을 디도에게 전수하는 '목회 전수'의 서신이라 평가할 수 있다. 이에 대해서는 이진섭, '바울의 목회', pp. 148-49를 참조하라.
49 참조. 이진섭, '치리장로 개념은 성경적인가?', pp. 226-29.
50 딤전 3:1, 2에는 '감독'이란 표현이 사용되지만 이 명칭은 사실 '장로'와 동일한 표현이다. 신약성경의 용례에서 감독과 장로가 같은 직분을 가리키는 다른 표현이란 점에 대해서는 본 장(章)의 '3. 리더 직분의 명칭: 장로 = 감독'에서 다룬다.
51 이진섭, '치리장로 개념은 성경적인가?', pp. 232-34.
52 참조. 이진섭, '치리장로 개념은 성경적인가?', pp. 232-34; '디도서 3:8', p. 190.

두며 디모데가 좋은 교무장로들을 잘 세우도록 권고하고 있다.[53]

디모데전서는 당시 에베소교회에 이미 복수의 교무장로들이 있었음을 암시한다. 디모데전서 5장은 훌륭한 장로들을 존경하라고 말하고(딤전 5:17-18), 또한 장로들의 문제를 다루는 점을 언급한다(딤전 5:19-20). 5:17이 '치리장로' 직분의 존재를 가정한다고 할지라도(하지만 사실 이 구절은 '치리장로' 직분의 존재를 지지하지 않는다.[54]), 5:17은 한편으로 디모데의 에베소교회에 '말씀과 가르침에 수고하는 이들' 즉 복수의 교무장로들의 존재를 인정하고 있음을 보여준다. 디모데와 교무장로들이 함께 하는 복수리더십을 전제하고 있다는 말이다. (이는 디도서에서 디도와 다른 교무장로들이 함께 하는 그레데 섬 교회들의 복수리더십 모습과 유사하다.) 디모데전서의 에베소교회에 이미 교무장로들이 있었다는 점은 사도행전이 보여주었던 에베소교회의 복수리더십(교무장로들) 모습과 연장선상에 있다.

결국, 디도서의 그레데 교회들과 디모데전서의 에베소교회는 모두 복수리더십 체제를 지향하고 있다. 목회서신도 동일하게 (담임 목사제를 지지하는 게 아니라) 복수리더십의 교회를 말한다.

빌립보교회

목회서신 외 다른 바울서신에서 감독(장로) 직분이 언급된 유일한 본문은 빌립보서 1:1이다.

그리스도 예수의 종 바울과 디모데는 그리스도 예수 안에서 빌립보에 사는 모

---

53 참조. Mounce, 『목회서신』, p. 436; Towner, *The Letters to Timothy and Titus*, p. 239.
54 이에 대해서는 본 장(章)의 '4. 장로의 역할: 치리만 하는 장로는 없고, 장로는 모두 가르친다.'에서 딤전 5:17을 논의하는 부분을 보라.

든 성도와 또한 감독들과 집사들에게 편지하노니 (빌 1:1)

1:1의 '감독'(ἐπίσκοπος, '에피스코포스')이란 표현은 디모데전서 3:2과 디도서 1:7에도 쓰인 단어인데, 디도서 1:5은 그것을 '장로'(πρεσβύτερος, '프레스뷔테로스')로 표현한다.[55] 빌립보서가 디모데전서나 디도서보다 먼저 쓰인 서신이기에, 디모데전서와 디도서의 '감독'이 곧 '장로'라면 빌립보서의 '감독'을 이후 교회사에 나타난 '감독'의 직분(즉, 장로를 다스리는 장로)으로 보기는 어렵다. 즉, 바울서신에서 '감독'은 '장로'를 지칭하는 다른 표현인 셈이다. 바울은 빌립보서의 수신자를 언급하는 가운데 '장로들'(감독들)을 언급하고 있다.[56] 교회의 리더들을 언급하며 빌립보교회 성도에게 편지하고 있다.[57]

그런데 주목할 것은 이 본문이 리더십을 복수지도력으로 표현하고 있다는 점이다. '감독들'은 곧 '장로들'인데 이 장로들은 목회서신에서 말하는 것과 같은 교무장로들이다. 결국, 빌립보교회도 한 사람의 담임 목사가 위임받아 목회하는 담임 목사제의 교회가 아니라, 장로들(감독들)이 복수로 가르치고 다스리는 지도력을 발휘하는 복수지도력의 교회였다는 뜻이다. 바울이 개척했던 교회 중에서 바울의 칭찬을 가장 많이 받는 빌립보교회가 복수지도력의 모습을 보여주고 있다는 점[58]은 복수지도력에 대한 바울 생각의 단면을 살펴볼 수 있는 또 하나의 중요한 힌트가 된다.

---

55 본 장(章)의 '3. 리더 직분의 명칭: 장로 = 감독'을 참조하라.

56 이진섭, 『빌립보서』, pp. 64-67.

57 빌립보서의 머리말에만 이런 특징이 나타난 이유는 크게 두 가지로 생각할 수 있다. 1) 빌립보교회는 바울이 개척했던 교회들 중에 가장 건강하고 잘 자라는 교회였고, 2) 바울은 성도와 리더들 직분을 함께 언급함으로 교회의 하나 됨과 공동체성을 암시할 필요가 있었다는 점이다. 자세한 내용은 이진섭, 『빌립보서』, pp. 65-67을 참조하라.

58 이진섭, '바울의 목회', pp. 133-37.

베드로전서의 교회

그 외 신약성경에서 교회 리더로서의 '장로' 정보를 제공하는 본문은 베드로전서이다.[59] 베드로전서 1:1은 베드로전서의 발신자를 사도 베드로로 소개하는데, 5:1에서는 사도 베드로가 자신을 '함께 장로 된 자'라고 소개하며 수신자 교회의 장로들에게 권면한다고 언급한다. 이어지는 5:2-4의 권면 내용에 비추어 볼 때 여기 언급된 '장로들'은 베드로전서의 교회를 목양하는 복수의 리더들임을 쉽게 알 수 있다. 결국, 베드로전서도 복수의 장로들이 목양하는 복수리더십의 교회를 말하고 있다.

> 너희 중 장로들에게 권하노니 나는 함께 장로 된 자요 그리스도의 고난의 증인이요 나타날 영광에 참여할 자니라. 너희 중에 있는 하나님의 양 무리를 치되 억지로 하지 말고 하나님의 뜻을 따라 자원함으로 하며 더러운 이득을 위하여 하지 말고 기꺼이 하며 (벧전 5:1-2)

이처럼 신약성경이 보여주는 교회 리더십의 모습은 복수의 장로들이 함께 가르치며 다스리는 복수리더십이다. 신약성경은 복수리더십의 교회를 명확하게 말하고 있다.

> 신약성경의 교회는, 예컨대 예루살렘교회, 안디옥교회, 에베소교회, 그레데 섬 교회들, 빌립보교회, 베드로전서의 교회 등은 모두 장로들이 함께 지도력을 발휘하는 복수지도력의 교회였다.

---

59 요이 1:1과 요삼 1:1에도 '장로'라는 언급이 있기는 하지만 이는 개인 발신자를 소개할 때 나오는 표현일 뿐이다. 이 두 서신에는 수신자 교회의 리더십 관련된 의미 있는 정보나 힌트를 찾기 힘들다.

2. 신약성경 교회의 구성: '가정집 교회'와 '온 교회'

신약성경의 교회가 복수리더십을 지닌다는 점은 명확하다. 그런데 이점을 좀 더 자세하게 이해하려면, 신약성경의 교회 공동체가 어떤 방식으로 모였고 또 어떻게 구성되었는지를 가늠하는 게 필요하다. 특별히 모이는 장소를 이해하는 건 중요하다. 당시는 우리 시대처럼 공동체 전체가 함께 모여 예배하는 공적인 건물, 즉 예배당이 없었기에,[60] 우리 시대의 교회 모임의 시각에서 이해하기는 어렵다.

신약성경의 자료에 근거할 때, 당시 교회는 성전이나 회당에서 모이거나 가정집에서 모인 것으로 파악된다. 예루살렘교회는 '성전'에서 모이거나 '집'에서 모여 함께 예배하고 성찬과 말씀을 나누고 또 기도한 것으로 보이고(행 2:42, 46; 5:42; 12:12), 이방 교회들은 '회당'이나 '집'에서 모인 것으로 보인다(롬 16:5; 고전 16:19; 골 4:15; 몬 1:2; 행 18:4, 7-8; 20:8; 참조. 고전 1:14).[61] 시간이 지나며 교회에 대한 유대인들의 반감과 핍박이 커질수록 성전과 회당에서 모이기는 어려워졌고(참조. 행 18:4-6; 19:8-9),[62] 가정집이 모이는 주요 장소가 되었다(참조. 행 18:7; 20:8). 성도의 수가 증가할수록 모이는 가정집의 수는 증가했다. 바울서신은 이렇게 집에서 모이는 모습을 '집에서 모이는 교회'(일명, '가정집 교회'[63])라는 말로 표현했는데

---

60 교회의 예배당은 주후 2세기가 되어야 나타난다. Branick(『초대교회는 가정교회였다』, pp. 17-19)는 2세기 후반이 되어야 개인 집이 교회의 공적 건물로 헌납되는 경우가 생기기 시작했다고 지적하고, A.D. 314년이 되면 (각종 모임에 공적으로 사용되던 장방형 건물인) '바실리카'(basilica)가 최초로 교회 모임의 장소로 나타난다고 말한다.

61 바울은 종종 이방 지역의 회당에서 복음을 전했고 그 회당과의 마찰이 커져 분리되기 전까지 그곳을 근거지로 삼았기에, 회당은 일정기간 교회 성도가 모이는 장소가 되었음을 추측할 수 있다. 고린도에서 회당장 그리스보가 온 집으로 믿었을 때(행 18:8; 고전 1:14) 아마도 회당은 교회 공동체의 모임 장소로 사용되었을 것이다. 또한 '집에서 모이는 교회'라는 내용이 신약성경에 종종 등장한다는 점(롬 16:5; 고전 16:19; 골 4:15; 몬 1:2)은 가정집이 성도의 모임 장소로 빈번히 사용되었음을 알려준다. '가정집 교회'의 모임과 활동에 관련하여서는 다음의 자료를 참조하라. Banks, 『바울의 그리스도인 공동체 사상』, pp. 57-72; Branick, 『초대교회는 가정교회였다』, pp. 151-84.

62 참조. Branick, 『초대교회는 가정교회였다』, p. 17.

63 이를 영어로는 'house church'라고 한다. 우리말 번역은 보통 '가정 교회'라고 하는데, 엄밀하게 말해

(롬 16:5; 고전 16:19; 골 4:15; 몬 1:2)(이는 동일하지는 않지만 어떤 면에서는 우리 시대의 구역 모임에 비교될 수 있다.), 한 지역의 여러 가정집에 모이는 성도 전체 모임을 '온 교회'라 불렀다(롬 16:23; 고전 14:23; 행 5:11; 15:22).[64] 이 '온 교회'가 시종일관 단수형으로 쓰인 점은 이 지역교회(온 교회)가 하나의 개교회로 인식되었음을 알려준다.[65] 대표적으로 고린도교회는 '가정집 교회'의 모임(고전 16:19)과 지역교회 성도 전체 모임인 '온 교회'의 존재를 잘 알려준다(고전 14:23; 롬 16:23). 또한 바울이 로마교회에게 여러 성도와 가정집 교회에 서로 문안하기를 바란 점은 이런 구조의 모습을 반영한 것으로 보인다(롬 16:3-16, 특히 16:5, 16). 결국, 한 지역교회 이름인 예루살렘교회, 안디옥교회, 고린도교회, 에베소교회 등은 '온 교회'를 지칭하는 표현이다.

교회의 복수 리더들은 여러 가정집 교회로 흩어져 사역하며(예컨대, 예루살렘교회에서 사도들이 사역한 모습이 그렇다. 행 2:42, 26), 온 교회의 리더십을 발휘했다(예루살렘교회의 사도와 장로들은 이 '온 교회'의 리더들이었다. 행 15:22).[66] '가정집 교회'에서 중요한 역할을 맡은 자들은 '온 교회'의 리더 그룹에 들어가기도 하였을 것이다. 결국, 신약성경의 교회는 복수의 리더들이 집에서 모이는 모임(곧, '가정집 교회')(참조. 우리 시대의 '구역 모임')과 '온 교회'에 리더십을 발휘하는 구조였다.[67]

'가정집 교회'라고 번역하는 게 맞다. 바울이 쓴 표현의 핵심은 '장소'의 문제를 말하는 것이다. 따뜻한 가정의 이미지는 사실 부차적이다.

64 고전 14:23은 '온 교회'가 함께 모이는 상황을 묘사하고, 롬 16:23는 그 '온 교회'를 접대하는 인물인 '가이오'를 언급하기도 한다. 참조. Branick, 『초대교회는 가정교회였다』, pp. 19, 30-32 등. Branick은 가이오가 '고린도 교회 전체 모임을 위해 자신의 집을 제공한 것 때문에'(p. 32) 언급된다고 말한다.

65 이 '온 교회'(지역교회/개교회)가 단수로 사용된 것과 다르게 넓은 지역의 여러 지역교회들을 가리킬 때는 '교회들'이란 복수형이 사용된다. '유대에 그리스도 안에 있는 교회들'(갈 1:22), '갈라디아 교회들'(고전 16:1), '아시아의 교회들'(고전 16:19), '마게도냐 교회들'(고후 8:1), 수리아와 길리기아의 '교회들'(행 15:41) 등의 예가 그렇다. 참조. Branick, 『초대교회는 가정교회였다』, p. 41.

66 참조. 이진섭, '복수리더십의 교육목회(딛 1:5-9)', p. 123, n. 29.

67 신약성경의 '가정집 교회'는 우리 시대의 '구역 모임'과 유사하면서도 다르다. 현재의 '구역 모임'을 현대판 '가정집 교회'인 '구역 교회'로 전환하는 것에 대해서는 본서의 '8장. 2. 복수리더십의 실현, (2) 돌

3. 리더 직분의 명칭: 장로 = 감독

신약성경이 말하는 교회의 복수리더십을 정확히 이해하려면 두 가지 점을 더 자세히 알 필요가 있다. 하나는 리더 직분의 명칭 문제이고, 또 다른 하나는 장로의 역할 문제이다. 두 번째 문제는 치리장로직의 존재 여부와 관련된다.

'장로'와 '감독'

첫 번째로 다룰 것은 신약성경의 교회에 나타난 리더 직분의 명칭 문제이다. 이 논의의 기초가 되는 이슈는 '장로'와 '감독'이란 호칭 논란이다. (이 두 호칭 외 다른 명칭, 예컨대 사도, 선지자, 복음 전하는 자, 목사와 교사 등에 대한 것은 5장과 6장에서 다룬다.)

신약성경은 교회에 목회 사역과 책임을 맡은 복수의 리더들을 (이미 앞에서 살핀 대로) '장로' 또는 '감독'이라는 명칭으로 표현한다. 보통, 사도행전은 리더를 지칭할 때 '장로'(πρεσβύτερος, '프레스뷔테로스')라는 표현을 쓰고(행 11:30; 14:23; 15:2, 4, 6, 22, 23, 16:4; 20:17, 18), 바울서신과 서신서 몇 곳도 이 표현을 쓴다(딤전 4:14; 5:17, 19; 딛 1:5; 약 5:14; 벧전 5:1; 요이 1:1; 요삼 1:1).[68] 그런데 바울서신에는 '장로' 외에 '감독'(ἐπίσκοπος, '에피스코포스')이란 표현도 여러 번 나타난다(빌 1:1; 딤전 3:2; 딛 1:7). 디모데전서 3:1은 감독을 '에피스코페'(ἐπισκοπή,)라고 쓰기도 하는데, 이는 아마도 감독의 책무를 부각해서 쓴 표현으로 보인다.[69]

봄'을 참조하라.

68 물론 이 '장로'라는 단어는 교회의 리더들 외에 다른 지시대상을 가리키는 것으로도 사용된다. 유대교의 리더들을 가리키는 뜻으로 사용되기도 하고(마 15:2; 16:21; 21:23; 27:1; 막 7:3; 8:31; 눅9:22; 20:1 등), 그냥 '나이 많은 남자'를 가리키는 것으로 사용되기도 한다(행 2:17; 딤전 5:1).

69 디모데전서 3:1-2의 흐름으로 볼 때 이 두 단어의 지시대상은 동일하다. 다만, ἐπισκοπή는 직분 자체와 기능을 강조하는데 초점을 두었다면(행 1:20; 딤전 3:1), ἐπίσκοπος는 그 직분을 감당하는 사람에

장로 = 감독

신약성경 이후의 교회 역사에서는 '감독'이란 단어가 장로를 다스리고 지휘하는 또 다른 리더를 가리키는 뜻으로 종종 사용되었다. 그래서 감독은 보통 장로들의 지휘 체계를 함의하는 표현으로 인식되기도 한다. 하지만 신약성경에서는 '장로'와 '감독'이 같은 직분을 가리키는 다른 표현으로 보는 게 적절하다.[70] 다음의 네 가지 점은 자연스럽게 이런 판단에 이르게 한다.

첫째, (앞에서 잠깐 언급했듯이) 디도서 1:5-9에 이 두 명칭은 상호 번갈아 등장한다(1:5, 7). 5절은 '장로'라 쓰지만, 7절은 '감독'이라 표현한다. 혹자는 두 명칭이 다른 직분을 가리킨다고 판단하고, 5-6절은 장로의 자격을, 7-9절은 감독의 자격을 말하는 것으로 생각할지도 모른다. 하지만 이런 생각은 두 가지 점에서 부적절하다. ① 만일 그렇다면 장로의 자격은 '가정(家庭)'에 대한 것만 있고, 감독은 '사역'에 대한 것만 있는 셈이 되어 어색하다. 디모데전서 3:1-7에서는 감독의 자격으로 '가정'과 '사역'에 대해 모두 말하고 있다. ② 디도서 전체의 문단 구조 측면에서도 적절하지 않다. 디도서 1:5은 본론을 시작하는 자리로서 바울이 디도를 그레데에 남겨 둔 의도 두 가지를 요약적으로 제시한다. 하나는 남은 일을 잘 감당하고(1:5a), 또 다른 하나는 장로들을 세우라는 거다(1:5b). 후자는 1:6-9에 자세히 설명되고, 전자는 이어진 1:10-3:7에서 풀어 설명된다.[71] 따라서 1:5b와 1:6-9의 연관성으로 볼 때, 1:7의 '감독'은 1:5의 '장로'를 가리키는 게 된다.

집중한 듯 보인다(행 20:28; 빌 1:1; 딤전 3:2; 딛 1:2; 벧후 2:25). 참조. 이진섭, '복수리더십의 교육목회(딛 1:5-9)', p. 118 n. 13; Mounce, 「목회서신」, pp. 458, 460; Marshall, *Pastoral Epistles*, p. 476; Knight III, *Pastoral Epistles*, pp. 154-55 등.

70 참조. 이진섭, '치리장로 개념은 성경적인가?', pp. 234, n. 31; *idem*, '복수리더십의 교육목회(딛 1:5-9)', pp. 116-19.

71 자세한 것은 이진섭, '디도서 3:8', pp. 188-91에 있는 문맥구조와 문단 흐름 설명을 참조하라.

둘째, 감독의 직분 자격을 서술한 디모데전서 3:1-7의 요건들은 몇 가지만 제외하면 디도서 1:5b-9에 나타난 기준과 매우 유사하고 중첩된다. 근본적인 시각과 내용은 비슷하고 다만 서술의 접근 방식이 다르다.[72] 따라서 디모데전서 3:1-7의 '감독'은 곧 디도서 1:5b-9의 '장로'(1:5b)/'감독'(1:7)과 다른 직분을 말한다고 보기 힘들다. 곧, 감독은 장로의 다른 표현이라는 말이다.

셋째, 디모데전서 3:1-7의 감독을 (교회사에 나타난 또 다른 '감독'의 의미처럼) 장로들 위에 있는 어떤 리더로 보기 어렵다는 점이다. 혹자는 3:1, 2의 '감독'이란 단어가 단수형이란 점에 착안하여 이 감독이 에베소교회의 기존 장로들을 지휘하는 한 사람의 '감독'을 뜻한다고 볼지 모른다. 하지만 이는 여러 면에서 부적절하다. ① 만일 그렇다면 그 지도력 있는 '감독'과 디모데와의 관계 설정이 이상해진다. 디모데가 그 감독의 지휘를 받는다 해도 이상하고, 디모데가 그 감독을 지휘한다 해도 어색하다. ② 또 이 감독이 장로가 아닌 (장로를 다스리는) '감독'이라면, 3장에는 '장로'의 자격 기준은 없는 셈이 되는데, 이것도 이상하다. '감독'과 '집사'의 자격은 상세히 제시하고 '장로' 직분의 자격만 빼 놓은 모양이 되기 때문이다. ③ 더구나 '감독'이 단수로 사용된 것이 곧 한 사람의 최고 리더를 뜻한다고 보기도 어렵다. 디도서 1:7에도 '감독'이란 단어가 단수로 등장하지만 결국 복수의 '장로들'을 세우는 기준을 서술하는 내용이었다. 아마도 '감독'이란 단어가 단수 형태로 등장한 것은 감독하는 기능을 강조하는 관습적인 표현 때문인 듯 보인다. 결국 디모데전서 3:1, 2의 '감독'이 단수로 표현된 것은 한 사람의 특별한 리더를 가리킨다고 보기 힘들고, '장로'의 다른 표현으로 이해하는 게 적절하다.

넷째, 사도행전의 바울은 에베소교회의 장로들을 불러 권면하는 자리에서 그들을 '감독자'(ἐπίσκοπος, '에피스코포스')라고 말한다. 헬라어 '에피스코포스'를 개역개정은 이곳에서는 '감독자'라고 번역했는데, 같은 단어가 다른 곳에서는 보통

---

[72] 참조. 이진섭, '치리장로 개념은 성경적인가?', pp. 232-34.

'감독'으로 번역된다(참조. 빌 1:1; 딤전 3:2; 딛 1:7). '에피스코포스'는 '감독'의 직분을 받은 사람을 부각하는 표현이다. 사도행전 저자는 '장로' 직분을 맡은 자들이 '감독'의 역할을 감당한다고 말한다. 결국, '감독'이 '장로'를 가리키는 다른 호칭이란 점은 명확하다.

호칭의 배경과 강조점의 차이

같은 직분을 가리키는 이 두 호칭이 신약성경에 함께 사용된 이유는 아마도 이 두 표현이 가진 배경과 강조점의 차이 때문인 듯 보인다.

첫째, '장로'라는 표현이 유대 배경을 더 염두에 두었다면, '감독'은 헬라 배경을 더 고려한 듯 보인다.[73] '장로'라는 호칭은 고대에 주로 사용되던 표현으로 유대 배경은 이 호칭을 선호한다. 구약성경은 보통 공동체의 리더로 '장로' 호칭이 매우 빈번히 사용했고,[74] 신약성경에도 유대인들의 리더를 보통 '장로'로 서술했다.[75] 교회의 리더를 '장로'로 서술한 것은 이런 유대 배경을 그대로 이어 받은 모습이다. 반면 '감독'은 헬라 배경에 기댄 표현으로 로마 도시나 그에 종속된 시(市)를 관리하고 다스리는 리더를 가리킬 때 사용되었고 교회의 리더에게도 전용되었다. 아마도 바울은 이방인교회 사역을 감당할 때 유대 배경의 장로를 세우면서 이방교회의 상황에 맞게 '감독'의 호칭을 병행한 것으로 보인다.

둘째, '장로'는 리더가 나이 많은 점을 주목하는 위엄의 칭호라면, '감독'은 리더의 역할을 부각하는 기능의 칭호로 보인다.[76] 고대에는 나이 많은 사람이 공

---

73   참조. Stott, 『디모데전서·디도서 강해』, p. 119.
74   구약성경은 심지어 이방 민족의 공동체 리더에도 '장로'라는 호칭을 부여한다(참조. '미디안 장로', '모압 장로' 등, 민 22:4, 7).
75   예컨대, 신약성경에는 '대제사장들과 장로들'이란 표현이 빈번하며(마 27:1, 12, 20; 막 8:31; 14:43; 눅 9:22 등), 교회를 핍박했던 유대인들의 리더로 유대교 '장로들'이 언급되기도 한다(참조. 행 4:5, 8, 23; 6:12 등).
76   참조. Stott, 『디모데전서·디도서 강해』, p. 119.

경 받는 분위기였고 또한 많은 경험과 지혜를 가지고 있었기에, 나이 많은 자들 중 리더십이 있는 자들이 리더가 되었다. 자연히 이들을 존중하여 부르는 '장로'라는 표현은 위엄의 호칭이 된다. 반면, '감독'은 그런 리더가 공동체를 지휘 감독하며 다스리는 역할의 중요성을 부각하는 표현이다.

결국, '장로'나 '감독'은 배경과 강조점의 차이가 있지만, 같은 직분을 가리키는 다른 호칭이기에 본질적으로 그 지시대상 자체가 다르지는 않다. 신약성경의 교회를 이끄는 복수의 리더들은 '장로' 또는 '감독'으로 불렸다.

신약성경에서 '장로'와 '감독'은 같은 직분을 가리키는 다른 표현이다. 장로/감독은 초대교회의 리더들을 조직의 직제에서 부르던 명칭이었다.

4. 장로의 역할: 치리만 하는 장로는 없고, 장로는 모두 가르친다.

두 번째로 다루어야 하는 주제는 복수의 리더들로 세워진 장로들의 기능과 역할 문제이다. 이 주제는 치리장로직의 존재 여부 논의와 연결되어 있다.[77]

(1) 한국 장로교회: 교무장로(목사)와 치리장로(장로)

한국 개신교 장로교회는 장로를 교무장로와 치리장로로 구분하고, 보통 교무장로를 '목사'로 치리장로를 '장로'로 부른다.[78] 목사직의 성경적 근거는 사도들과

---

77 치리장로 직분의 존재 여부 문제에 대한 자세한 논의는 필자의 다음 논문을 참조하라. 이진섭, '치리장로 개념은 성경적인가?', pp. 225-57. 본고는 이 논문의 주요 내용을 간략하게 요점 중심으로 다룬다. 이 논문은 본서의 부록에 다시 수록되었다.

78 참조. 이진섭, '치리장로 개념은 성경적인가?', pp. 226-29.

디모데와 디도 등에서 찾는 경향이 있고(*Institutes*, IV, 3, 5),[79] 치리장로직의 근거는 (원래 개신교에서는 디모데전서 5:17이지만) 주로 디모데전서 3:1-7과 디도서 1:5-9 그리고 사도행전 교회들의 장로들 본문에서 찾는 경향이 강하다.[80] (그래서 예컨대, 예루살렘교회에 사도들과 장로들이 등장한 것[행 15:2, 4, 6, 22등]을 목사[교무장로]와 장로[치리장로]의 원형으로 보기가 쉽다.) 그리고 이런 두 종류의 장로 직제 설명의 역사적 시발점과 토대를 보통 칼뱅에게서 찾는다.[81]

하지만 이런 생각과 판단은 적절하다고 보기 힘들다. 신약성경에서 치리장로직 근거 본문은 사실상 찾기 어렵고, 또한 칼뱅이 치리장로직을 정당화하려는 주장은 논리적으로나 석의적으로 받아들이기 힘들기 때문이다.

치리장로 직제는 없고, 장로는 모두 가르치는 역할을 한다.

(2) 한국 장로교회의 주요 근거 본문에 대한 평가

한국 장로교회가 (디모데전서 5:17을 넘어서서) 치리장로직의 주요 근거 본문으로 종종 생각하는 디모데전서 3:1-7, 디도서 1:5-9, 사도행전 20:17-35 등의 본문은 사실 치리장로 직제를 가리키지 않고 교무장로(목사)를 가리킨다. 이 본문들은 모두 장로(감독)의 가르치는 역할을 중요하게 말한다.

---

79 참조. Calvin, 『기독교강요(하)』, p. 65; 임택진, 『장로교회 정치해설』, pp. 76-77.

80 이진섭, '치리장로 개념은 성경적인가?', (2007), pp. 226-228에 인용된 장로 교단의 과거 헌법 조문과 그에 대한 설명을 참조하라. 물론 장로 교단이 모두 천편일률적으로 이런 본문을 치리장로직의 근거 구절로 사용하지는 않는다. 교단마다 차이가 있기도 하고, 시간 흐름에 따라 근거 구절 등이 변동되기도 한다. 하지만 한국 장로교회 안에 이런 생각의 흐름이 있었고 지금도 남아 있다는 점은 부인하기 힘들다. 25년 초 현재 장로 교단들의 헌법은 치리장로의 근거 구절을 모호하게 처리하는 경향이 생긴 것으로 보인다.

81 참조. 이진섭, '치리장로 개념은 성경적인가?', p. 229.

그러므로 감독은 책망할 것이 없으며 한 아내의 남편이 되며 절제하며 신중하며 단정하며 나그네를 대접하며 <u>가르치기를 잘하며</u> (딤전 3:2)

미쁜 말씀의 가르침을 그대로 지켜야 하리니 이는 능히 <u>바른 교훈으로 권면하고</u> 거슬러 말하는 자들을 책망하게 하려 함이라. (딛 1:9)

감독(장로)의 적극적 측면의 자격을 설명하는 디모데전서 3:2은 그 정점에 '가르침'을 언급하고, 디도서 1:9는 장로의 여러 자격 기준(1:5b-9)의 가장 정점에서 '가르침'의 자질을 말한다.[82] 두 본문 모두 가르치는 일이 장로의 주요 역할과 책무라는 말이다.

사도행전 20:17-35에 나타난 에베소교회 장로들의 역할도 마찬가지다. 바울은 에베소교회의 장로들을 만나 자신이 진정으로 가르치며 바른 삶을 보였던 사역 모습을 그 장로들이 그대로 따라줄 것을 권면한다. 이는 이 장로들이 (치리장로가 아니라) 교무장로임을 내포한다.

현대 서구의 성경학자는 예컨대, Marshall, Wilson, Barrett, Stott 등은 대체로 이런 본문들이 교무장로(목사)를 가리킨다고 이해한다.[83] 사실, 칼뱅도 이 본문들에 언급된 장로는 (치리장로가 아니라) 교무장로(목사)라고 판단한다(*Institutes*, IV,

---

[82] 혹자는 디도서 1:9의 강조점이 1:9a, 즉 '미쁜 말씀의 가르침을 그대로 지키는 것'에 있기에, 이 구절(1:9)은 '말씀의 가르침을 지키는 삶'을 말하지 '가르치는 자질'을 말하는 게 아니라고 반문할지 (그래서 치리장로 근거 구절이라고 항변할지) 모른다. 하지만 논리는 사실 정반대로 흐른다. 바른 교훈으로 가르치는 역할을 제대로 할 수 있으려면 가르치는 내용을 <u>스스로</u> 지킬 수 있어야 한다는 말이다. 가르치기만 하는 (교무)장로가 아니라 가르치는 내용대로 살 수 있는 (교무)장로이어야 한다는 말이다. 그래서 이 구절의 조건은 더 엄격한 '가르침의 자질'을 말하고 있는 셈이다. 참조. 이진섭, '복수리더십의 교육목회(딛 1:5-9)', pp. 138-39.

[83] 참조. Marshall, *Pastoral Epistles*, pp. 147, 473-74.; Wilson, *Luke and the Pastoral Epistles*, pp. 117f; Barrett, *Acts 15-28*, pp. 964-65; Stott, 「디모데전서·디도서 강해」, pp. 117-20, 240-42. 우병훈 교수는 디모데전서와 디도서의 해당 구절에 있는 '감독직'은 오늘날의 '목사직과 장로직 모두에 해당'한다고 말하며(「교회를 아는 지식」, p. 127), '장로직에는 언제나 가르치는 요소가 들어간다는 점'(p. 139)을 지적한다.

3, 6-8).[84] 따라서 이 구절들이 치리장로의 근거 구절이라고 생각하는 한국 장로교회의 분위기는 칼뱅의 판단을 넘어서있고 많은 현대 성경학자들의 해석과도 다른 입장을 취하고 있다.

(3) 칼뱅의 근거 구절/논리의 한계

그런데 더 큰 문제는 치리장로직의 확실한 근거 본문을 신약성경에서 찾기가 매우 어렵다는 사실이다. 이런 점에서 치리장로를 성경으로 정당화하려 했던 칼뱅의 시도와 해석은 재점검되어야 한다. 사실 칼뱅은 치리장로직의 정당성을 지지하는 본문을 잘 제시하지 못했다. 그가 주로 제시한 본문은 로마서 12:8과 고린도전서 12:28 그리고 디모데전서 5:17 정도인데, 이 본문들은 모두 치리장로직을 정당화하 하지 못한다.

1) **[롬 12:8과 고전 12:28]** 로마서 12:8과 고린도전서 12:28에는 '장로'나 '감독'이라는 (직분의) 단어 자체가 등장하지 않는다. 그럼에도 칼뱅은 '다스리는 자'(롬 12:8)나 '다스리는 일'(고전 12:28)이란 표현만 가지고 이 표현이 치리장로의 존재를 알려준다고 말한다(*Institutes*, IV, 3, 8; IV, 11, 1).[85] 하지만 은사의 기능 표현이 어떻게 조직 직분의 존재를 알려준다고 그렇게 쉽게 단정할 수 있을까? 만일 칼뱅의 주장이 적절하다면 로마서 12:8의 '다스리는 자' 앞뒤에 있는 표현인 '위로하는 자' '구제하는 자' '긍휼을 베푸는 자'는 어떤 직분을 알려주며,[86] 고린도

---

84 자세한 내용은 이진섭, '치리장로 개념은 성경적인가?', pp. 236-37의 설명과 이 논문에 게재된 기독교 강요의 인용을 보라.

85 Calvin, 『기독교강요(하)』, pp. 68, 255-56. 참조. 이진섭, '치리장로 개념은 성경적인가?', pp. 238-39.

86 물론, 칼뱅은 여기의 '구제하는 자'가 '집사'(the deacons)을 가리키고 있다고 생각한다(*Institutes*, IV, 3, 9). 그렇다면 '위로하는 자'는 어떤 직분을 가리키는가? 칼뱅의 답은 어떤 직분은 임시적이고 어떤 직분(즉, 치리장로와 집사)은 영속적이라는 식으로 논점을 흐리게 하여 피해가려 한다(*Institutes*, IV, 3, 8). 하지만 칼뱅의 이런 판단과 해석은 자신이 맞추려는 그림에 따라 매우 가변적이고 선택적으로 작동

전서 12:28의 '다스리는 일'의 앞뒤에 있는 '서로 돕는 것'과 '각종 방언을 말하는 것'은 또한 어떤 직분을 두고 한 말이 되는가? 칼뱅이 로마서 12:8과 고린도전서 12:28에서 치리장로 직분을 유추한 것은 그의 '희망적 읽기'(wishful reading)나 '넣어서 읽기'(eisegesis)이지 본문이 분명히 지시하는 바는 아니다. 이 두 구절의 표현으로는 치리장로직의 존재를 증명할 수 없다.[87]

2) [딤전 5:17] 디모데전서 5:17은 '잘 다스리는 장로들'이란 표현이 나타나기에 어쩌면 칼뱅이 제시한 치리장로의 증거 구절 중에 유일하게 가능성이 있는 구절이다. 칼뱅은 기독교강요에 교회 재판권을 언급하는 대목에서 디모데전서 5:17을 인용하면서 말씀을 선포하지는 않고 다스리기만 하는 장로(즉, 치리장로)가 초대교회에 구별되어 있었다고 말한다(*Institutes*, IV, 11, 1).[88] 또 그의 디모데전서 주석에서도 이런 생각을 밝힌다.[89] 이처럼 그는 특별히 이 구절을 치리장로의 중요한 근거 구절로 삼고 있다.[90] 그래서 장로교회는 여전히 이 구절을 치리장로직의 구심점이 되는 본문으로 삼고 있다.

그러나 문제는 이 구절조차도 치리장로직을 정당화하기에 역부족이란 점이다.[91] 현대 해석자들은 종종 스키트(T.C. Skeat)의 가설을 기초로 5:17의 장로들이 모두 교무장로(목사)를 가리킨다고 생각하기도 한다(Campbell, Knight III, Marshall,

---

이기에 신뢰하기 어렵고 합리적이지도 않다.

87 참조. 이진섭, '치리장로 개념은 성경적인가?', pp. 241-43. 예컨대, 이는 바람이 분다는 점 하나로 태풍의 존재를 (즉, 지금 '태풍'이 분다는 것을) 증명할 수 없는 것과 유사하다. 태풍이 없더라도 일반적인 바람은 일 수 있다. 오히려 세상은 태풍이 아닌 바람이 더 많다. '다스리는 일'이나 '다스리는 자'라는 표현만으로는 '치리장로'라는 직분의 존재를 증명할 수는 없다. 교회 안에 '다스리는 자'와 '다스리는 일'이 있더라도 그것이 꼭 '치리장로 직분'에서 나온 것이라고 단정할 수는 없다. 교무장로도 다스릴 수 있고, 분명한 직분을 통하지 않고도 다스리는 일은 일어날 수 있다.

88 Calvin, 『기독교강요(하)』, pp. 255-56.
89 Calvin, 『디모데전서』, p. 504.
90 참조. 이진섭, '치리장로 개념은 성경적인가?', pp. 239-40.
91 참조. 이진섭, '치리장로 개념은 성경적인가?', pp. 243-47.

Stott).⁹² 스키트는 헬라어 '말리스타'(μαλίστα)가 종종 '특별히'로 번역되었지만, '즉'이란 뜻을 가질 수 있다고 제안하였는데,⁹³ 만일 이를 디모데후서 5:17에 적용하면 5:17a의 '잘 다스리는 장로들'은 곧 (즉) 5:17b의 '말씀과 가르침에 수고하는 이들'이 된다. 따라서 디모데전서 5:17의 권면은 잘 사역하는 교무장로들(목사)을 배나 존경하라는 뜻이 되기에, 이 구절은 치리장로직의 존재를 알려주는 근거가 되기 힘들다. 스키트의 가설이 전통적인 장로교회의 해석에 큰 걸림돌이 되는 셈이다.⁹⁴

그런데 스키트의 가설이 이 구절에 적용된다고 해도, 치리장로직의 존재를 분명히 확신하는 그룹에게는 이 구절을 자신들에게 유리하게 해석할 여지가 조금 남아있기는 하다. 가르치는 역할을 해서 잘 다스리는 장로(즉, 교무장로)가 있다면, 가르치는 역할을 하지 않기에 다스리는 역할을 잘 하기 힘든 장로(즉, 치리장로)가 있다는 논리를 펼 여지가 있기 때문이다. 그렇다면 이 구절 자체는 교무장로에 대해 말하고 있지만, 그 배경은 치리장로의 존재를 가정하는 것이 될 수 있다. 하지만 이런 논리는 좀 억지스럽기에 받아들이기는 힘들다. 이 논리는 교무장로를 그 역할의 기능으로 인해 모두 잘 다스리는 장로들로 간주하고, 치리장로는 모두 잘 다스리지 못하는 장로들로 보게 하기 때문이다.

스키트의 가설을 적용하지 않더라도, 디모데전서가 치리장로 직분을 전제하고 있지 않다는 증거는 찾을 수 있다.⁹⁵ 중요 본문은 5:17이 아니라 오히려 3:1-13이다. 만일 디모데전서의 교회에 (또는 당시 교회들의 분위기에) 치리장로 직분이 존재했다면, 바로 이 본문(3:1-13)의 자리에 치리장로의 자격 조건이 나왔어야 하기

---

92 참조. Campbell, *Elders*, pp. 200-201; Knight III, *Pastoral Epistles*, p. 232; Marshall, *Pastoral Epistles*, p. 612 Stott 「디모데전서·디도서 강해」, p. 185.

93 Skeat, 'Especially the Parchments', pp. 173-77.

94 참조. 이진섭, '치리장로 개념은 성경적인가?', pp. 243-44.

95 보다 자세한 논의는 이진섭, '치리장로 개념은 성경적인가?', pp. 244-47을 참조하라.

때문이다. 3:1-7은 감독(즉 교무장로) 자격을 제시하고, 곧 이어진 3:8-13은 집사의 자격을 제시한다. 3:1-13은 에베소교회의 문제 그룹(엉터리 리더들)을 디모데와 함께 막을 진짜 리더 그룹을 세우는 것에 대해 쓴다. 만일 당시에 치리장로 직분의 개념이 있었다면, 저자는 3:1-7(감독/교무장로)와 3:8-13(집사)의 중간에 치리장로의 자격을 당연히 서술했을 것이다. 다시 말해, 3:1-13에 치리장로의 자격 서술이 없다는 사실은 당시 교회에 치리장로 직분 자체가 없었다는 뜻이다. 따라서 교회 직분의 직제를 다루는 3:1-13 문단에 치리장로의 자격이 서술되지 않았다는 사실은 (다른 말로 하면, 3:1-7이 치리장로가 아닌 교무장로의 자격을 다룬다는 점) 치리장로 직분이 당시 존재하지 않았음을 반증한다.

물론, 교무장로로 세웠지만, 잘 가르치지 못하고 치리만 하는 경우는 있을 수 있다. 하지만 이것은 치리장로 직분 자체가 존재했다는 것과는 다르다. 아마도 디모데전서 5:17은 이런 상황, 즉 교무장로들을 세웠지만 일부는 그 가르치는 역할을 잘 하고 일부는 가르치는 역할을 잘 하지 못하는 상황을 염두에 둔 권면인 듯 보인다.

3) **[칼뱅의 논리적 오류]** 칼뱅의 치리장로직 주장에 나타나는 또 다른 문제는 그가 장로의 '이중 직제'(즉 교무장로와 치리장로 제도)를 설명하는 과정에서 논리적 오류를 만든다는 점이다.[96] 그는 기독교강요에서 '말씀의 사역자들의 명칭: 장로들'(The designation of ministers of the Word: presbyters)이라는 제목으로 '장로' 직분에 대해 논의하면서(*Institutes*, IV, 3, 8), 말씀을 선포하는 장로 직분의 여러 명칭에 대해 말한다. 그는 '감독' '장로' '목사' '사역자'를 모두 '장로'로 통칭할 수 있다고 하며 장로는 가르치는 사역을 감당한다고 말한다. 하지만 바로 이어서 칼뱅은 로마서 12:8과 고린도전서 12:28을 언급하면서 이 구절들의 '다스리는 자'가 또 다른 장로(elders)를 가리킨다고 해석한다. 이는 장로(presbyters)를 교무장로

---

96 참조. 이진섭, '치리장로 개념은 성경적인가?', pp. 240-41.

로 서술하면서도 그 장로 직분 안에 가르치지 않고 다스리기만 하는 또 다른 장로(치리장로, elders)가 있다고 말하는 셈이다. 한편으로 장로는 모두 가르치는 직분이라고 하고, 또 다른 한편에서 그 장로를 설명하면서는 장로회 안에 가르치지 않는 장로(치리장로)가 있다고 설명하는 방식인데, 이는 논리적 모순을 낳는다. 칼뱅 시대의 개혁교회 안에 이미 존재하는 리더로서 '다스리는 자들' 그룹을 정당화해야 했던 칼뱅의 노력과 수고는 이해할 수 있지만, 그렇다고 해서 그의 자의적 해석과 논리적 오류를 모두 받아들이기는 힘들다.

정리하면 이렇다. 치리장로직을 정당화하려고 한국 장로교회가 주요 근거 본문으로 삼으려는 디모데전서 3:1-7, 디도서 1:5-9, 사도행전 20:17-35 등은 교무장로와 관련된 본문이다. 칼뱅도 그렇게 보았고, 현대 학자들의 판단도 크게 다르지 않다. 칼뱅이 치리장로직의 근거로 제시한 구절은 몇 개 되지도 않지만 설득력이 거의 없다. 가장 유일하게 가능성 있는 구절은 디모데전서 5:17인데, 3:1-13에 비추어 볼 때 그 가능성도 인정하기 힘들다. 더구나 칼뱅의 주장에는 논리적 오류가 서려 있다. 결국 한국 장로교회의 치리장로직이 기반하고 있는 성경적 근거란 마치 아주 작고 가느다란 못에 매우 무거운 메주 덩어리 묶음을 걸어 놓은 형국이라 말할 수 있다. 그런데 사실을 더 들여다보면 이 작은 못은 못이 아니라 뾰족한 핀에 불과하다. 어떻게 이 약한 핀에 무겁디무거운 짐을 다 걸어놓을 수 있겠는가? 이처럼 한국 장로교회의 치리장로 직분의 근거는 부실하다.

> 개신교의 장로교회는 가르치지는 않고 다스리기만 하는 치리장로 직분을 당연시하고 있지만, 이는 신약성경이 말하는 바도 아니고 신약의 교회가 보여주는 모습도 아니다. 장로들은 모두 가르치고 다스리는 리더들이었다.

5. 복수리더십: 가르치고 다스리는 복수의 (교무)장로들

신약성경에 치리장로 직분은 없다. 신약성경의 교회에 등장한 장로들은 모두 가르치며 다스리는 역할을 맡은 리더들이었다. 신약성경의 교회는 담임 목사제로 운영된 리더십을 말하지 않고, 복수의 교무장로들이 함께 가르치며 다스리는 복수리더십을 보여준다. 유대인 교회의 대표 격인 예루살렘교회도 그렇고, 이방인 교회의 대표 격인 안디옥교회도 그렇다. 바울 일행의 노력으로 이방 여러 지역에 세워진 교회들도 모두 복수의 교무장로들이 가르치며 다스리는 역할을 했던 교회였다. 신약성경은 이런 복수 리더들이 가르치고 다스리며 목양하는 교회의 모습을 분명하게 보여준다.

이 말은 현재 교회에 있는 치리장로 직분 받은 자를 무시해야 한다는 뜻이 아니다. 장로를 세울 때부터 가르칠 수 있는 사람을 세워 교무장로 역할을 하도록 해야 하고, 이미 세워진 치리장로들은 가르칠 수 있는 교무장로로 변모하도록 해야 한다는 뜻이다. 이에 대해서는 다음에 (6장과 3부에서) 논의한다.

신약성경의 교회는 가르치고 다스리는 장로들이 복수리더십을 발휘했다.

5장 교회의 터, 복수리더십

예수님은 교회의 복수리더십을 어떻게 준비하고 세우셨나?

4장에서 본 것처럼 신약성경의 교회가 처음부터 시종일관 복수리더십을 견지하고 있었다면, 과연 이 복수리더십의 교회는 어떻게 만들어진 것일까? 우연히 된 걸까? 아니면 계획되어 때와 흐름에 맞게 성취된 걸까? 계획과 흐름이 있었다면, 누가 그것을 기획하고 주도했을까? 자연스런 답은 교회의 모퉁이돌과 기초가 되시는 예수님에게서 찾는 게 마땅하다.[97] 예수님께서 의도하였고 준비하여 복수리더십의 교회가 되도록 하셨다.

물론 복음서에 '교회'(ἐκκλησία, '에클레시아')라는 단어가 거의 등장하지 않는다는 점 때문에,[98] 예수님의 교회 구상에 의심이 제기될 수도 있다. 하지만 마태복음의 예수님은 교회를 세울 의도를 분명히 밝히고(마 16:18) 그 교회의 모습과 존재를 분명히 예견하신다(마 18:17).[99] 마태복음 저자의 시각에서 바라본 예수님은 분명 교회의 청사진을 갖고 계신 분이다. 복음서에 '교회'라는 단어가 잘 등장하지 않는 현상은 복음서가 서술하려는 목표의 방향 차이에 기인한 것이지,[100] 교회의 그림이 예수님에게 원래부터 없었기 때문은 아니다.[101] 교회를 세우려던 예수님

---

97 참조. Giles, 『신약성경의 교회론』, pp. 63-68, 77-78.
98 복음서 이외의 신약성경에 ἐκκλησία는 109구절에서 111회 등장하는데 비해, 복음서에는 마태복음에만 오직 두 구절(마 16:18; 18:17[×2])에 세 번만 등장한다.
99 참조. Giles, 『신약성경의 교회론』, pp. 89-104.
100 참조. Giles, 『신약성경의 교회론』, pp. 79-80.
101 참조. Giles, 『신약성경의 교회론』, pp. 63-68. '누가-행전'을 기록한 저자는 결국 예수님의 공생애 사

께서는 처음부터 복수리더십의 교회를 계획하고 준비하여 출발시키셨다. 이번 장은 이런 이야기를 다룬다.

> 복수리더십의 교회는 누구의 생각에서 나온 것일까?
> 물론 그 답은 예수님에게서 찾아야 한다.

1. 예수: 교회 복수리더십의 기획자

(1) 부활하신 예수님의 재교육 의도: 교회 세우기

부활 후 재교육

예수님께서 가지신 복수리더십의 교회 설립 의도와 관련하여 먼저 중요하게 고려해야 하는 점은 부활 후부터 승천 전까지 예수님의 행적이다. 예수님께서는 부활하신 후 무엇을 하셨는가? 신약성경은 부활하신 예수님의 행적을 어떻게 기록하는가? 이것이 복수리더십의 교회 설립 이야기를 추적하는데 필요한 첫 번째 질문이다.

보통 우리가 기대하고 생각하는 방식은 무엇일까? 십자가에 죽은 후 다시 살아나셨으니, 부활하신 것을 세상 사람들에게 공개적으로 드러내 보이는 게 좋다고 생각하지 않을까? 십자가에 못 박으라고 외치던 예루살렘 군중들에게, 엉터리로 재판해 사형을 선고했던 산헤드린 공의회 회원들에게, 십자가 사형을 집행하도록 명령한 본디오 빌라도에게, 실제 십자가에 못 박는 일을 감당했던 군사들에게 나타나 부활했음을 보이는 게 좋다고 생각하지 않을까?

이렇게 하면 이야기는 더 극적이 되고 마음은 통쾌하며 복음은 더 효과적으로

역(누가복음)이 교회의 등장과 연결되는 모습(사도행전)을 자연스럽게 보여준다.

전파되지 않았을까? 이런 방식이 이후 교회 설립에 매우 효과적인 방법은 아니었을까? 각종 기적 같은 일에 쉽게 매료되고, 다양한 홍보 효과를 추구하는 현대 교회의 만연된 복음 전파 전략과 방식에 비추면, 이런 식의 행동이 적절해 보일지 모른다. 우리 시대 방식으로 치환하자면, 부활하신 모습을 실시간 유튜브 영상으로 방송하는 거다. 조회 수가 급격히 늘어, 사람들이 교회로 모이는데 도움이 되지 않을까? 부활의 기적을 보고 사람들이 모이고, 교회는 그 흐름을 타 크게 성장했을 것이라고 생각할지 모른다.

하지만 예수님에게는 이런 생각과 상상이 없고, 신약성경에는 이런 식의 일이 소개되지 않는다. 예수님은 세상 사람들에게 자신을 드러내기는커녕 오히려 감추신다. 오직 자신이 오랫동안 가르쳤던 제자들과 사도들에게만 나타나신다. 요즘 말로 하자면 SNS를 비공개로, 특히 각별한 친구들에게만 열어 놓은 셈이다. 바로 이런 점 때문에 당시 세상에는 예수의 부활이 시신을 훔쳐가 만든 허구라는 가짜뉴스가 먹혔다(참조. 마 28:11-15). 부활하신 후의 예수님 행적은 언뜻 보면 복음 전파에 그다지 효과적이지 못한 것처럼 보인다. 극대화 할 수 있는 절묘한 수와 타이밍을 놓친 셈이다. 현대 홍보 전략가의 눈에는 어리석은 판단으로 보일지 모른다.

예수님은 도대체 왜 이렇게 하셨을까? 왜 복음 전파의 좋은 기회를 놓치고, 교회 확장의 절대 절명의 기회를 잃어버렸을까? 홍보 전략 이론과 실제를 잘 몰라서 그러셨을까? 예수님은 무슨 생각과 계획으로 제자들을 집중해서 만나셨을까? 오히려 왜 예수님의 부활을 직접 보지 못하고 믿는 자들이 복되다고 말씀하셨을까?(참조. 요 20:29). 도대체 왜 제자들을 재교육하는 일에 그 귀한 부활의 40일을 모두 집중하여 쓰셨을까? 바로 이점이 복수리더십의 교회를 이해하는 중요한 출입구이다.

예수의 승천과 제자들의 교회 시작

예수님께서 그 귀한 40일 기간에 제자들을 재교육한 후 떠나신 것은 교회를 온전히 세우시려는 의도 때문이다. 가르치는 리더들이 준비되어야 교회가 시작될 수 있다. 예수님은 이미 공생애 3년 동안 제자들과 함께 하며 여러 가지를 보여주고 가르치셨지만 제자들은 아직 이를 온전히 이해하지 못했다. 부활하신 주님은 그들이 온전히 깨닫고 가르칠 수 있는 자가 되기를 원하셨다. 가르치는 리더들을 세우는 것이 곧 교회 설립의 준비이기 때문이다. 주님은 처음부터 교회를 염두에 두고 제자들을 부르셨으며, 그들을 온전히 가르칠 수 있는 리더들로 만드신 후 승천하셨다. 이처럼 신약성경의 교회는 '가르치는 리더들'이 세워진 후에야 비로소 시작된다. 여기서 두 가지 점을 주목해야 한다.

첫째, 리더들의 '가르침'이 중요하다는 점이다. 부활하셔서 하나님 보좌에 앉으신 주 예수님은 온 세상을 다스리시는데, 그 백성은 주님의 뜻을 따라 살아야 한다. 따라서 그 백성에게 주님의 마음과 뜻을 가르칠 리더들은 필수적이다. 리더들이 주님의 뜻과 마음을 제대로 가르칠 때, 그의 나라, 곧 예수 공동체가 실현될 문이 열린다. '가르치는' 리더들이 중요한 이유다.

둘째, '복수의' 리더들이어야 한다는 점이다. 가르침이 제대로 발휘되려면 가르치는 리더가 복수로 있어야 한다. 한 사람의 이해와 해석과 행동만으로는 부족하다. 여럿이 함께 깨닫고 가르치며 준행할 때, 주님의 다스림이 공동체에 실현되기 쉽다. 교회가 제대로 세워지려면 복수의 사역자들이 필요하다.

그래서 예수님은 부활하신 후에, 홍보 이벤트를 하시기보다는 제자들의 재교육에 집중하셨다. 그들이 주의 뜻을 바르게 깨닫고 가르치며 실현하는 복수의 리더들이 되도록 하셨다. 결국, 부활하신 주님의 재교육은 이 땅에 교회를 세우시려는 특별한 행동이었다. 교회를 세우려고 제자들을 '복수의 리더들'로 만드셨다.

예수님께서 부활 후에 제자들의 재교육에 집중하신 것은 '가르치는 제자들'을 통해 교회를 세우시려는 의도 때문이다.

(2) 사도행전의 확증: 승천 후 등장한 초대교회의 복수리더십

사도행전의 앞부분(예컨대, 1:1-6:7)은 복수리더십으로 교회를 세우려는 예수님의 계획이 실현되는 모습을 잘 보여준다. 사도들은 복수의 리더들로서 교회를 시작하여 (성령님의 역사와 이끄심으로) 가르치는 일을 감당했고, 그로 말미암아 예루살렘교회는 든든하게 자라갔다.

예수님의 부활과 재교육으로 주님의 뜻과 계획을 제대로 깨닫게 된 제자들은 주님의 승천 후 함께 모여 기도하면서 제일 먼저 복수리더십의 틀을 재정비한다(행 1:12-26). 가룟 유다의 멸망으로 비어있는 사도 자리에 맛디아를 세워 예수님께서 처음 정하신 12사도의 리더십을 공고히 한다.[102] 베드로와 사도들은 오순절 성령 강림 사건으로 복음을 전하여 많은 사람들이 교회로 들어오게 하였고,[103] 함께 그 사람들을 가르쳐서 교회가 잘 자라도록 하였다. 사도행전 2:42은 사도들의 복수리더십으로 말미암아 시작된 예루살렘교회의 초기 모습을 이렇게 묘사한다.

> 그들이 사도[들]의 가르침을 받아 서로 교제하고 떡을 떼며 오로지 기도하기를 힘쓰니라. (행 2:42)

사도들은 (베드로 한 사람만이 아니라 '사도들'이다!) 예루살렘에서 지속적으로 복

---

[102] 물론 이런 행위에는 교회 공동체와 구약의 이스라엘이 연관되는 상징적 의미가 포함되어 있다. 12사도의 기반에서 시작되는 교회는 하나님의 새 언약의 공동체로서 이스라엘 12지파로 구성된 첫 언약의 공동체와 유사성을 지닌다.

[103] 오순절 성령 강림 후 복음이 선포될 때 베드로가 '열한 사도와 같이 서서'(행 2:14) 말했다고 기록한 사도행전의 언급은 베드로의 선포가 단순히 한 사람의 권위에서 나타난 것이 아님을 보여준다. 이런 표현은 태생적으로 예루살렘교회가 복수리더십의 가르침을 추구했다는 점을 잘 보여준다.

음을 가르쳐 전하는 일을 쉬지 않았다(참조. 행 3:11-26).[104] 유대교의 지도자들이 그들의 복음전파 활동을 가로막고 협박할 때에도 멈추지 않았다(참조. 행 4:1-31; 5:17-42 등). 교회 성도를 구제하는 일로 리더들의 역할이 복잡해지자 사도들은 구제의 일을 주도적으로 감당할 여섯 사람을 세우고 자신들은 기도하고 가르치는 일에 계속 집중하려했다(행 6:1-6). 결국, 복수의 사도들이 가르치는 일을 잘 감당하면서 예루살렘교회는 안정적으로 자라갔다(행 6:7).

> 열두 사도가 모든 제자를 불러 이르되, '우리가 하나님의 말씀을 제쳐 놓고 접대를 일삼는 것이 마땅하지 아니하니, 형제들아, 너희 가운데서 성령과 지혜가 충만하여 칭찬 받는 사람 일곱을 택하라 우리가 이 일을 그들에게 맡기고, 우리는 오로지 기도하는 일과 말씀 사역에 힘쓰리라.' 하니 (행 6:2-4)

> 하나님의 말씀이 점점 왕성하여 예루살렘에 있는 제자의 수가 더 심히 많아지고 허다한 제사장의 무리도 이 도에 복종하니라. (행 6:7)

이처럼 복수리더십으로 초기 예루살렘교회는 바르고 빠르게 성장해간다.[105] 가르침의 역할을 감당하는 사도들의 터(기초) 위에 교회가 세워지는 모습이다.

104　사도행전 저자는 (성전 미문의 앉은뱅이 치유 사건을 계기로) 솔로몬 행각에서 복음을 전한 베드로의 모습을 소개한(행 3:1-26) 다음, 4:1에서 백성에게 말한 주체가 (베드로 한 사람이 아니라) '사도들'이라고 언급한다. 베드로가 대표로 한 선포(설교)이지만 결국 '사도들'이 함께 복음을 전하는 모습이었다는 말이다.

105　사도행전은 초반부 이후에도 계속 복수 리더들의 적절한 말씀 사역으로 교회가 잘 성장해가고 있음을 그리고 있다. 안디옥교회의 예도 그렇고, 이방 선교사역 팀도 그렇고, 이방인 교회의 설립과 발전도 그렇다(참조. 11:22-26; 13:1-3, 4-5; 14:23; 15:40; 16:1-3, 4-5; 20:31-32 등).

(3) 예수님의 청사진 (마태복음 16:18)

사도들과 제자들의 터 위에 교회가 세워지는 이런 모습은 이미 공생애 기간 예수님의 마음과 계획 속에 있었다. 이점을 잘 드러낸 본문은 마태복음 16:13-20이다. 그런데 이 본문은 교회 역사에서 큰 논란에 휩싸여 왔다. 18-19절은 그 논란의 핵심에 서 있다.

> 또 내가 네게 이르노니, '너는 베드로라. 내가 이 반석 위에 내 교회를 세우리니, 음부의 권세가 이기지 못하리라.' (마 16:18)

> '내가 천국 열쇠를 네게 주리니, 네가 땅에서 무엇이든지 매면 하늘에서도 매일 것이요, 네가 땅에서 무엇이든지 풀면 하늘에서도 풀리리라.' 하시고 (마 16:19)

1) 가톨릭교회 입장: 베드로와 교황제도

가톨릭교회는 이 본문을 교회 제도의 근거로 삼는다. 요한의 아들 시몬에게 예수께서 새롭게 붙여주신 아람어 이름이 ('바위' '반석'란 뜻을 지닌) '게바'(요 1:42)인데, 이것의 헬라어 번역이 베드로(Πέτρος, '페트로스')이다. 가톨릭교회는 '너는 베드로라. 내가 이 반석 위에 내 교회를 세우리니'(16:18)라는 말이 곧 사도 베드로 한 사람을 교회의 수장으로 세운 것이라 보고, 이 두 구절이 결국 교황 제도를 지지한다고 생각한다. 당연히 여기서 '반석'과 (천국 열쇠를 받는) '너'는 '시몬 베드로' 한 사람을 가리킨다고 이해하고, 그의 권한이 교황에게 승계된다고 해석한다. 자연스레 18, 19절은 교황제도를 곤고히 하는 근거가 된다.

2) 개신교회 주장: 신자의 신앙고백

하지만 개신교회의 전통적 입장은 사뭇 다르다. 전통적으로 개신교회는 크게 두 가지 이유로 이 본문이 교황제도의 근거가 될 수 없다고 판단한다. 첫째는 18절의 '반석'의 헬라어 '페트라'(πέτρα)는 여성명사이기에 남성인 베드로를 가리킬 수 없다는 점이고, 둘째는 풀고 매는 권세를 말하는 19절 내용이 마태복음 18:18에 유사하게 다시 등장하는데 여기서는 그 대상이 '너'(단수)가 아니라 '너희'(복수)로 나타난다는 점이다.[106] 그래서 개신교회는 전통적으로는 예수께서 교회의 기초(터)로 언급한 '반석'은 (베드로 자신이 아니라) 16절에 있는 '베드로의 신앙고백'을 가리킨다고 이해하고, 결국 본문은 (예수가 그리스도이고 하나님의 아들이라는) 신앙고백 위에 교회를 세우신다는 점을 말한다고 판단한다.[107]

3) 교회의 터: 신앙을 가르치는 복수의 리더들

이처럼 가톨릭교회의 전통적 입장과 개신교회의 전통적 입장은 첨예하게 대립되는데, 각 입장의 해석은 부분적으로 타당하고, 또한 부분적으로 부적절하다.

① [개신교회 전통적 입장의 문제] '반석'('페트라')이 여성 명사이기에 시몬 베

---

[106] 마 18:18의 '너희'(복수)는 1) 18:16의 '두 세 증인'을 가리키거나, 2) 17절의 '교회 공동체'를 가리킬 수 있는데, 어떤 것으로 보든지 베드로 한 사람을 가리키는 것을 넘어서기에, 16:19을 베드로에서 시작한 교황 제도의 증거본문으로 사용하기는 어렵다. Giles(『신약성경의 교회론』, p. 92)는 마태복음 저자가 '베드로에게 어떤 독특한 권세를 부여하면서 그를 이상화하지 않는다.'고 지적하고 '매고 푸는 "열쇠"는 후에(마 18:18) 모든 교회에게 주어진다.'고 말한다.

[107] 물론 해석자들의 견해는 매우 다양하다. 예컨대, Gundry(*Matthew*, pp. 333-34)는 16:18의 반석(πέτρα)이 바로 앞의 '베드로'(Πέτρος)를 가리키기보다 마 7:24에 있는 반석(πέτρα), 곧 '예수님의 말씀'을 가리킨다고 주장한다. 하지만 이렇게 보기는 매우 어렵다. 7:24은 16:18과 너무 멀뿐만이 아니라, 16:18의 예수님은 베드로를 언급한 직후, '이 반석 위에'라고 곧바로 말하고 있기 때문이다. Davies와 Allison은 '페트라'의 지시대상에 대한 다양한 입장을 다음과 같이 간략하게 요약하여 제시한다(*Matthew*, p. 627). '베드로의 믿음과 고백', '베드로의 가르치는 직분', '베드로에게 계시된 진리', '열두 사도', '예수', '예수의 가르침', '하나님 자신'. 각 입장의 해석자와 그 자료의 출처는 Davies와 Allison이 제공하는 각주의 내용을 보라.

드로를 가리킬 수 없다는 주장은 받아들이기 힘들다.[108] 만일 이 논리대로라면 (예수님을 가리키는 것으로 생각되는) 로마서 9:33의 '반석'(πέτρα, '페트라')도 여성명사이기에 예수를 가리킬 수 없게 된다. 사실, 반석은 비유법으로 쓰인 것이기에 그 단어의 문법적 성(性)으로 지시대상을 판가름할 수는 없다. 만일 개신교회의 이런 주장이 옳다면, 프랑스 여성은 불어로 '나는 호수다.'라는 비유법을 사용할 수 없게 된다. 왜냐하면 불어로 '호수'(lac)는 남성 명사이기 때문이다. 결국, 비유법에 쓰인 보조관념 명사의 문법적 성(性) 때문에 비유의 원관념을 가리킬 수 없다는 주장은 받아들이기 힘들다. 16:18의 예수님은 너는 '베드로'('페트로스')라고 언급한 후, 이어 '이(this) 반석('페트라') 위에'라고 명시하고 있기에,[109] 16:18의 '반석'('페트라')이 베드로를 가리키고 있다는 점을 부인하기는 힘들다.[110] 또한 마태복음 16:19의 '너'라는 표현이 베드로를 가리키지 않는다고 보기도 사실상 어렵다. 18절의 '너'는 분명 베드로를 명시하고 있고('너는 베드로라.'), 바로 이어 19절에 '너'를 언급하고 있기 때문이다.

---

108 France(『마태복음』, p. 730)도 명사의 성(性) 차이로 지시대상을 회피하려는 판단에 의문을 제기한다. 좀 더 엄밀히 말하려면 예수님은 아람어로 말씀하셨을 가능성이 높기에, 아람어의 용례 논의로 가야 한다. France에 따르면, 예수께서 아람어 '케파'('반석')를 사용했다면, (헬라어 '페트로스'와 '페트라'처럼 두 단어가 달리 사용되지 않고) '두 번 모두 "케파"라는 단어가 사용되었을 것'이라고 지적하며, 결국 '이 언어유희가 베드로를 반석으로 보려는 의도임을 분명히 보여 준다'고 말한다.

109 마 16:18에 '페트로스'(베드로)와 '페트라'(반석)라는 단어가 다르게 등장한 것은 다음과 같이 설명될 수 있다. 예수님은 시몬 베드로의 이름을 '반석'이란 의미를 지닌 아람어 '케파'로 지었는데, 헬라어로 '반석'이란 뜻의 여성형 명사 '페트라'이기에 시몬의 이름으로 헬라어로 표기할 때는 남성형 '페트로스'(베드로)로 대용해서 썼다. 하지만 헬라어 '페트로스'는 ('반석'의 뜻이라기보다) '둥근 돌'이라는 뜻으로 종종 사용되기에 마태복음 저자는(또는 16:18의 예수는) 베드로('페트로스')가 교회의 '반석'이 된다는 점을 부각하려고 의도적으로 '페트라'(반석)라고 지적한다. 따라서 16:18의 '페트라'는 일차적으로 베드로를 가리키는 것으로 보는 게 적절하다. 참조. France, 『마태복음』, p. 730; 양용의, '마태복음', pp. 286-87.

110 참조. Ridderbos, 『마태복음(하)』, p. 480; Osborne, *Matthew*, p. 627; Davies & Allison, *Matthew*, pp. 627-28 등. Giles(『신약성경의 교회론』, p. 91)는 (베드로를 가리킨다고 보는) 이런 입장을 지닌 해석자가 현대에 늘고 있다고 지적하고, Osborne(*Matthew*, p. 627)도 현대에 이런 해석의 입장이 다수라는 점을 언급한다.

② **[가톨릭교회 전통적 입장의 문제]** 그렇다고 해서 가톨릭교회의 해석이 적절하다고 보기도 힘들다. 16:18-19이 곧 교황의 권한과 교황제도의 정당성을 분명히 대변하지 않기 때문이다. 이미 언급한 대로 마태복음 18:18에는 '풀고 매는 권세'가 (교회에 있는) 복수의 다른 대상에게 또한 주어지고 있다. (요한복음 20:22-23에는 죄를 사하는 권세가 여러 사도들에게 주어지는 내용도 나온다.) 또한 마태복음 16:18-19의 '너'는 일차적으로 베드로를 염두에 둔 표현일 뿐이지, 베드로의 직분이 승계되고 전승된다는 점을 말하고 있지 않다. 가톨릭교회의 해석도 여전히 받아들이기 힘들다.

③ **[신앙고백을 한 사도들 위에 교회를 세우심]** 결국, 위의 두 입장은 모두 한 쪽으로 치우쳐 있음을 알 수 있다. 가톨릭교회가 교황제도를 정당화하려고 이 본문을 극단적으로 해석한 면이 있다면, 개신교회는 그 교황제도를 반대하려고 한 편으로 치우쳐 논리를 발전시킨 면이 있다. 오히려 답은 이 두 입장의 중간에 있다. '반석'은 베드로 한 사람을 가리키는 것도 아니고 신앙고백만을 내포하는 것도 아니다. 예수님의 말씀은 16:16에서 그런 고백을 표출한 사도들 위에 교회를 세우신다는 뜻으로 보인다.[111] 예수가 어떤 분인지 바르게 인식하고 깨닫는 복수의 리더들을 기반으로 교회를 세우시겠다는 주님의 계획과 의지를 표명한 말씀이다.

16:13-20은 예수님께서 자신의 정체성을 제자들에게 묻고 들으며 대화하시는 내용을 담은 본문이다. 예수님은 사람들의 인식에 대해 묻고 그 답을 들으신다(16:13-14). 그 후 제자들의 인식을 물으시는데('너희들은 나를 누구라 하느냐?'[16:15]), 그 때 베드로가 제자들을 대표하여 답한다. '당신은 그리스도이시요, 살아계신 하나님의 아들이십니다.'(16:16).[112] 질문과 답의 흐름으로 볼 때, 베드로

---

111 참조. Davies & Allison(*Matthew*, p. 627)은 F.J.A. Hort(*The Christian Ecclesia*, [London, 1914], pp. 16-17)가 이런 입장(즉, '페트라'가 '사도들'을 지시한다고 보는 입장)에 있다고 알려준다.

112 개역한글/개역개정은 모두 '주는 그리스도시요'라고 번역하지만, 헬라어 본문은 '당신은(σὺ

의 답은 베드로 혼자만의 것이 아니라 제자들 사이에 공유된 것이었다. 예수님은 베드로 한 사람에게 물은 것이 아니라 제자들에게 물으셨고, 또한 다른 제자들이 베드로와 다른 의견을 내지도 않았다. 베드로가 제자들의 선임 역할을 했기에 제자들을 대표해 제자들의 인식을 전달한다. 16:20에 예수님께서 그런 인식과 관련하여 '제자들' 전체에게 경계의 말을 하신 것은 이런 분위기를 잘 반영한다. 주님은 제자들의 인식이 점점 바르게 세워져가는 모습을 보며 기뻐하시며, 제자들을 대표하여 말한 베드로를 칭찬하신다(16:17). 그리고 그런 인식을 공유한 제자들을 대표하는 베드로 위에 교회를 세울 것을 선언하신다(16:18).[113]

따라서 '반석(베드로) 위에 내 교회를 세운다.'는 말은 예수님의 정체성(예수님이 그리스도시고 하나님의 아들이심)을 먼저 제대로 인식한 사람들, 즉 '리더들/사도들'을 통해 교회를 세운다는 말이다. 바로 이런 점에서 '베드로'(/'반석')는 제자들 전체를 대표하여 가리키는 제유법(/은유법)으로 사용된다.[114] 예수를 바르게 인식하는 (그래서 결국 나중에 그 신앙을 바르게 가르칠 수 있는) 제자들의 터(기초) 위에 주님은 교회를 세울 것을 약속하신다. 그리고 그 제자들/사도들의 사역이 풀고 매는 권세를 지닐 것 또한 말씀하신다(16:19). 그래서 바로 이런 제자들의 권세가 18:18의 권세 내용과 사실 다르지 않다.

결국, 예수님은 복수의 리더들의 터 위에 교회를 세울 것을 처음부터 계획하셨고, 그래서 제자들의 대표가 될 사람인, 요한의 아들 시몬에게 '반석'(게바, 베드로)이라는 이름을 오래 전에 미리 붙이셨다. 그리고 바로 그런 이유 때문에 예수님은

, '쉬') 그리스도시요'라고 되어 있다.

113 France(『마태복음』, pp. 731-32)도 필자와 유사한 견해를 보인다. 또한 Giles(『신약성경의 교회론』, p. 91)는 '사복음서 모두에서 베드로는 열두 제자의 리더이며 대변인으로 나타나며, 이것은 사도행전의 첫 부분까지 계속된다.'라고 지적한다. 참조. 양용의, 『마태복음』, pp. 286-88.

114 베드로가 제자들 전체를 대표하는 것으로 사용된 것은 제유법이고, 그 대표인 베드로를 교회의 기초라는 의미로 반석이라 부르는 것은 은유법이다. 결국 예수님의 말씀에는 제유법과 은유법이 함께 어우러져 있다. 이렇게 두 가지 비유법이 혼재되어 있다는 점 또한 이 본문을 이해하기 어렵게 하는 이유 중 하나이다.

부활 후에 제자들의 재교육에 집중하셨다. (부활 후 베드로만 가르치신 것이 아니라 제자들 모두를 만나 가르치셨다.) 그 제자들이 그 신앙고백 즉 '하나님 아들의 복음'을 더욱 바르게 깨닫고 가르칠 수 있는 자가 될 수 있도록 만든 후 승천하셨고, 제자들은 그 역할을 넉넉히 감당하여 복수리더십의 교회를 세웠다. 사도행전 초반부는 이런 이야기를 고스란히 보여준다. 예루살렘교회의 복수리더십은 그 대표적인 예이다.

예수님은 복수리더십으로 교회를 세우실 청사진을 처음부터 갖고 계셨다. (참조. 마 16:16-19)

2. 초대교회: 복수리더십 계획의 실현

예수님께서는 이런 복수리더십의 교회를 실행하시려고 차곡차곡 모든 준비를 다 하신 후 론칭(launching) 직전에 그 제자들에게 그 과업을 맡기고 승천하셨다. 제자들은 예수님의 그 계획을 실행하여 정착시켰다. 자연히 초대교회는 복수리더십의 교회가 되었다. 에베소서 저자는 이런 초대교회의 복수리더십 구조를 4:7-16과 2:20에서 간결하게 잘 설명한다.

(1) 초대교회의 복수리더십 (엡 4:7-16)

에베소서 저자로 언급된 사도 바울은 주님이 바라시는 연합된 교회 공동체가 되는 길을 4:7-16에서 제시한다. 그 비결은 예수께서 승천하며 주신 방법인데, 곧 교회에 복수리더십을 세우신 것이다. 이것을 설명하려고 저자는 시편 68:18a을 인용하며 해석한다. 그 해석의 요점은 예수께서 승천하실 때에, 교회에 복수의 리더들, 즉 복수리더십을 선물로 주셨다는 사실이다. 저자는 시편 68:18a을 인용한 후(엡

4:8),[115] 인용부 앞부분을 해석하며 '위로 올라가신 분'이 곧 이 땅에 오신 메시아임을 분명히 한다(4:9-10).[116] 그 후 길게 그 메시아께서 교회가 온전히 연합된 공동체가 되게 하려고 복수의 리더들을 선물로 주신 사실을 설명한다(4:11-16).[117] 그 복수 리더들의 모습, 즉 교회의 복수리더십을 단적으로 설명한 내용이 11절이다.

그가 어떤 사람은 사도[들]로, 어떤 사람은 선지자[들]로, 어떤 사람은 복음 전하는 자[들]로, 어떤 사람은 목사[들]와 교사[들]로 삼으셨으니 (엡 4:11)

이 구절은 초대교회의 리더십 모습의 단면을 압축적으로 제시하는데, 몇 가지 점을 주목하여 이해하는 게 좋다. 첫째, 저자는 교회에 복수 리더들이 세워졌다는 점을 매우 강조한다. 개역한글/개역개정에는 이 구절의 여러 직분이 단수로 번역되었지만, 헬라어로는 모두 복수(즉, 사도들, 선지자들, 복음 전하는 자들, 목사들과 교사들)로 되어 있다. 둘째, 리더의 직분 명칭이 다양하게 등장한다. 물론 이 리더들은 조직의 직제의 직분으로는 '장로' 그룹에 들어가지만,[118] 이 본문에는 그 기능의 직분 명칭이 다양하게 나타나 있다.[119] 이런 다양한 직분은 교회의 다양한 필요를 채운다. 셋째, 직분의 종류가 다양하지만 그 직분들은 모두 가르치는 역할을 공통적으로 감당한다. 가르치는 리더들이 교회를 제대로 세운다는 신념이 기본적으로

---

115 저자는 시편 68:18을 선택적이고 변형적으로 활용한다.

116 참조. Lincoln, 『에베소서』, pp. 516-17; Best, *Ephesians*, pp. 383, 386; Stott, 『에베소서』, pp. 191-94.

117 참조. Lincoln, 『에베소서』, pp. 507, 511, 518-19; Best, *Ephesians*, pp. 375, 388.

118 대표적으로 칼뱅은 이 직분자들이 모두 '장로'의 직분을 말하는 것이라고 이해한다. 참조. *Institute*, IV, 3, 8; Calvin, 『기독교강요(하)』, p. 68. 하지만 여기에 언급된 사역자들이 모두 자동으로 꼭 '지역교회'의 장로들이 된다고 볼 필요는 없다. '복음 전하는 자'는 여러 지역으로 다니며 복음을 전하기도 했고 (참조. 행 21:8; 딛 3:13-14; 몬 1:22; 요이 1:10; 요삼 1:5, 9, 12 등), 여자 선지자들도 존재했다(참조. 행 21:9).

119 이에 대한 논의는 6장, '1. 장로회의 구성' 중 '(2) 직제의 직분 vs. 기능의 직분'을 보라.

깔려 있다. 넷째, 이 구절은 개교회에도 이런 다양한 직분이 복수로 존재한다는 점을 함의한다. 물론 에베소서가 묘사하는 교회가 한편으로는 이상적이고 또 이 서신이 소아시아 여러 교회들을 향한 것이기에,[120] 이 구절의 설명이 한 개교회의 리더십 구성만을 설명한다고 보기는 어렵다. 하지만 본문이 초대교회의 전형적 리더십 구조를 묘사하고 있고 또한 이 서신이 각 개교회에 전달되었을 것이기에, 당시 개교회에 다양한 리더들의 직분이 복수로 존재했다는 점을 부정하기는 힘들다.

결국, 이 네 가지 점을 함께 고려하면, 앞에서 설명했던 예수님의 교회 청사진이 초대교회에 현실적으로 이루어졌다는 점을 확인할 수 있다. 에베소서 저자는 예수님께서 원래 하늘에 계시다 오신 분이고 부활 후 승천하시면서 교회의 온전함을 위해 리더가 될 복수의 사역자를 선물로 주시고 가신 사실을 설명하고 있다.[121]

(2) 사도들과 선지자들의 터 (엡 2:20)

그런데 사실 이런 내용은 이미 에베소서 앞 본문에 미리 간략하게 암시되어 있다. 에베소서 저자는 2장 하반부(2:11-22)에서 그리스도로 말미암아 생긴 새로운 교회 공동체를 성전(聖殿)의 그림(2:20-21)으로 묘사하는데, 그 성전인 교회는 '사도들과 선지자들의 터' 위에 세워진 것이라고 선언하고(2:20a),[122] 모퉁이 돌이신 그리

---

120 에베소서는 보통 소아시아 교회들에게 보내는 회람용 서신임이 대체적으로 인정되고 있다. 참조. 참조. Lincoln, 『에베소서』, pp. 147-48; Patzia, *Ephesians*, pp. 140, 146.

121 예수님의 공생애 사역의 결과 중에 중요한 하나가 사도들과 제자들을 세우신 것이다. 예수님은 부활 후에 이들을 재교육하셔서 결국 교회에 선물로 주고 가셨다.

122 엡 2:20에 있는 '터'(θεμέλιος, '쎄멜리오스')는 '사도들과 선지자들'이 교회의 기초가 된다는 점을 말한다. 하지만, 같은 단어가 고전 3:11에서는 예수님을 가리키는 것으로 사용된다. '반석'(πέτρα, '페트라')이란 단어도 (이미 앞에서 언급한 것처럼) 롬 9:33에는 예수님을 가리키는 것으로 사용되지만, 마 16:18에서는 사도들을 가리키는 것으로 사용된다. 결국 예수님께서는 교회의 진정한 '터'이고 '반석'이신데, 그 예수님께서 자기 제자들을 교회의 '터'와 '반석'으로 삼으셔서 교회를 세워 가신다.

스도 안에서(2:20b) 서로 연결되며 거룩하게 지어져 간다고 말한다(2:21). 이 내용은 4:7-16과 매우 유사한데, 2:20-21 선언이 4:7-16에서 풀어 설명된다고 볼 수 있다. 결국, 두 본문의 핵심은 세워진 복수의 리더들이 교회의 기초가 되어 그 터 위에 성도들이 아름답게 연결되어 온전한 교회(공동체)를 이룬다는 말이다. 그런데 초대교회의 형성 모습에 대한 이런 설명은 마태복음 16:18-19에서 보여준 예수님의 청사진과 사실 다르지 않다. 이 본문들 모두 예수께서 복수 리더들의 터 위에 교회를 세우신다는 점을 말한다. 마태복음이 예수님의 청사진을 보여주었다면, 에베소서는 그것이 초대교회 현실에서 이루어진 모습을 압축적으로 정리한다.

에베소서 2:20과 4:7-16(특히 4:11)은 예수님의 복수리더십 청사진이 초대교회에 그대로 실현되었음을 잘 보여준다.

3. 장로회: 복수리더십 실현의 장

이런 초대교회의 복수리더십은 자연스레 당시 장로 정치 체제의 옷을 입는다. 신약성경은 이런 점을 잘 보여준다. 이미 이점은 4장에서 다른 각도에서 자세히 논의했다. 사도행전의 예루살렘교회는 처음에 사도들의 복수리더십으로 시작한 후(참조. 행 1:15-26; 2:14, 42; 4:1, 23, 33; 5:12; 6:2, 4; 8:14; 11:1 등) 자연스레 다른 장로들이 함께하여 사도들과 장로들이 함께 가르치고 다스리는 지도 체제를 이룬다(참조. 행 15:2, 4, 6, 22, 23 등). 결국 사도들도 넓은 의미에서 장로에 해당된다(참조. 벧전 5:1-2; 엡 4:11 등).

신약성경의 다른 교회들에 나타난 정치 체제도 마찬가지이다. 이방 지역에 세워진 교회들에 장로들이 리더로 세워졌다. 루스드라와 이고니온과 안디옥의 교회들이 그랬고(행 14:21-23), 에베소교회가 그랬으며(행 20:28; 딤전 3:1-7; 5:17), 빌립보교회(빌 1:1)와 그레데 섬 교회들(딛 1:5-9)과 베드로전서의 교회들(벧전 5:1)이 그러했다.

고대에 리더십은 보통 경험과 지혜가 많은 노인들, 즉 리더십이 있는 장로들이 가지고 있었다. 이는 고대 이스라엘 뿐 아니라 고대 근동 세계에 보편적인 현상이었다. (정보화 시대, 4차 산업혁명 시대에 노인들이 IT와 SNS 등에 뒤쳐져 지식과 정보의 리더십을 발휘하지 못하는 모습과는 사뭇 다르다.) 신약성경의 교회에 복수리더십의 철학은 '장로직'이라는 거푸집(hardware)을 입고 실현되었다. 장로들의 복수리더십이 초대교회가 세워지는 기초로 작동한 셈이 되었다.

정리하자. 예수님은 교회를 세울 청사진을 분명 갖고 계셨다. 자신의 십자가와 부활 사건으로 하나님 나라의 도래를 분명히 하셨고, 스스로 직접 교회의 머릿돌과 기초가 되셨으며, 자기 제자들이 복수 리더들로서 하나님 나라를 잇대는 교회를 세워 이끌어 가도록 하셨다. 하나님 나라가 이루어지는 표시이자 실체가 교회이고, 교회의 존재가 하나님 나라의 실현을 증명하는 현실의 지표가 되도록, 예수님은 이 땅의 교회를 굳건히 세우고자 하셨다. 그래서 예수의 제자들을 교회에 복수의 리더들로 세우셨다.

이 복수의 리더들은 하나님 나라의 왕이신 예수님의 신하들로서 주님의 뜻을 실현하는 사명을 받아 교회를 이끌어 간다. 결국 교회의 인간 리더십은 신하 지도자들, 복수리더십의 형태로 나타난다. 이는 예수님께서 구상하고 준비하여 마련하신 체계였고, 예수님의 승천 후 그대로 실현되었다. 제자들은 주님의 복수리더십 청사진을 깨닫고, 함께 동역하는 리더십으로 하나님 나라를 실현하는 교회 공동체를 세워갔다. 예수님께서 품으셨던 '복수리더십의 교회'라는 청사진은 드디어 역사 현장에 펼쳐져 실현되었다.

예수께서 품으셨던 '복수리더십의 교회'라는 청사진은 결국 역사에 실현되었다.

6장 초대교회 복수리더십의 모습

특별장로와 일반장로로 구성된, '신하 리더십'의 장로회

초대교회에 실현된 복수리더십은 구체적으로 어떤 모습이었을까? 장로들의 모임인 장로회는 어떤 사람들로 구성되었고 어떻게 복수리더십을 발휘하였을까? 이번 장에서는 초대교회 복수리더십의 구성과 실체의 구체적 모습을 살펴볼 차례다.

1. 장로회의 구성: 특별장로와 일반장로

(1) 장로는 모두 교무장로이다.

무엇보다 먼저 확실하게 짚고 넘어가야 하는 점은 신약성경 교회의 장로는 모두 가르치는 장로라는 사실이다. 그렇다면 그 장로들은 어떻게 구성되어 있을까?

현대 한국 장로교회(넓게는 개신교회)는 두 가지 종류의 장로, 즉 교무장로(보통 '목사'라 칭함, pastor)와 치리장로(보통 '장로'라 칭함, elder)가 있다고 이해한다. 목사는 교무장로로 가르치는 역할을 담당하고, 치리장로는 장로이지만 가르치는 역할이 없고 행정과 다스리는 역할만 감당한다고 본다. 하지만 이미 4장에서 다룬 대로 신약성경은 치리장로 직분의 존재를 보여주지 않고 오직 가르치는 장로 즉 교무장로의 존재만 보여준다.[123] 신약성경의 장로들은 모두 가르치는 역할을 감당하

---

[123] 이 책의 4장. '4. 장로의 역할: 치리만 하는 장로는 없고, 장로는 모두 가르친다.'와 이진섭, '치리장로 개념은 성경적인가?', pp. 225-57을 보라.

는 교무장로이다. 이 교무장로들이 복수로 모여 개교회의 장로회(장로교회의 '당회'에 해당하는 회의체)를 이루는데, 이 장로회가 교회에서 가르치고 다스리며 목양하는 리더십을 발휘한다.

물론 그렇다고 해서 교회 장로회 장로들이 모두 획일적인 모습을 하고 있는 것은 아니다. 장로들의 사역 방향은 근본적으로 동일하지만, 그 역할과 기능의 강조점 차이는 존재하고, 또 장로가 되는 과정과 통로의 차이도 존재한다.

(2) 직제의 직분 vs. 기능의 직분

우선하여 살펴볼 것은 사역자들 사이에 기능과 역할의 강조점 차이가 존재한다는 점이다. 에베소서 4:11은 리더(장로들) 사이에 존재했던 기능과 역할의 강조점 차이를 잘 보여주는 구절이다.

이 구절에는 '사도', '선지자', '복음 전하는 자', '목사'와 '교사'의 호칭이 등장한다. 사도는 예수 그리스도를 직접 만나고 경험한 사역자로 넓은 지역에서 활동했고, 선지자는 주의 뜻을 시대의 흐름에 맞게 가르치고 선포하는 역할을 감당했으며, 복음 전하는 자는 복음을 전하려고 여러 지역을 넘나들며 일을 했고, 목사와 교사는 주로 지역교회에서 목양하며 가르치는 활동을 했다. 이 직분들은 모두 가르치는 사역자(리더)를 부르는 다양한 명칭으로 모두 교회 정치 직제(職制)의 직분으로 보자면 가르치는 '장로'에 해당된다. 칼뱅은 이 다양한 호칭을 묶는 용어가 가르치는 '장로'라고 보았고,[124] 현대의 학자들은 대체로 이들이 가르치는 사역자들의 범주에 있다고 판단한다.[125] 다시 말해, 가르치는 장로들 안에 다양한 호칭을 가진 사역자 부류가 있는 것이다.[126]

---

124 Calvin, 『기독교강요(하)』, p. 68(*Institutes*, IV, 3, 8).

125 참조. Lincoln, 『에베소서』, pp. 518-19; Patzia, *Ephesians*, pp. 240-41.

126 물론 엄밀하게는 엡 4:11의 여러 사역자가 모두 자동적으로 지역 교회의 장로가 된다고 꼭 볼 필요는

여기서 중요하게 고려할 점은 '직제의 직분' 호칭과 '기능의 직분' 호칭을 구별해서 이해해야 한다는 것이다. 직제(곧, '직무나 직위에 관한 제도')의 직분은 교회 정치 구조에서 조직의 체계를 알려준다. '장로'(감독)와 '집사'는 직제의 직분이다. 이 직제의 직분은 조직 체계를 이루는 것이기에 중첩될 수 없고 서로 배반(背反)적이다. 논리적으로 양립할 수 없다는 말이다. 예컨대, 장로이면서 집사일 수는 없다.

기능의 직분은 에베소서 4:11에 있는 것처럼 그 기능과 역할과 특징이 무엇인가를 알려주는 호칭이다. 이 구절에 있는 여러 호칭은 모두 직제 직분으로는 '장로' 그룹에 들어가게 되지만, 그 기능과 특징에 주목하여 '사도', '선지자', '복음 전하는 자', '목사'와 '교사'라는 다른 호칭으로 불린다. 예컨대, 베드로와 요한은 직제의 직분으로는 '장로'이지만(벧전 5:1; 요이1:1; 요삼 1:1), 기능의 직분으로는 '사도'라는 호칭을 지닌다. 그런데 기능의 호칭은 (직제의 직분과 달리) 서로 중첩이 가능하다. 사도이며 선지자 일 수 있고, 복음 전하는 자, 교사일 수 있다. 신약 성경에서 이런 중첩함을 보여주는 가장 대표적 예는 바울이다. 바울은 '사도'(행 13:43; 롬 1:1; 딤전 2:7; 딤후 1:1, 11 등) '선지자'(행 13:1), '복음 전하는 자'(딤전 2:7; 딤후 1:11), '교사'(행 13:1 딤후 1:11)로 모두 불려진다.

직제의 직분 호칭과 기능의 직분 호칭의 구분은 일반 세상의 예를 들면 이해가 더 쉽다. 일반 회사에는 (물론 요즈음은 회사 직급 체계의 형태가 달라지거나 사라지고 있기는 하지만) 부장, 과장, 대리, 주임 등의 직급이 있다. 이는 조직 체계의 직급이다. 따라서 중첩될 수 없고 배타적이다. 과장이면서 부장일 수는 없다. 하지만 과장이면서 회계사, 법무사, 기사 등 자신이 가진 기능과 역할의 호칭을 가질 수는 있다. 이처럼 직제의 직분 이름과 기능의 직분 호칭 사이의 상호 관계를 이해하면 교회 복수리더십의 실제적 모습을 파악하기 쉬워진다.

없다. 여러 곳을 돌아다니는 순회 전도자나 여성 선지자도 존재했다.

신약성경에 나타난 교회 리더의 기능 직분 호칭은 교회 역사에 잘 승계되거나 발전되지는 않았지만, 그렇다고 완전히 사라지지는 않았다. 예컨대, 현대의 '선교사'는 기능의 직분 호칭 중에 남아 있는 한 예라 볼 수 있다. 여기서 중요하게 기억할 점은 에베소서 4:11의 '목사'는 직제의 직분이 아니라 기능의 직분 호칭이라는 점이다.[127] 현대 한국장로교회가 '목사'를 '목사'-'장로'-'집사'의 직제 직분 체계에서 사용하는 것은 신약성경이 보여주는 바와는 잘 맞지 않다는 말이다.

결국, 신약성경은 교회 직제의 직분으로는 '장로'(감독)와 '집사'가 있음을 보여주고, 기능의 직분으로는 에베소서 4:11에 나타난 것 같은 다양한 직분의 호칭이 존재함을 보여준다. 4:11에 나타난 직분 호칭은 각 역할의 강조점 차이가 있지만, 모두 가르치는 역할을 감당한다는 점에서 직제의 직분으로는 '장로' 그룹에 들어가게 된다.

> '직제 직분'과 '기능 직분'의 명칭 차이를 이해해야 한다.
> '장로'와 '집사'는 직제 직분의 호칭이고,
> '사도', '선지자', '복음 전하는 자', '목사'와 '교사' 등은 기능 직분의 호칭이다.

(3) 일반장로와 특별장로

기능과 역할의 차이로 인한 호칭 구분보다 좀 더 중요하게 고려되어야 하는 점은 장로가 되는 '과정 경로'와 '사역 강도'의 차이로 인한 구분이다. 교회 장로가 되는 일반적 방식과 특별한 방식이 구분된다는 말이다. 전자의 장로를 '일반장로'라 부르고, 후자를 '특별장로'라 부를 수 있다. '일반장로'는 교회에 장로가 되는

---

127 물론, 원래 에베소서 4:11의 '목사'(ποιμήν, '포이멘')는 '목자'(shepherd) '목양하는 자'라는 뜻이다.

일반적 형태를 반영한 표현이고, '특별장로'는 교회의 장로가 되는 특별한 방식과 형태를 감안한 표현이다. 이 두 가지는 우위의 개념으로 구분되지 않는다.

신약성경은 이 두 가지 장로 그룹('특별장로'와 '일반장로')의 존재를 잘 보여준다. 예루살렘교회가 그 첫 번째 대표적인 예이다. 예루살렘교회는 예수님께 훈련 받고 세워진 사도들이 먼저 가르치는 리더 역할을 감당한다(참조. 행 1:13-26; 2:14; 4:1; 5:12; 6:2; 8:14; 11:1 등). 그러다 사도들 외에 '장로들'이 등장하여 가르치고 다스리는 사역을 사도들과 함께 한다(참조. 행 15: 2, 4, 6, 22, 23 등). 사도들이 예수님께 직접 훈련을 받고 교회 사역에 온전히 집중하는 삶을 살았던 점과 비교할 때, 이 장로들은 전문적 훈련을 거친 것 같지 않고 사역에 전적으로 집중하는 생활을 한 것 같지도 않다. 사도들이 특별장로 그룹이라면, 나중에 등장한 장로들은 일반 장로에 해당한다.

수리아의 안디옥교회도 이와 유사하게 두 종류의 리더 그룹이 존재함을 보여준다. 사도행전 13:1은 안디옥교회의 리더들 다섯 명의 이름(바나바, 시므온, 루기오, 마나엔, 사울)을 거론하며 이들을 '선지자들'과 '교사들'이라 칭하는데, 에베소서 4:11에 비추어 볼 때 이들은 직제의 직분으로는 '장로'에 해당된다. 그런데 이들 중 바나바는 안디옥교회 사역에 집중하도록 예루살렘교회의 사도들로부터 파송 받은 자였고(행 11:22), 사울(바울)은 전문적 랍비 훈련을 받았을 뿐 아니라 예수님으로부터 직접 사역을 위임 받은 인물이었다(행 9:4-6, 15-16; 22:3, 7-10; 갈 1:15-16). 두 사람은 모두 초대교회 사도의 직무를 받은 것으로 이해되었다(행 13:43; 14:14). 반면, 나머지 세 사람('니게르라 하는 시므온', '구레네 사람 루기오', '분봉왕 헤롯의 젖동생 마나엔')은 그들을 서술한 어구와 그 외에 언급된 특별한 자료의 부재를 고려할 때 그들이 특별한 훈련을 받았거나 사역에 집중하는 삶을 살았다고 가정하기 어렵다. 아마도 이들은 안디옥교회가 세워지고 발전되는 과정에서 자연스레 리더로 인정된 사람들로 추측된다.[128] 바나바와 바울이 특별장로라면, 나머지 세 사람은 일반장로에 해당되는 셈이다.

신약성경에 등장하는 여러 교회에도 특별하게 장로에 편입되는 사람들과 일반적으로 자연스럽게 장로가 되는 사람들이 구분되어 나타난다. 디모데, 디도, 마가 같은 인물은 젊은 사역자이지만 특별한 과정과 훈련으로 교회 사역에 전념하게 된 사람들인데, 이들은 사도들이 하던 역할을 이어서 집중적으로 감당한다. 젊기에 장로의 이름이 걸맞지는 않지만 특별한 과정을 거쳐 리더 그룹, 즉 장로회에 편입된 사람들이다(행 13:5; 16:1-3; 고후 8:23; 딤전 4:14; 5:22; 딤후 4:11; 딛 1:5 등). 반면, 에베소교회에 세워지는 장로들이나(행 20:17, 28; 딤전 3:1-7; 5:17) 그레데 섬의 교회들에 세워지는 장로들(딛 1:5-9)은 지역교회에서 세워져 목양과 가르침을 감당하는 일반장로들이다. 루스드라와 이고니온과 (비시디아) 안디옥의 교회들에 세워진 장로들(행 14:23)과 빌립보교회의 장로들(감독들, 빌 1:1)도 이런 일반장로들로 추측된다.

정리하면, 장로회에는 지역교회에서 일반적으로 교무장로가 되는 방식으로 리더십을 가진 자들(일반장로들)이 있고, 특별한 훈련 과정을 거쳐 특별한 사역 임무를 맡은 리더들(특별장로들)이 있다. 신약성경은 교회가 처음 시작될 때 보통 특별장로의 사역이 먼저 두드러지고 안정화되는 과정에서 일반장로들이 다수 포함되는 교회 모습을 자주 보여준다. 이렇듯 신약성경은 장로가 되는 과정 경로와 사역 강도의 차이에 따라 일반장로와 특별장로가 존재했음을 보여주고 이들이 자연스레 함께 복수로 협력하여 사역했음을 알려준다.

> **신약성경의 초대교회 장로회는 특별한 과정을 거쳐 특별 임무를 부여받은 '특별장로들'과 지역교회에서 일반적으로 교무장로가 된 '일반**

---

128 안디옥교회는 스데반의 일로 흩어진 사람들 중 구브로와 구레네 몇 사람들이 수리아의 안디옥에서 헬라인에게 복음을 전하는 과정에서 생겨났다(참조. 행 11:19-20).

장로들'로 구성되어 있다.

2. 특별장로와 일반장로의 특징과 역할

그러면 이 두 그룹은 교회의 리더들로서 어떤 특징을 지니고 어떤 역할을 했을까? 이 두 그룹은 교회 장로회의 구성원으로서 함께 교회를 이끌었는데, 그 리더십의 특징과 역할은 유사하면서도 구별된다.

(1) 특별장로의 특징과 역할

1) 특별장로의 특징

신약성경에 나타난 특별장로의 특징은 크게 네 가지로 나타난다.

첫째, 이들은 엄격하고 본격적인 훈련을 거쳐 사역자로 세워졌다. 12사도들은 공생애 기간 동안 예수님과 같이 하며 예수님께 직접 배우고 훈련받아 리더로 세워졌다. 마가와 디모데와 디도 같은 2세대 사역자들은 베드로와 바울과 바나바와 실라 등의 1세대 리더들과 함께 동행하며 훈련을 받아 사역자로 성장했다(행 13:4-5; 16:1-3; 갈 2:1-3; 딤후 3:10-17; 벧전 5:13 등). 바울은 전문적인 유대 랍비 훈련을 받은 자로서 리더의 기본적 소양을 쌓았고, 부활하신 그리스도를 직접 신비하게 만나는 체험을 했다(행 9:3-9). 주께서는 바울이 복음전파를 위해 특별히 '택한 나의 그릇'이라고 언급하셨다(행 9:15). 이처럼 특별장로들은 일정 기간의 특별한 과정을 거치면서 보다 전문적인 사역을 감당하도록 훈련된 후 리더로 세워진다.

둘째, 이들은 대체로 복음전파와 교회 사역에 자신의 생애와 삶을 전적으로 드리는 전임 사역을 감당했다. 사도들이 자신의 생업을 그만두고 예수를 따라 복음의 일에 전적으로 참여한 모습은 두드러진다(참조. 마 4:18-20, 21-22). 사도들에게 훈련받은 마가, 디모데, 디도의 경우도 사역의 일에 자신의 삶을 전적으로 쏟은 모습을 쉽게 찾을 수 있다(참조. 행 13:5; 16:1-3; 고후 8:23; 딤전 1:3; 3:15; 딛 1:4-5 등). 이때 '전임'의 의미는 한 지역교회를 전담한다는 의미가 아니라 복음과 교회를 위해 자신의 삶과 시간을 복음 사역에 집중하여 쓴다는 뜻이다.

셋째, 이들은 한 지역에 매이기보다 사역의 필요에 따라 여러 곳에서 일했다. 이 말은 이들이 일정 기간 한 곳에 머물러있지 않았다는 뜻이 아니라, 사역의 필요에 따라 충분히 가변적으로 이동하거나 사역지를 변동할 수 있었다는 말이다. 바울은 안디옥교회에서 일정기간 사역했지만, 그 후 여러 곳을 돌아다니며 복음 사역을 했다. 여러 곳에 복음을 전하는 사역을 하면서도 필요에 따라 일정 지역에 일정 기간 (예컨대, 고린도에 1년 6개월, 에베소에 2~3년 동안, 참조. 행 18:11; 19:10; 20:31) 머물러 일하기도 했다. 베드로는 예루살렘교회를 중심으로 사역했는데(참조. 행 1:12-6:7), 때론 필요에 따라 사마리아의 여러 지역에 복음을 전하기도 했다(행 8:14-25). 디모데와 디도는 바울을 따라 다니며 여러 곳에서 사역했는데, 나중에 디모데는 에베소에서 일정 기간 머물며 목회 사역을 감당했고(딤전 1:3; 3:14-5) 디도는 그레데 섬의 교회들에 머물며 일했다(딛 1:5).

넷째, 이 특별장로들이 리더십을 취득하는 데에는 나이도 고려되었지만 무엇보다도 성품과 자질과 능력이 중시되었다. 바울은 교회를 핍박하던 자였음에도 주님께서는 그를 회심시키신 후 그의 배경과 자질과 능력에 맞는 리더의 역할(예컨대, 이방인의 사도 역할)을 맡기셨다(참조 행 8:1-3; 9:1-2, 3-19; 22:3-21; 롬 1:5; 11:13; 갈 2:8; 딤전 2:7). 디모데는 연소함에도 불구하고 그가 보여준 삶의 모습과 자질 때문에 바울에게 선택되어 결국 장로회의 일원이 되었으며 다른 장로들과 협력하는 자리에 있게 되었다(참조. 행 16:1-3; 딤전 4:12, 14; 5:17-22; 딤후 1:5, 6). 유사하게 디도도 젊었지만(참조. 딛 2:6-8) 교회 리더(장로)로서 교회들을 돌보고 각 교회에 교무장로들을 세우라는 책무를 받았다(딛 1:5-9; 2:1-3:11).

2) 특별장로의 역할

이러한 특징을 지닌 특별장로들의 역할은 크게 세 가지 정도로 압축하여 정리할 수 있다.

첫째, 특별장로들은 교회를 가르치고 목양하며 다스리는 역할을 감당했다. 이는 교회와 복음을 위해 부여받은 중요하고도 특별한 역할이었다. 물론 특별장로는 일반장로와 함께 이 일을 감당하였지만, 특별장로들에게는 보다 전문적인 사역과 강도 높은 충성이 요구되었다. 주님께서 제자들을 가르칠 수 있는 리더들로 만드신 후 승천하신 사실은 말씀의 가르침이 그들에게 가장 절실히 요구되는 역할이라는 점을 잘 일깨워준다. 예루살렘교회에 여러 사역의 일이 많아졌을 때 열두 사도들이 자신들은 '기도하는 것과 말씀 전하는 것'에 집중하겠다고 말한 사실(행 6:2-4)도 이런 점과 맥을 같이한다.

둘째, 특별장로들에게는 교회 개척과 안정화의 역할이 중요하게 부과되었다. 다시 말해 특별장로들은 새로운 지역에 교회를 시작하고 세우는 일에 많이 관여하였다. 물론 특별장로의 부재(不在)에도 교회가 세워지는 경우가 있었다(예컨대, 안디옥교회, 로마교회, 그레데 섬 교회들). 하지만 신약성경은 교회가 시작되고 제대로 세워지는 데에 특별장로들이 깊이 관여하며 사역했던 모습을 자주 보여준다. 예루살렘교회는 특별장로인 사도들의 수고와 노력으로 시작되었다(행 1:12-6:7). 성령께서는 특별장로인 바울과 바나바를 따로 세우셔서 그들이 이방인 지역을 돌아다니며 복음을 전파하여 곳곳에 교회를 개척하여 세우는 일을 하게 하셨다(행 13:2-3). 안디옥교회는 특별장로 없이 시작되었지만(행 11:19-21), 곧바로 특별장로, 곧 바나바와 바울이 파송되어 제대로 자리를 잡아가는 과정을 겪었다(참조. 행 11:22-26). 로마교회와 그레데 섬의 교회들은 아마도 예루살렘에 올라가 오순절 성령강림 사건을 보고 경험했던 사람들이 자기 지역에 돌아가서 시작한 것으로 추측되는데(행 2:10, 11), 그 교회를 온전하게 세우는 일에 특별장로가 필요했다.

바울은 로마교회를 돕기 위해 가고자 부단히 애썼으며 갈 상황이 안 되자 편지(로마서)를 써서 교회를 온전히 세우려 하였다(롬 1:6-7, 15; 15:14). 그레데 섬의 교회들에는 특별장로인 디도가 남겨져서 교회의 부족한 부분을 채워야 했다(딛 1:5).

셋째, 특별장로의 리더십은 한 지역교회 뿐 아니라 종종 다른 지역교회에 미쳤다. 특별장로들은 기본적으로 자기가 있는 지역교회에서 리더십을 발휘했는데, 그들의 리더십은 종종 그 이외의 지역으로 파급되기도 했다. 그들은 한 지역교회에서 다른 지역교회로 넘어가서 교회를 돌보기도 했고, 여러 교회를 동시에 돌아보기도 했다. 때론 보다 광범위한 지역을 전체적으로 돕는 사역을 하기도 했고, 교회가 없는 새로운 지역의 선교 사역에 많은 관심과 노력을 기울이기도 했다. 예루살렘교회의 특별장로인 베드로와 요한, 그리고 안디옥교회의 특별장로인 바나바와 바울은 이런 사역 모습을 보여주는 대표적인 사역자의 예이다. 베드로와 요한은 예루살렘 지역 뿐 아니라 사마리아에서도 활동했고, 베드로는 그 외 여러 지역, 예컨대 룻다, 사론, 욥바, 가이사랴 지역에서 사역을 감당하기도 했다(행 8:14-24; 9:32-35, 36-43; 10:1-48). 바나바와 바울의 사역은 안디옥교회에서 새로운 이방 지역으로 확대되었다. 결국 그들의 리더십은 한 지역이나 한 교회에 국한되기보다 여러 지역과 넓은 영역에 발휘되었다. 디도가 그레데 섬의 교회들에 넓게 영향력을 끼친 것도 주목할 만하다. 바울은 디도를 그레데 섬에 남겨두어 디도가 그레데 섬의 각 도시에 있는 교회들에 영향력을 미치도록 하였다(딛 1:5). 디도는 그 이전에도 바울과 함께 있으며 여러 교회 사역에 참여 했었지만, 그레데 섬에 남겨졌을 때에도 여러 교회들에 자신의 리더십을 발휘해야 했다. 이처럼 특별장로들의 영향력은 종종 한 지역교회의 울타리를 넘어서곤 했다.

(2) 일반장로의 특징과 역할

일반장로 사역이 본질적으로 특별장로와 다른 것은 아니지만, 특별장로와 일정 부분 구별되기도 한다.

1) 일반장로의 특징

일반장로의 특징도 크게 네 가지 점에서 파악할 수 있다.

첫째, 일반장로들은 전문(專門) 사역자라기보다 일차적으로 일반 사역자였다. 신약성경이 서술하는 교회의 모습에 따르면, 교회가 세워지고 시간이 흐르면서 일반장로가 등장하는데, 이들이 리더로 세워지는 과정은 특별장로들이 전문적인 집중 훈련을 받은 후 리더로 활동한 것과는 달랐다. 예컨대, 예루살렘교회의 일반장로들은 사도들처럼 예수님으로부터 직접 배웠거나 전문적인 훈련을 받은 자들로 보이지는 않는다(참조. 행 15: 2, 4, 6, 22, 23 등). 하지만 그들도 복음을 듣고 잘 깨달았을 뿐 아니라 그들 자신이 가진 기본적 소양과 자질과 능력으로 인해 성도를 가르치고 도우며 다스리는 역할을 감당한 것으로 보인다. 이들도 가르치는 일에 있어서 선지자와 교사와 목자 등의 직분자로 사역을 감당했다(참조. 행 13:1).

둘째, 이들은 대체로 전임(專任) 사역자가 아니었다. 그들이 교회의 리더로서 맡은 일은 그들의 생업(生業) 같아 보이지는 않는다. 특별장로들은 복음 사역에 자신들의 시간과 재능을 집중하여 쓰기에 종종 교회로부터 재정적 지원을 받은 것처럼 보이지만(참조. 고전 9:3-14),[129] 일반장로들은 자신들의 생업이 있었기에 시간적으로도 교회 사역에 집중하기 어려웠을 것이고 자연히 생업이 있었기에 교회로부터의 지원도 상대적으로 적었거나 없었을 수 있다. 물론 이는 일관된 원칙이라기보다는 각 사람의 경우와 교회의 상황에 따라 가변적이었을 것이다.

셋째, 일반장로들은 자신이 거주하는 지역의 교회를 중심으로 일한 것처럼 보인다. 특별장로들, 곧 전임전문 사역자들이 보다 넓은 지역에 관여하며 다방면의 사역을 감당하는 모습과 대비하여, 일반장로들은 주로 자신이 거주하는 지역의

---

[129] 물론 사도 바울은 복음 전파의 진정성과 효율성을 위해 이런 재정적 지원을 받을 권리조차 쓰지 않았다.

교회에 관여한 사역을 하였다. 이런 특징은 일반장로들이 일반 사역자이며 비전임 사역자라는 점의 자연스런 귀결이기도 하다. 생업이 있는 장로들은 사역 활동에 있어 시공간적인 한계가 있고, 또 이는 자연스레 넓은 지역의 사역 활동에 제약이 된다. 자연히 자신이 거주하는 지역의 교회가 그들의 기본적 사역 무대였다(참조. 행 14:23; 20:17-18; 빌 1:1 등). 장로(감독)가 '외인에게도 선한 증거를 얻은 자라야 한다.'(딤전 3:7)는 조건은 아마도 일반장로들의 지역적 사역 특성과 연관된 것으로 보인다.

넷째, 일반장로가 세워지는 데에는 당사자의 성품과 연륜과 연령 뿐 아니라 그에 대한 그 지역의 사회적 평판 등이 모두 한꺼번에 고려되었다. 그들 자신이 얼마나 자신들의 가정을 잘 이끌었는지(딤전 3:2, 4-5; 딛 1:6), 삶을 얼마나 잘 살았는지(딤전 3:2-3; 딛 1:7-8), 대인 관계와 평판(딤전 3:7) 등이 장로의 조건으로 제시된 점은 이런 특징을 잘 반영한다. 물론, 일반장로들에게도 복음의 말씀을 가르쳐 전하는 능력은 가장 중요하게 고려되었다(딤전 3:2; 딛 1:9).

2) 일반장로의 역할

일반장로들의 특징은 곧 그들의 역할과 긴밀히 연결된다. 이들의 역할도 특별장로들처럼 크게 세 가지 영역으로 정리된다.

첫째, 일반장로들도 특별장로들과 마찬가지로 교회를 가르치고 돌보며 다스리는 역할을 동일하게 감당했다. 장로회의 장로들이 곧 교무장로들이라는 점에서 이 역할은 일반장로와 특별장로에 근본적 차이는 없다. 바울이 그레데 섬의 교회들에 (일반)장로를 세워 함께 복수로 사역하라고 한 권면은 이런 동질성을 잘 알려준다(참조. 딛 1:5, 9; 2:1, 15 등).[130] 일반장로들은 복음에 따라 성도를 가르치는 일

---

130 참조. 이진섭, '복수리더십의 교육목회', pp. 137-41. 특별장로인 디도의 가르치는 사역과 그레데 섬 교회의 (일반)장로(감독)들이 감당할 가르치는 사역은 같은 맥락에 있다.

을 해야 했고(참조. 딤전 3:2; 5:17b; 딛 1:9 등), 스스로 말씀의 가르침에 따라 바르게 사는 모습으로 성도에게 본이 되어 그들을 권하며 돌보아야 했으며(참조. 딤전 3:2-5; 딛 1:6-9), 교회의 각종 행정 책임을 맡으며 교회를 다스리는 일을 했다(참조. 딤전 3:5; 5:17a; 딛 1:9b). 물론 사역의 강도 면에서 특별장로와 차이는 있을 수 있다.

둘째, 일반장로들은 특히 지역교회의 유지와 발전과 안정에 중요한 역할을 감당했다. 이들은 교회를 더욱 교회답게 만들어 가며 교회의 본질적 모습을 계속 유지해가는 책임을 맡았다. 바나바와 바울이 이방 지역에 교회를 개척한 후에 지역교회의 일반장로들을 세우고 떠난 행동은 일반장로들에게 이런 역할이 기대되었다는 점을 잘 반증한다(참조. 행 14:21-23). 무엇보다도 바울이 에베소교회 사역 후 나중에 에베소교회 (일반)장로들에게 이런 책임과 역할을 강하게 주문한 사실은 특히 주목할 만하다(행 20:17-35).

셋째, 특별장로들의 역할이 한 지역교회를 넘어서 있는 것과는 달리 일반장로들은 지역교회에 국한 된 역할을 감당한다. 이런 역할은 일반장로들의 사역 효율성과 한계와 연관되어 있다. 그들은 일반 성도들의 삶과 매우 근접해 있었기에, 성도가 말씀을 따라 사는 것을 돕고 가르치는 데 실질적인 영향력을 미칠 수 있었다. 하지만 전문성과 전담성(상임성)의 부족으로 장로의 역할을 충분히 감당하는 데에는 어려움을 느끼기도 했다. 말씀과 가르침에 수고하기에 잘 다스리는 장로들을 배나 존경하라는 디모데전서 5:17의 권면은 이런 배경 때문에 등장한 것으로 판단된다. (아마도 때론 일반장로들이 말씀을 적절히 가르쳐 교회를 잘 다스리기가 쉽지 않았던 측면이 있었기에 이런 권면이 등장했을 것이다.) 이런 한계와 어려움으로 인해 종종 특별장로들은 일반장로들이 사역하는 교회를 돕는 일에 특별히 투입되기도 했다. 바울이 일반장로들이 사역하던 에베소교회에 디모데가 사역하도록 한 것이나(딤전 1:3; 3:14-15), 그레데 섬 교회들에 디도를 남겨둔 것은 이런 상황의 배경으로 이해될 수 있다(딛 1:5).

특별장로와 일반장로의 사역은 본질적으로는 다르지 않지만,
그 사역의 특징과 역할에는 일정 부분의 차이가 있다.

3. 복수리더십의 발휘 모습

(1) 복수리더십의 발휘

이렇듯 초대교회 장로회는 특별장로와 일반장로로 구성되었고, 이들은 함께 교회를 세우고 목양하는 책무를 감당했다. 이들의 특징과 역할은 어떤 부분에는 차이가 있지만, 본질적 특징과 역할은 중첩되고 근본적인 목표와 방향에 있어서는 차이가 없다. 이들은 모두 함께 협력하면서 주의 몸 된 교회를 세워갔다.

사도들은 복음을 전하고 가르치는 일에 독단적으로 행동하지 않고 함께 하였다. 사도행전 저자는 예루살렘교회에 사도들(특별장로들)이 복음을 전파하고 설교하는 일에 함께 했음을 반복하여 소개할 뿐 아니라(행 2:14, 37; 4:1; 5:29 등), 이후 일반장로들이 사도들(특별장로들)과 함께 했다는 점도 명확히 기록한다(행 15:2, 4, 6, 22, 23; 16:4; 21:18). 사도행전은 안디옥교회에 특별장로와 일반장로가 함께 사역한 모습도 기록한다(행 13:1). 선교 여행 사역도 혼자 하지 않고 복수로 함께 동역했다. 성령께서는 이방 선교 여행의 시작에 바나바와 바울을 함께 세우도록 하셨고(행 13:2), 그 둘은 여행을 시작하며 마가 요한을 그 팀에 합류시키기도 했다(행 13:5; 15:37). 교회에 어려운 문제가 생겼을 때도 리더 한 사람의 독단적 결정으로 처리하지 않고 함께 주의 뜻에 합당한 길을 판단하였다. 예루살렘교회에 구제의 선한 일로 부작용이 생겼을 때, 베드로가 독단적으로 판단하여 결정하지 않고 열두 사도가 함께 대안을 찾았다. 공동체가 구제의 일을 감당할 사람들 일곱 명을 택하도록 하고, 사도들 자신은 '기도하는 것과 말씀 전하는 것'에 집중하는 길을 택했다(행 6:1-6). 특히, 특별장로들과 일반장로들이 함께 고민하며 어려운 문제의

답을 찾은 대표적 예는 소위 예루살렘 공의회 모습에서 잘 나타난다(행 15:1-29). 예루살렘교회의 특별장로들과 일반장로들은(참조. 행 15:2, 6) 할례 이슈로 제기된 모세 율법 준수의 문제를 안디옥교회의 리더들(특별장로들)과 함께 토의하여 대안을 찾았다(참조. 행 15:6-21). 이처럼 특별장로들과 일반장로들은 교회에서 함께 가르치고 돌보며 다스리는 리더 역할을 적절히 수행했다.

(2) 대표 리더와 복수리더십의 역동성

그렇다고 해서 이들 각 자의 리더십이 모두 똑같고 획일적이며 균등하게 발휘된 것은 아니다. 리더십은 사람에 따라 그 크기와 성격과 비중과 영향력이 다르고, 편차와 우열이 있을 수밖에 없다. 자연히 큰 영향력을 미치는 리더나, 리더들을 대표하는 대표 리더가 있기 마련이다.

초대교회에도 그랬다. 베드로는 처음부터 12 사도 중에 리더십이 두드려졌다. 예수님은 처음부터 시몬을 '게바'/'베드로'[반석]라 부르시며 12사도의 대표 리더십을 암시하셨다. 예루살렘교회가 시작될 때 베드로는 사도 보선을 제안하고(행 1:15-22), 오순절 성령 강림의 의미를 강론하는(행 2:14-36) 등 사도들을 이끌고 대표하는 리더십을 발휘하였다. 교회 설립 초기에 사도들은 복수리더십을 발휘했지만, 베드로가 그 사도들의 대표 역할을 맡았다. 물론 베드로의 이런 리더십은 우리 시대 한국교회의 담임 목사 리더십과는 분명히 다르다.

이후 예루살렘교회 복수리더십의 형태와 모습은 시간이 가며 변화했다. 사도들 외에 일반장로들이 리더 그룹, 즉 장로회로 들어왔고(참조. 행 11:30; 15:2, 4, 6, 23; 16:4; 21:18), 또 대표 역할의 지형에도 변화가 생겼다. 어느 때부턴가 주의 동생 야고보의 영향력이 커졌다. 예루살렘 공의회 때 야고보의 의견(행 15:13-21)은 베드로의 발언(15:7-11)과 함께 공의회의 판단에 큰 영향을 미쳤고, 특히 야고보의 현실적 대안은 구체적 실행 조치에 반영되었다(15:28-29). 주의 동생 야고보의 리더십이 커진 모습은 바울의 갈라디아서에서도 잘 드러난다. 바울은 예루살렘에 올라가 베드로와 주의 동생 야고보를 만난 것을 언급하고(갈 1:18-19), 특히 예루살렘교회의 주축이 되는 리더들이 '야고보와 게바(베드로)와 요한'이라고 말하며(갈 2:9)(여기서 '야고보'가 가장 앞에 언급된 점에 주목하라),[131] 게바(베드로)가 야고보측 사람의 눈을 피한 사건을 밝히기도 한다(갈 2:11-12). 예루살렘교회의 리더들을 이끄는 역할이 베드로에서 점차 야고보에게로 이동하는 것 같은 분위기가 감지된다. 물론, 이 말은 베드로나 야고보가 예루살렘교회 '대표'라는 공적 이름으로 활동했다는 뜻은 아니다. 하지만 이들이 예루살렘교회 성도와 그 교회의 복수 리더들에게 영향력이 있는 오피니언 리더(opinion leader)였고, 리더들을 대표하는 역할을 일정 부분 감당했다는 점을 부인하기는 힘들다.

에베소교회에는 바울이 떠난 후 일반(교무)장로들이 사역을 하고 있었는데, 나중에 디모데가 합류하며 이 교무장로들을 이끄는 역할을 감당한다(참조. 딤전 1:3; 3:14-15; 5:17-20). 또한 디도는 그레데 섬 교회들에 있는 리더들의 리더 역할을 감당한 것으로 보인다(참조. 딛 1:5). 안디옥교회에는 바나바와 바울의 리더십이 두드러졌는데(행 11:26), 바나바가 초창기에 최고의 책임을 맡은 것으로 보인다. 바나바는 예루살렘에서 가장 먼저 파송된 인물이었으며(행 11:22-24), 안디옥교회의 리더들 목록에서 가장 먼저 언급된 인물이었다(행 13:1). 하지만 바나바와 바울이 이방 선교 여행 사역을 하면서는 리더십의 균형에 변화가 생긴 듯하다. 처음에는 바나바의 리더십이 컸다가, 점차 바울의 리더십이 두드러진다.

정리하자. 초대교회의 복수리더십은 리더십의 획일성을 주장하지 않는다. 리더십에는 크기와 우열은 있다. 리더들을 이끄는 리더가 있고, 영향력이 큰 리더십이 있다. 자연히 리더십이 큰 리더는 그 리더 그룹의 대표 역할을 감당하게 된다. 그런데 이 대표 역할은 항상 고정되어 있지 않고, 상황과 처지에 따라 변동된다. 복수

---

131 이때의 '야고보'는 사도 요한의 형제 야고보가 아니라, 주의 형제 야고보이다(참조. 갈 1:19). 요한의 형제 야고보는 헤롯 아그립바 왕의 손에 순교했다(참조. 행 12:1-2).

가 함께 리더십을 발휘하기에 이런 변화는 자연스럽고 당연하며, 오히려 이런 변화는 복수리더십이 가진 성격이며 역동성이다. 신약성경은 분명히 복수리더십의 교회를 보여주는데, 그 복수리더십의 모양과 형태는 가변적이고 역동적이다. 교회의 복수리더십은 교회의 상황과 환경의 변화에 민감하게 반응하며 적절히 대처하는 독특한 특징을 지닌다.

복수리더십에도 대표 리더는 있다. 또한 복수리더십은 그 모양과 형태는 상황에 맞게 반응하며 변화하는 역동성을 지닌다.

(3) 복수리더십의 장로회 vs. 당회와 팀 목회

그렇다면 신약성경이 보여주는 장로회의 복수리더십은 한국교회의 기존의 당회나 새로운 시도인 팀 목회와는 어떻게 구분되는가? 이점을 파악하면 신약성경이 말하는 복수리더십 실체를 더 잘 이해할 수 있다.

복수리더십의 장로회 vs. 당회

보통, 한국교회의 당회는 한 사람의 담임 목사와 여러 명의 치리장로로 구성되고,[132] 담임 목사가 당연직으로 당회장을 맡는다.[133] 부목사는 담임 목사를 보조하고 돕는 사람이기에 정식으로 당회원이 되지 못한다. (법적으로는 구성원이 되지 못하지만 부목사를 당회에 참석시키는 담임 목사와 교회가 있고, 헌법에 부목사를 당회의 구성원으로 포함시키는 교단[예컨대, 통합 교단][134]도 있다.) 담임 목사는 가르침의 사역에 전권을

---

132 참조. 대한예수교장로회총회, 『헌법(2000년 개정판)』, p. 163(제 9장 당회, 제 1조 당회의 조직).
133 참조. 대한예수교장로회총회, 『대한예수교장로회 헌법』, (2007), p. 187(제 10장 당회, 제 67조 당회장); 대한예수교장로회총회, 『헌법(2000년 개정판)』, p. 163(제 9장 당회, 제 3조 당회장).
134 참조. 대한예수교장로회총회, 『대한예수교장로회 헌법』, (2007), pp. 186-87(제 10장 당회, 제 64조

갖고 있고, 부목사들은 담임 목사의 지휘를 받아 담임 목사의 사역을 돕는 일을 한다. 치리장로들은 설교권과 성례권한을 갖지 못하며, 교회의 행정과 관련한 안건에 참여한다.

반면, 신약성경이 보여주는 개교회의 장로회(가장 최소 단위의 장로들 모임)는 이와는 다르다. 신약성경에 나타난 개교회의 장로회는 특별장로들과 일반장로들로 구성되고, 이들이 모두 함께 연합하여 가르치고 목양하며 다스리는 역할을 맡는다. 보통은 특별장로도 복수로, 일반장로도 복수로 세워지는데(예루살렘 교회와 안디옥 교회의 예를 보라.), 이 구성의 혼합은 개교회의 상황과 사정에 따라 달라진다. 이 복수의 장로들 중에 가장 리더십이 크고 훌륭한 사람이 전체를 이끌고 대표하는 역할(즉, 대표장로의 역할)을 감당하며, 이 대표 역할도 리더십의 변화 정도와 교회의 상황에 따라 역동적으로 변화한다. 이 장로회는 교회에서 가르침, 목양, 행정 문제를 모두 함께 다룬다.

복수리더십의 장로회 vs. 팀 목회

종종 복수리더십을 팀 목회로 이해하는 경우도 있다. 팀 목회는 보통 신학교에서 같이 공부했던 친구 목사들이 의기투합하여 함께 공동 목회를 꿈꾸는 방식이 일반적인데, 사역에 참여하는 목사들이 사역을 참여자의 1/n로 나누어 실행하는 경우가 많다. 하지만 이런 팀 목회는 신약성경이 보여주는 '복수리더십 장로회'의 목회와는 사뭇 다르다. 철학과 성격 등 여러 면에서 다르지만, 크게 세 가지 점에서 그 두드러진 차이를 살필 수 있다.

첫째, 사역자의 구성부터 다르다. 팀 목회는 전문 사역자(목사)들만이 복수로 사역하는 형태이지만, 신약성경의 장로회는 전문전임 사역자인 특별장로들과 일반 사역자인 일반장로들이 모두 복수로 함께 사역한다. 팀 목회는 사역의 주체를

당회의 조직).

'목사'로 보고 이 목사들이 협력하는 형태를 취하지만, 장로회는 일반장로를 목회자로 함께 한다. 일반장로들도 교무장로라는 점에서 차이가 없기 때문이다. 복수리더십의 장로회는 개교회에 세워진 일반장로들이 사역의 주체로 장로회에 함께 한다는 점에서 팀 목회와는 분명히 구분된다.

둘째, 장로회 체제의 유무가 다르다. 팀 목회는 기존의 장로교회의 당회와 구별되는 새로운 사역 팀을 생각하지만, 신약성경의 장로회는 기존 장로교회의 당회 체제를 유지 변형한다. 일반장로가 치리장로를 대신하고, (한 사람의 위임목사 곧, 담임 목사만이 아니라) 복수의 특별장로들이 구성원이 된다. 한 사람의 목사만 위임되는 게 아니라 복수의 특별장로들(예컨대, 목사들)이 위임되는 형태이다.

셋째, 사역 분배와 협력 방식이 다르다. 보통 팀 목회는 사역자들이 평등하다는 전제하에 사역을 평등하게 분배하는 이상을 가지고 진행한다. 그래서 각 사역자가 사역을 1/n로 똑 같이 분배하여 목양하려는 성향을 지닌다(그림 6.1의 그림 A). 그런데 이런 배분은 결국 사역의 불균형 모습으로 나아가고 자연스레 갈등하는 모양새가 되기 쉽다. 근본적 문제는 (동년배와 신학교 동기 목사들이라도) 리더들의 은사와 능력이 똑 같지 않고 차이가 있다는 데 있다. 사실, 사역자의 은사의 종류는 모두 동일하지 않고, 은사와 재능의 크기와 양과 성격도 모두 똑 같지 않다(그림 6.1의 그림 B). 리더의 능력과 성격과 리더십은 모두 다르고 다양하다. 능력이 매우 뛰어난 리더도 있고 좀 부족한 리더도 있다. 리더들이 지닌 은사들의 종류도 다양하고, 리더십의 강도도 분명 차이가 있다. 신약성경의 복수리더십은 이런 다양성을 자연스레 인정하고 반영한다. 리더십의 다양성과 상호 공존과 보충과 협력을 기반으로 한다. 또한 담임 목사제가 수직적 리더십의 성격을 지닌 반면, 팀 목회는 평등한 획일적 리더십을 추구하려 한다. 하지만 신약성경의 복수리더십은 리더십의 높고 낮음과 세고 약함을 모두 당연하게 반영하여 리더십의 다양성과 유기적 복합성을 추구한다. 리더십이 크고 강하기에 더 많은 역할을 하는 리더도 있고, 적고 여리기에 부분적 역할을 하는 리더도 있다. 하지만 모두 함께 복수로 협력하여 일한다. 리더십이 큰 자가 대표 역할을 맡고, 다른 리더들은 함께 협력하여 일한다. 리더십이 큰 사람의 리더십이 약화될 때가 있고, 작은 사람이 커질 때가 있다. 리더십도 자라고 감소하는 등 변화하는데 그 변화의 전 과정을 모두 포함하여 활용하는 게 신약성경이 보여주는 복수리더십이다. 복수리더십은 리더를 자라게 하고 키워낸다. 큰 리더가 작은 리더를 이끌고, 작은 리더는 큰 리더가 될 기회를 가진다. 그러면서 자연스런 리더십의 교체와 전환이 이루어진다. 결국, 복수리더십 체제는 리더십의 평등 분배가 아니라 리더십의 유기적 협의체이다. 하나님께서는 다양한 은사와 리더십을 교회에 세우시고 다양한 리더들이 유기적으로 협력하며 교회를 세우기를 바라신다. 신약성경이 보여준 장로회 모습은 이런 복수리더십이다.

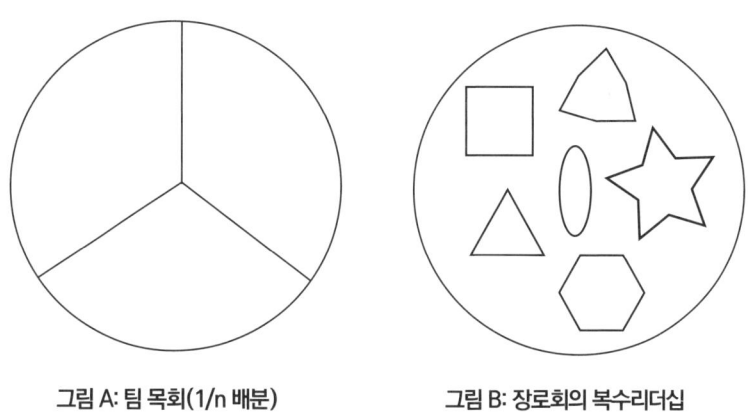

그림 A: 팀 목회(1/n 배분)   그림 B: 장로회의 복수리더십

그림 6.1. 팀 목회와 장로회(복수리더십)의 비교 그림

정리하자. 신약성경은 복수의 특별장로들과 복수의 일반장로들이 장로회로 구성되어 함께 교회를 가르치고 다스리며 목양하는 모습을 보여준다. 그들은 보좌에 계신 왕이신 주님의 신실한 신하(臣下)들로서 지역교회가 주님의 뜻에 따라 갈 수 있도록 부단히 노력한다. 함께 주님의 뜻을 정확하게 찾아 바르게 전하며 성도를 돕고 주님의 몸 된 교회를 세운다. 복수리더십은 왕이신 주님의 뜻을 따르

는 '신하 리더십'이다.

신약성경의 복수리더십은 현대 교회의 '당회'와도 다르고 '팀 목회'와도 다르다. 복수리더십은 '신하(臣下) 리더십'이다.

7장 복수리더십의 정당성

왜 복수리더십이어야 하나?

신약성경의 교회가 복수리더십으로 세워지고 유지되었다는 점은 분명해졌다. 그 리더십이 특별장로와 일반장로로 구성된 장로회의 모습으로 실현되고 표출되었다는 사실도 살폈다. 그렇다면 이런 사실과 관련하여 살펴야 할 중요한 질문 하나가 더 있다. 그것은 이 복수리더십의 정당성에 대한 것이다. 도대체 왜 신약성경의 교회가 복수리더십을 지향했느냐에 대한 고민이다. 왜 복수리더십의 교회를 만들었으며, 왜 굳이 복수리더십으로 운영하였으며, 왜 복수리더십의 목회를 전수했느냐 하는 궁금증이다.

물론 이에 대한 역사적 이유의 답은, 이미 5장에서 살핀 대로, 예수님께서 처음부터 복수리더십이란 청사진을 가지고 교회를 계획하셨다는 사실에 있다.[135] 제자들은 이 청사진을 이해했고, 그 이해에 기초하여 성령님의 인도를 따라 복수리더십으로 교회를 세우고 운영하며 전수해갔다.[136]

그렇다면 예수님은 왜 '복수리더십의 교회' 계획을 세우셨고, 성령님은 왜 그런 길로 인도하셨을까? 그 내면적이고 근본적인 이유는 무엇일까? 교회의 복수리더십은 단순히 당시 초대교회 때만 적절했고, 다른 시대에는 부적절한 건가? 1세기 팔레스타인에 있는 유대인이나 그레코-로만 사회에 사는 이방인과 유대인들에게는 가능하지만, 이후 역사나 우리 시대 사회에는 마땅하지 않은 철학과 제도인

---

[135] 이 책의 5장 '1. 예수: 교회 복수리더십의 기획자'에서 이점을 자세히 설명했다.
[136] 이 책의 5장 '2. 초대교회: 복수리더십 계획의 실현'을 보라.

건가? 시대와 사회에 따라 쉽게 변동되거나 포기되어야 하는 건가? 도대체 교회가 복수리더십을 추구해야 하는 근본적인 이유라는 건 있는 건가? 이번 장은 이런 의문, 즉 교회 복수리더십의 정당성 문제를 고민한다.

물론, 답의 기본 방향은 복수리더십이 교회의 본질과 목적에 잘 맞고, 목회의 철학과 목표에 잘 어울리는 정치 제도라는 점에서 찾을 수 있다. 이는 크게 다섯 가지 면에서 고려될 수 있는데, 이 다섯 가지는 소극적 측면의 두 가지와 적극적 측면의 세 가지로 나누어 생각할 수 있다.

1. 소극적 측면: 문제 그룹을 막고, 리더의 타락을 막는 장치

복수리더십이 교회에 문제를 막거나 최소화하는 데 유익하고 필요하다는 사실이 우선 고려된다. 이는 소극적 측면의 이유이다.

(1) 문제 그룹 막기

가장 먼저 생각할 수 있는 유익은 복수리더십이 교회에 나타나는 문제 그룹을 막는데 필요하다는 점이다. 신약성경의 교회에도 잘못된 것을 가르치거나 잘못된 행동을 하는 문제 그룹은 여전히 존재했다. 그런데 이런 문제 그룹은 한 사람의 리더가 막기보다 복수의 리더들이 함께 힘을 합하여 막는 게 더 효과적이다.

디도서의 바울은 그레데 섬에서 사역하는 디도에게 문제 그룹들의 주장을 막고 그들을 꾸짖으라고 권면하는데(딛 1:10-16), 디도가 세울 장로들도 동일하게 그러한 일을 감당해야 한다는 점을 명확히 한다(딛 1:9b). 즉, 교회의 문제 그룹을 막는 일을 디도 혼자서 하지 말고 장로들을 세워 함께 대처하라고 권면하는 것이다. 사도행전의 바울은 또 에베소교회 장로들에게도 교회에 문제의 사람들이 등장할 것을 예견하면서 장로들이 함께 조심하며 그들을 잘 막으라고 권면했다(참조. 행

20:28-31). '세 겹 줄은 쉽게 끊어지지 아니하느니라.'(전 4:12)는 말처럼, 혼자서 싸우기보다 여럿이 힘을 합하여 문제를 대처하는 게 낫다는 말이다. 교회의 복수리더십은 교회에 잘못된 사상이나 거짓 교사가 창궐하는 것을 막는 데 유익하고 필요하다.

(2) 리더의 타락 막기

둘째, 복수리더십은 리더의 변질과 타락을 막는 데에도 유익하다. 1887년 달베르그-액튼(J. Dalberg-Acton) 경은 교회의 권력구조를 비판하면서 '권력은 부패하는 경향이 있으며, 절대 권력은 절대 부패한다.'는 명언을 남겼다. 교회에서도 권한과 책임이 한 사람에게 집중해 있으면, 부패하고 타락하기 쉽다는 말이다. 한 사람의 리더가 막강한 권한을 갖고 있으면 자연스레 부패할 가능성이 커진다. 아무리 성품이 좋고 잘 훈련된 리더라 할지라도 모든 권한과 책임을 혼자 가지게 되면, 유혹을 받거나 잘못된 길로 빠지기 쉽다.

그렇게 훌륭했던 다윗도 막강한 권한을 가지고 승승장구 하였을 때, 결국 간음과 살인을 자행하는 타락의 길로 떨어졌다(참조. 삼하 11장). 왕정제도에서 왕은 막강한 권한을 가졌기에 그 어느 누구도 그의 타락을 막기 힘들었고, 타락한 그 문제를 지적하기도 힘들었다. 그런 그의 타락과 잘못에 제동은 건 사람은 선지자 나단이었다(참조. 삼하 12장). 또 다른 영역의 리더가 결국 다윗의 타락을 멈추게 하는 제동의 단초가 되었다. 독점 권력의 표상인 왕정제도가 다윗의 타락을 막은 게 아니고, 이스라엘에 존재했던 또 다른 리더십, 곧 선지자의 리더십이 권력을 독점한 왕의 광적 질주를 막았다.

독점체제는 위험하다. 한 사람이 리더십을 독점함으로 지니게 되는 위험과 유혹을 구조적으로 극복할 체제와 대안이 필요하다. 그것이 복수리더십이다. 교회는 처음부터 한 사람에게 권한과 책임이 집중되지 않도록 설계되었다. 예수님의 복수리더십 청사진은 이런 점을 기본적인 배경으로 삼고 있다. 자연히 신약성경의 교회는 복수의 리더들이 권한과 책임을 함께 하는 체제를 택하여 한 리더에게 모든 것이 집중되어 쉽게 유혹에 빠지거나 잘못된 길로 나가는 가능성을 줄였다. 교회는 하나님께 속한 사람들의 모임이고 예수께서 직접 피 흘려서 세우신 공동체였다. 하나님께서는 자기 피로 사신 교회를 복수의 리더들에게 맡겨 목양하게 하셨다. 바울은 이점을 에베소교회 장로들에게 명확히 한다.

"여러분은 자기를 위하여 또는 온 양 떼를 위하여 삼가라. 성령이 그들 가운데 여러분을 감독자로 삼고 하나님이 자기 피로 사신 교회를 보살피게 하셨느니라." (행 20:28)

**복수리더십은 문제의 그룹을 막고,
리더의 타락을 막는 좋은 장치이다.**

2. 적극적 측면: 목회의 필요를 채우며 교회의 본질에 맞는 제도

하지만 앞서 제시한 소극적 측면의 이유보다 적극적 측면의 정당성이 더욱 중요하다. 복수리더십은 목회의 필요를 채우는데 매우 유익할 뿐 아니라, 교회의 본질과 성격에 잘 맞는 정치 제도이기 때문이다. 이 점을 더욱 주목해야 한다.

(1) 주님의 통치: 주의 뜻 분별

적극적 측면에서 고려할 수 있는 첫 번째 이유는 복수리더십이 주님의 뜻을 분별하는 데 유익한 제도라는 사실이다.
  교회의 리더가 해야 하는 중요한 일은 주님의 통치가 교회에 바르게 실현되게 하는 것이다. 주님의 다스림은 주의 뜻을 바르게 알아야 실현될 수 있는데, 따라서 리더는 주의 뜻을 바르게 이해하여 공동체에 알려줄 수 있어야 한다. '진리의 말씀을 옳게 분변하며'(딤후 2:15) '바른 교훈으로 권면하고'(딛 1:9) '가르치기를 잘 하는'(딤전 3:2) 자질이 리더에게 절대적으로 필요한 이유이다. 주의 뜻을 바르게 이해하여 가르칠 줄 아는 게 리더의 가장 중요한 조건이란 말이다. 그래서 예수님은 공생애 3년간 제자들을 가르치셨고, 부활 후에 제자들이 주의 뜻을 바르게 깨달을 수 있도록 재교육하셨다.

그런데 여러 사람들과 각 교회를 향한 (주님의) 구체적인 뜻을 아는 일은 그다지 간단하지 않다. 주의 뜻은 한편으로는 분명하고 확실한 면도 있지만, 또 한편으로는 너무 크고 넓고 깊고 신비로워 쉽게 알아차리기 힘들다. 교회의 리더들도 판단하기 어려운 경우가 종종 생긴다. (물론, 여기서 성경을 어떻게 해석하고, 기도를 어떻게 이해해야 하는가의 문제가 나타나기도 한다.) 그래서 한 리더의 판단과 해석이 곧 주의 뜻이라고 쉽게 단정하기 힘들다. 한 사람의 이해가 맞을 수 있지만 틀릴 수도 있으며, 다른 사람의 판단이 더 정확할 수도 있다. 한 사람이 언제나 항상 정확한 판단과 답을 가진다고 단정하기 어렵다. 이런 점에서 여러 리더들이 함께 생각하고 상의하여 판단하는 게 필요하다. 주의 뜻을 정확히 알아야 하고, 주의 통치가 실현되게 하는 게 중요하기 때문이다. 이런 시각에서 볼 때, 한 리더의 판단보다는 복수 리더들의 종합 판단이 더 적절하고 정확할 수 있다. 사도행전 15장에 서술된 예루살렘 회의 모습은 복수의 리더들의 집단 지성이 주님의 뜻을 좀 더 세밀하게 헤아리며 교회의 복잡한 문제를 풀어간 대표적인 예이다. 물론, 이 말은 다수결이 항상 정답이라고 말하는 건 아니다. 한 사람의 판단이 다른 여러 사람의 의견보다 더 나을 때도 분명 있다. 하지만 보편적인 경우에서는 다수의 집단 지성이 더 나은 경우가 많다. 한 사람의 뛰어난 리더의 의견이 적절하여 중시되더라도 그 의견은 여러 리더들의 평가와 조언으로 더 발전되고 좋아지게 된다. 이처럼 복수리더십은 주의 뜻을 바르게 판단하는 데 매우 유익하다.

바로 이런 면에서 주께서 교회에 복수의 리더들을 주신 사실은 더할 나위 없는 큰 선물이다. 부활하신 예수께서는 제자들을 재교육하여 훌륭한 리더들로 만드신 후에 그들을 교회에 선물로 주고 승천하셨다(참조. 엡 4:7-11). 복수리더십이 주의 뜻을 바르게 분별할 수 있는 좋은 체제이고 효과적인 방법이기 때문이다. 복수리더십은 주의 뜻을 바르고 명확하게 분별하는 데 유익하다.

(2) 교회의 온전함: 다양한 리더십의 필요

또한 복수리더십은 교회의 다양한 필요를 채워서 교회를 온전하게 하는 데 매우 유익한 체제라는 점도 주목해야 한다.

교회에는 다양한 목양의 요구가 있고 그 요구를 채우는 데에는 다양한 지도력이 필요하다. 이런 요구는 다양한 지도력이 여러 모양으로 잘 발휘될 때 충족되기 쉽고, 그래야 교회 공동체가 잘 잘라고 온전해진다.

에베소서 4:11-16은 이런 점을 가장 잘 설명하는 본문이다. 앞에서 설명한 것처럼 리더의 가장 중요한 역할은 가르치는 일인데, 교회 목회 현장은 그 가르치는 일도 다양한 방식과 여러 모양으로 충족되는 걸 필요로 한다. 4:11은 초대교회에 가르치는 리더들(즉, 장로들)에게도 다양한 종류의 기능적 직분, 즉 사도, 선지자, 복음 전하는 자, 목사와 교사 등이 존재한다는 사실을 알려준다. 교회에 이렇게 다양한 직분을 가진 리더들이 공존할 때 성도는 온전하게 자라갈 수 있다(참조. 4:12-16). 여러 상황과 각 지체의 필요에 적절히 부응할 수 있기 때문이다. 에베소서 저자는 다양한 리더십 발휘가 공동체를 온전한 성장으로 이끈다는 점을 명확하게 말한다.

> 그[예수님이]가 어떤 사람은 사도로, 어떤 사람은 선지자로, 어떤 사람은 복음 전하는 자로, 어떤 사람은 목사와 교사로 삼으셨으니, 이는 ... 우리가 다

> 하나님의 아들을 믿는 것과 아는 일에 하나가 되어 온전한 사람을 이루어 그리스도의 장성한 분량이 충만한 데까지 이르리니 (엡 4:11-13)

우리 몸의 건강에 비유하면 이해가 쉽다. 우리 몸이 건강하려면 한 가지 양분만 섭취해서는 안 된다. 단백질이 필요하다고 해서 단백질만 먹을 수 없고, 비타민 C가 좋다고 해서 그것으로만 건강해질 수는 없다. 단백질, 탄수화물, 지방 모두 골고루 섭취해야 하고, 비타민 A, B, C, D, E 등과 각종 미네랄, 예컨대 칼슘, 마그네슘, 아연, 요오드(아이오딘) 등 모두를 적절히 섭취해야 한다. 이들 모두 건강에 필수 요소들이다. 몸에 필요한 양분들이 다양하고 골고루 섭취될 때, 건강해진다. 몸이 아플 때, 치료도 마찬가지다. 정형외과 의사 한 사람이 모든 병을 다 고칠 수 없다. 각종 분야의 전문의, 즉 내과, 외과, 신경과, 내분비과, 산부인과 등의 여러 분야의 지식을 갖춘 의사들이 각기 맡은 역할을 잘 감당할 때, 병을 적절하게 잘 고칠 수 있다.

이처럼 교회라는 몸도 다양한 기능과 역할을 지닌 리더들의 가르침과 도움이 적절히 채워질 때 건강해진다. 교육도 필요하고, 돌봄도 필요하며, 치유도 필요하다. 가르침과 권면의 종류도 다양하게 필요하다. 설교도 좋아야 하고, 훌륭한 일대일 권면도 필요하고, 활기찬 그룹 모임도 있어야 한다. 한 사람의 리더가 이런 걸 다 잘 하기는 그렇게 쉽지 않다. 설교는 잘 하는데 일대일 권면에 약한 사람이 있는가 하면, 그룹 모임 때는 진가가 드러나는데 강대상에 올라가면 약해지는 리더도 있다. 설교의 경우만 해도 그렇다. 한 사람의 설교 스타일이 교회 공동체의 모든 필요를 채우는 데에는 한계가 있다. 논리적으로 설교도 필요하지만, 감성적 설교도 필요하다. 무엇보다도 한 사람의 설교 스타일과 성향은 대체로 큰 변화가 없고 고정적이어서, 청중을 한 가지 면에 고착되게 하는 경향이 있다. 그래서 설교자의 장점이 청중의 장점이 되고, 리더의 단점이 성도의 단점이 되기 쉽다. 이런 현상은 한 리더, 한 설교자에 묶여 있을 때, 종종 나타나는 현상이다. 그 결과 교회 공동체는 잘 자라거나 온전해지기 어렵고, 풍성해지지 못한다. 성령께서 교회 각 지체에 다양한 은사를 나누어주신다는 사실은(참조. 고전 12:4-30) 교회가 온전해지는 데 다양한 자양분이 필요하다는 점을 잘 알려준다. 결국, 답은 교회에 다양한 능력과 자질을 지닌 여러 리더들이 함께 리더십을 발휘하는 데 있다. 복수의 리더들이 가진 다양한 리더십이 건강한 교회를 만드는데 유리하다. 복수리더십은 주님의 몸 된 교회를 온전히 세우는 데 유익하고 필요하다.

(3) 왕이신 하나님: 신하인 리더들

마지막으로 생각할 것은 보다 궁극적이고 근본적인 이유다. 그것은 교회의 진정한 리더는 단 한 분, 곧 하나님의 보좌에 앉으신 그리스도뿐이며, 교회의 인간 리더는 그분의 다스림을 실현하는 신하들일 뿐이라는 사실이다.

예수께서는 공생애 기간 중 유대 종교지도자들의 문제를 지적하실 때, 진정한 리더는 하나님이신 그리스도 한 분이라는 점을 다음과 같이 명확히 말씀하셨다.

> "너희는 랍비라 칭함을 받지 말라. 너희 선생은 하나요, 너희는 다 형제니라."
> (마 23:9)
> "또한 지도자라 칭함을 받지 말라. 너희의 지도자는 한 분이시니, 곧 그리스도시니라." (마 23:10)

또한 부활하신 후에 자신이 참 보좌의 자리에 앉은 진정한 왕(리더)이란 점을 분명히 하셨다.

예수께서 나아와 말씀하여 이르시되, "하늘과 땅의 모든 권세를 내게 주셨으니, 그러므로 너희는 가서 모든 민족을 제자로 삼아 아버지와 아들과 성령의 이름으로 침례를 베풀고, 내가 너희에게 분부한 모든 것을 가르쳐 지키게 하라. 볼지어다, 내가 세상 끝날까지 너희와 항상 함께 있으리라." 하시니라. (마 28:18-20)

예수님께서 왕권을 가지신 진짜 리더이고, 인간 리더들은 그분의 통치를 실현하는 신하들일 뿐이다. 교회의 목사/장로가 권력과 권한을 가진 게 아니라, 하나님/그리스도께서 권한과 권력을 가지신다. 따라서 교회가 내 것이라고 생각하지 말아야 하고(교회는 주께서 직접 자기 피로 사신 공동체이다), 내 생각이 언제나 주의 뜻과 동일하다는 착각에 빠지지 말아야 한다(오히려, 주의 뜻이 무엇인지 항상 묻는 자세로, 내 생각을 주의 뜻에 맞추어야 한다).

내가 왕이 되어서는 안 된다. 하나님이신 그리스도께서 왕이시다. 인간 리더인 나는 신하일 뿐이고, 신하는 나 말고도 또 있다. 그래서 교회의 복수리더십은 '신하리더십'이다. 물론 함께 할 신하를 찾는 것은 쉽지 않다. 하지만 복수로 나가야 함은 분명하다. 교회의 리더들은 항상 자신이 독점적 권한을 가진 리더라고 생각하지 말고 신하라는 생각에 집중해 있어야 한다. 스스로를 신하라고 규정할 때, 다른 신하들과 함께 하는 복수리더십을 받아들일 수 있게 된다. 반면, 스스로 전권을 가진 리더라 자부할 때, 교만해지기 쉽고 결국 잘못된 길로 빠질 우려가 커진다. 복수리더십에서도 이런 어려움에 빠질 위험이 있지만, 단수 리더십일 때 이런 위험에 더욱 노출된다.

복수리더십이 필요한 궁극적 이유는 주님만이 참 왕이시고 진짜 리더이시기 때문이다. 우리 인간 리더들은 모두 복수의 신하들일 뿐이다. 신하는 늘 복수(複數)로 있다. 왕이신 주님의 뜻을 살펴, 그분의 뜻이 실현되도록 함께 노력하고 힘을 합하는 사람들일 뿐이다.

복수리더십은 주의 뜻을 잘 분별하게 하고, 성도를 온전하게 하며, 주의 왕 되심을 분명히 드러낸다.

3. 복수리더십은 실현되어야 한다.

정리하자. 교회의 복수리더십은 그냥 옵션이 아니다. 신약성경의 교회 때에만 필요해서 잠시 나타난 제도가 아니다. 어느 시대건 필요하고 유익하며 적절하기에 때마다 잘 실현되어야 하는 원리이자 체제이다. 복수리더십은 하나님 나라의 특징을 잘 보여준다. 그래서 하나님 나라를 이 땅에서 맛보게 해주는 교회 공동체는 이 복수리더십을 유지할 필요가 있다. 복수리더십은 교회에 나타나는 문제 그룹을 막는 데 도움이 되고, 리더의 타락을 예방하고 막는 데에도 유익하다. 또한 주의 뜻을 바르게 깨닫는 데 유리하며, 주의 뜻과 능력이 교회 공동체/성도에게 잘 실현되게 도와준다. 무엇보다도 복수리더십은 주님의 왕 되심을 극명하게 보여주며 실현하게 한다. 인간 리더는 참 리더가 아니다. 하나님이신 예수 그리스도만이 참 왕, 곧 진정한 리더이시고, 인간 리더는 신하들일 뿐이다. 복수리더십은 교회가 이 땅에서 하나님 나라를 보여주고 실현하는 데 꼭 필요한 정치 원리이자 체제이다.

3부
복수리더십과 한국교회

21세기 복수리더십의 교회는 과연 어떤 모습이어야 할까?
복수리더십을 실행하는 구체적 방법은 무엇일까?
복수리더십은 한국교회를 어떻게 변화시키며,
함께 동역하는 아름다운 교회가 제대로 실현되려면 어떤 점에 유의해야 할까?

3부는 이런 의문에 대한 답을 찾는다.

▶ 3부 개요

3부는 성경에서 말하는 복수리더십을 현재 한국교회에 어떻게 실현할 수 있는지를 다룬다. 8장에서는 21세기 한국교회에 맞는 복수리더십의 교회 모습을 찾는다. 현재 한국교회가 약화되는 모습을 단적으로 반영하는 현상 하나가 (교회 '안 나가'는) '가나안' 성도라면, 그런 성도를 다시 (교회로) '다 나가'게 하는 '가나다'교회를 만들자는 제안이다. 물론, 이 교회는 복수리더십이 제대로 실현되는 건강하고 아름다운 공동체를 말한다. 복수리더십 교회의 철학과 각종 모임의 법적 토대, 사역과 소통 방법 등을 교회 공동체에 어떻게 실현하는가를 다룬다. 9장은 이 '가나다교회'를 만들어 가는 구체적 방법을 고민한다. 21세기 한국교회의 상황에서 어떤 과정과 단계를 거쳐야 하는지, 그 미로를 찾는다. 10장은, 담임 목사제가 한국교회에 미친 안 좋은 결과와 대비하여(3장), 복수리더십이 어떻게 한국교회를 건강하게 세울 수 있는지에 대해 살핀다. 복수리더십이 한국교회의 여러 문제들을 어떻게 개선할 수 있는지를 탐색하고, 복수리더십의 교회가 피해야 하는 복병(伏兵)의 문제를 지혜롭게 해결하는 방식 또한 내다본다.

8장 함께 동역하는 아름다운 교회, '가나다' 교회

21세기 복수리더십의 교회 모습

이제 목표는 분명해졌다. 신약성경의 교회에 작동했던 복수리더십을 21세기 교회에 부활시키는 일이다. 예루살렘교회 시작의 모판이었고 신약성경의 교회들을 살아 움직이게 했던 복수리더십의 DNA를 복원하여 우리 시대에 복수리더십의 교회를 다시 세우는 일이다. 이번 장에서는 21세기 우리에게 맞는 복수리더십의 교회 모습을 찾는다. 함께 동역하는 아름다운 교회다.

신앙은 있지만 교회에는 '안 나가'는 '가나안' 성도 현상이 한국교회에 이미 심화되었다.[137] 코로나19 팬데믹(pandemic)의 경험은 교회 오프라인 출석률을 떨어뜨렸고 한편으로는 '가나안 성도' 현상을 더 가속시켰다.[138] 하지만 이 '가나안

---

[137] '가나안 성도'란 표현은 '안 나가'를 거꾸로 하면 '가나안'이라는 발음이 된다는 점과 이스라엘 백성이 '가나안'에 들어 간 점을 함께 고려한 말장난(word play)이다. 가나안 땅에 들어간 하나님 백성이지만, 교회는 안 나가는 신자라는 뜻이다. 참조. 양희송, 『가나안 성도 교회 밖 신앙』(서울: 포이에마, 2014); 정재영, 『교회 안 나가는 그리스도인: 가나안 성도를 어떻게 이해할 것인가?』(서울: 한국기독학생회출판부, 2015). 교회를 떠난 사람들의 속마음을 소개한 책으로는, 이혜성, 『교회를 떠나는 사람들: 탈교회인 8인 인터뷰집』(북오븐, 2022)을 보라.

[138] 코로나 19 팬데믹 상황은 가나안 교인을 가속시켰을 뿐 아니라 한국교회에 성도들의 신앙생활에 적지 않은 변화를 가져다주었다. 지용근, 김영수 외, 『한국교회 트렌드 2023』는 코로나19를 거치며 한국교회에 붕 떠 있는 '플로팅 크리스천'이 생겨났다고 진단한다. 플로팅 크리스천은 코로나 펜데믹 상황을 거치며 기존의 전통적 신앙생활을 벗어나 보다 자유로운 신앙패턴을 지니는 신자를 의미한다. 플로팅 크리스천은 어떤 점은 가나안 성도와 중첩되는 면도 있지만, 기존의 전통적 신자와 가나안 성도 사이의 중간 상태의 신자 그룹으로 생각될 수 있다.

성도' 현상은 한국교회가 반드시 극복해야 할 과제이다. 교회에 '안 나가'는 성도를 교회에 '다 나가'[출석하는]는 (이 말을 거꾸로 읽으면, '가나다' 교회가 된다.) 성도가 되도록 해야 한다. 이런 면에서 복수리더십이 실현되는 새 모델 교회를 '가나다' 교회로 명명하는 것은 의미가 있다. 가나안 성도를 다시 교회에 다 나가도록 할 뿐 아니라, 복수리더십 교회의 기본 모형이 된다는 측면에서 '가나다' 교회로 이름 짓는다. 신약성경의 첫 교회이자 복수리더십이 제일 처음 실현된 예루살렘교회가 신약성경의 교회 흐름에 선두에 선 것처럼, 이번 장에서 설명될 '가나다' 교회 모델이 한국교회에 새로운 흐름의 물꼬가 되기를 바란다.

1. '가나다' 교회의 정관

담임 목사제가 보편화된 한국교회 분위기에서 복수리더십의 교회를 실현한다는 건 쉽지 않다. 교단마다 법이 다르고 각 개교회의 상황과 특징이 다르다는 점도 어려움으로 작용한다. 이런 처지에서 교회에 복수리더십의 정신과 철학과 실현 방법을 일관성 있게 확보하고 유지하는 길은 복수리더십의 정체성에 맞는 (개교회의) 정관을 만드는 것이다. 복수리더십의 철학과 정신이 개교회에 맞게 구현되는 모습을 체계적으로 정리해서 정관으로 만들고, 그 정관에 기초하여 교회 공동체를 운영하는 방식이다.

교회 정관은 교회 리더들과 교인 전체의 의견을 반영하여 장로회(당회)를 거쳐 교인총회(공동의회)에서 최종 결정하고, 필요가 있을 때마다 교인총회를 통해 수정 보완한다. 정관은 보통 '전문, 1.총칙, 2.조직, 3.교인, 4.교인총회(공동의회), 5.장로회(당회), 6.실행위원회(제직회), 7.사역자회, 8.운영위원회, 9.재정관리, 10.평가와 인정, 11.정관과 규정, 12.보칙, 부칙'으로 구성된다. 본서의 '부록 1'은 이런 이해에 기초하여 작성된 '표준 정관'이다. 복수리더십을 실현하고자 하는 교회는 이

'표준 정관'을 모판으로 자기 교회에 맞도록 정관을 제정하고, 그 정관을 기초로 하여 교회를 운영한다.

2. 복수리더십의 실현

교회에 복수리더십을 실현하는 핵심은 장로들의 사역과 역할이 총체적으로 적절하게 발현되게 하는 것이다. 장로들은 교회 공동체를 '가르치고' '돌보며' '다스리는' 사역과 역할을 하기에, 이 세 가지 면에서 복수리더십을 어떻게 잘 실현할 수 있는가를 찾아야 한다.

(1) 가르침

교회 리더, 곧 장로가 감당할 가장 중요한 사역은 가르침이다. 장로들은 복음의 진리를 명확하게 깨닫고 그에 합당한 삶을 살며, 자신들이 깨달은 그 복음의 진리의 말씀과 그에 합당한 구체적 삶을 성도에게 가르쳐야 한다(참조. 딛 1:9; 2:1; 딤전 3:1; 5:17; 행 20:17-20, 32 등). 장로 한 사람이 혼자서만 하는 게 아니라, 장로들이 모두 협력하여 함께 가르치는 사역을 감당한다(참조. 딛 1:5, 9, 2:1, 15; 딤전 5:17 등). 특별장로(예컨대, 한국교회의 '목사')와 일반장로(예컨대, 가르칠 수 있는 자로 훈련된 장로) 모두가 가르침의 사역에 함께 한다. 장로들은 함께 연구하고 토의하여 바른 가르침을 더욱 잘 깨달아 가르칠 수 있도록 노력해야 한다. 장로들의 가르침 사역은 크게 설교, 그룹 모임, 개인 권면, 강의로 나뉜다.

1) 설교

가장 중요하게 여기는 영역은 설교이다. 설교가 교회 공동체 전체에 미치는 영향력은 지대하다. 따라서 복수의 설교자가 함께 협력하며 설교에 참여하는 일은 교회의 복수리더십에 사활적(死活的)이다. 주일 설교, 수요예배 설교, 금요철야기도회 설교, 새벽기도회 설교 등을 복수의 장로들이 함께 한다. 물론, 모든 특별장로와 일반장로가 설교 횟수와 분량을 균등하게 나누어 해야 한다는 말은 아니다. 설교에 뛰어난 은사가 있는 자나, 설교 훈련이 잘된 장로가 더 감당하는 게 유익한 면이 있기에 횟수와 분량의 차이는 있을 수 있고, 장로들에 따라 잘 가르칠 수 있는 영역이 다르기에 설교에 참여하는 비중이 다를 수도 있다. 하지만 기본적으로 설교에 복수의 설교자가 참여한다는 점은 분명히 유지되어야 한다.

교회 1년 계획을 세울 때 설교 운영 계획을 세우고 분기별로 세부 계획을 정한 후 진행한다. 물론, 이는 교회 규모와 교회 내 설교자 자원에 맞게 정한다. 자원이 부족할 경우는 소수의 설교자에게 집중되겠지만, 가능하면 다수의 설교자가 주일 예배와 수요 예배, 금요철야기도회, 새벽기도회 등을 나누어 하도록 한다. 예컨대, 설교를 감당할 사람이 4명이라면, 주일 예배를 2명의 설교자가 담당하고, 다른 2명이 수요 예배를 감당하며, 모두 힘을 합하여 돌아가며 금요철야기도회와 새벽기도회를 맡을 수 있다. 또 이런 패턴을 분기나 반기에 새롭게 바꾸어 진행할 수 있다. 설교가 특정 사역자들에게 집중되어 설교자가 지치거나 그것으로 인해 설교의 질이 떨어지지 않도록 주의해야 한다. (복수의 설교자가 가르치는 바의 유익함과 우월함은 이미 앞에서 여러 번 다루었다.[139] 또한 이렇게 함으로 발생할 수 있는 우려를 해소하는 바에 대해서는 10장에서 다시 다룬다.[140])

[런던의 All Souls Church의 예] 고(故) 존 스토트(John Stott) 목사가 사역하였던 영국 런던의 All Souls Church는 복수의 설교자들이 함께 설교하는 대표적인 예이다.[141] 오래전부터 지금까지 약 10명의 설교자가 주일 오전·오후 설교를 함께

---

139 '3장. 2. (2) 다양한 가르침의 부족', '7장. 2. (2) 교회의 온전함: 다양한 리더십의 필요' 등을 보라.
140 본서의 '10장. 2. 승리의 길-(2), (3), (4), (5)' 항목을 보라.
141 All Souls Church는 영국 성공회(Church of England)에 속한 대표적인 복음주의 교회로 런던(city

감당해왔다. 이 교회는 '설교 일정표'(Sermon Card)로 설교자와 설교 본문과 주제를 미리 알려주는데,[142] 설교는 (성공회 교단에서 위임된) 교구목사(Rector) 뿐 아니라 교회에서 가르침을 담당하는 사역자들이 돌아가면서 감당한다. 필자가 1992년 유학시절 출석했을 때 John Stott 목사는 이미 교구목사직에서 은퇴했고 당시 교구목사는 Rev. Richard Bewes이었는데, 그때도 이 두 분을 포함한 다수의 설교자가 주일 설교를 함께 감당했다. 지금까지도 다수의 설교자가 함께 설교하는 전통은 계속 이어지고 있다.[143] 이 교회는 규모가 크기에 약 10명의 설교자가 함께 하는 게 가능하다. 하지만 모든 교회가 이런 예를 똑같이 따를 필요는 없다. 교회의 사정과 상황에 맞게 복수의 설교자를 세우면 된다. 표 8.1.은 All Souls Church 설교 예정표의 한 예이다.

[100주년기념교회의 예] 이재철 목사가 사역하였던 100주년기념교회는 이재철 목사의 은퇴 후 복수 사역자가 공동담임 목사로 사역하는 체제를 유지하고 있다. 이재철 목사와 100주년기념교회는 한국교회 일부에 기형적으로 나타난 '제왕

---

of London)의 중심가인 Langham Place에서 모이는 공동체인데, 그 명성과 규모와 영향력 측면에서 영국 뿐 아니라 세계적으로도 잘 알려져 있다. Stott목사는 한 인터뷰에서 자신이 (교회와 외부) 사역을 잘 감당할 수 있었던 요인의 하나가 복수 사역자의 도움이라고 말한 적이 있다.

142 이 일정표는 1992년 필자가 유학할 시절에는 종이 카드로 제공되었는데, 인터넷 교회 홈페이지가 개설된 후부터 2025년 현재까지는 교회 홈페이지(https://www.allsouls.org/)에서 직접 볼 수 있고 pdf파일로도 제공된다.

143 필자가 가진 pdf 자료에 따르면 2016년 4/17~7/24 설교 일정표에는 교구목사 Hugh Palmer와 J. Dyer, D. Hughes, L. Ijaz, P. Nicholas, S. Nichols, R. Tice, D. Turner, E. Wells, C. Wright가 참여하여 총 10명이 함께 설교를 감당했고, 2017년 5/7~7/16 일정표에는 D. Hughes, L. Ijaz 두 사람이 빠지고 새로운 두 설교자 A. Billington, J. Wyatt가 들어왔다. 2022년 7/3~8/28 표에는 새 교구목사 Charlie Skrine와 M. Andrews, T. Brown, R. East, P. Keen, O. Lansdowne, W. Stileman, R. Tice, D. Turner, C. Wright가 함께 설교하여 여전히 총 10명이 설교를 감당한다. 교구목사가 주일 설교를 한 비율은 2016년 4/17~7/24에는 13%(30회 중 오전 1회, 오후 3회), 2017년 5/7~7/16에는 18%(22회 중 오전 2회, 오후 2회), 2022년 7/3~8/28에는 11%(18회 중 오전 1회, 오후 1회)이다. 22년 여름 현재 (유일한) 부 교구목사(Associate Rector)인 W. Stileman은 22년 7/3~8/28에 오전만 4회를 설교하여 주일 설교 22%를 감당하였다. 이는 교구목사보다 많은 양이다. 주일 예배 설교자들이 교회에서 각각 맡은 사역의 역할은 교회 홈페이지에서 찾아 볼 수 있다.

적 담임목회'의 모습이 교회의 바른 성장과 온전한 모습에 걸림돌이 된다고 판단한다.[144] 2025년 현재, 이 교회는 네 명의 공동담임 목사가 사역의 영역을 (대외 총괄, 교회학교 총괄, 목회 및 행정 총괄, 영성 총괄 등으로) 나누어 감당한다.[145] 공동담임목회 초기에는 설교를 나누어 하다가, 2025년 현재에는 영성 담당 공동담임 목사가 주로 감당하는 것으로 보인다.

---

144 참조. https://www.nocutnews.co.kr/news/4784307; https://www.newsnjoy.or.kr/news/articleView.html?idxno=210908

145 2025년 5월 현재, 강요섭 목사(대외), 이영란 목사(교회학교), 김광욱 목사(목회 및 행정), 정한조 목사(영성)가 공동담임 목사로 사역하고 있다. 자세한 내용은 교회 홈페이지(100church.org)에서 확인할 수 있다.

Sermons at All Souls: April - July 2016

	9.30am & 11.30am		6.30pm	
17 Apr	EASTER FAITH 4. 'It is The Lord'	Dan Wells John 21: 1-14 (C207/02b)	EASTER WITNESSES 4. 'The God of our ancestors raised Jesus' ALL SOULS ORCHESTRA	Jonny Dyer Acts 5: 17-32 (C208/02b)
24 Apr	EASTER FAITH 5. 'Do you love me?'	Rico Tice John 21: 15-25 (C207/03a)	EASTER WITNESSES 5. 'I see Jesus'	Hugh Palmer Acts 7: 54-8:1 (C208/03a)
1 May	BIG ISSUES FACING US TODAY: 'Social Justice: How do we make the world a better place?' GUEST SERVICE	Pete Nicholas Luke 4: 38-44 (E001/135a)	LIFE EXPLORED: 'Is Christianity a crutch?' GUEST SERVICE	Rico Tice Mark 8: 27-38 (E001/136a)
8 May	LIFE EXPLORED: 'The promise of paradise' GUEST SERVICE	Rico Tice Luke 23: 32-43 (E001/135b)	'THE LAWYER YOU WANT ON YOUR SIDE' GUEST SERVICE	Hugh Palmer 1 John 1:5-2:2 (E001/136b)
15 May	THE SPIRIT'S WORLD 1. 'Kingdom: Joy in the Spirit' PENTECOST SUNDAY ALL SOULS ORCHESTRA	David Turner Romans 14: 13-23 (C209/01a)	WORD & SPIRIT 1. 'The Spirit of Truth' PENTECOST SUNDAY	Steve Nichols John 16: 12-15 (D060/01a)
22 May	THE SPIRIT'S WORLD 2. 'Hope: the power of the Spirit' HOLY COMMUNION	Dan Wells Romans 15: 1-13 (C209/01b)	WORD & SPIRIT 2. 'The Spirit and the Prophets'	Chris Wright 2 Peter 1: 19-21 (D060/01b)
29 May	THE SPIRIT'S WORLD 3. 'Mission: Sanctified by the Spirit'	Steve Nichols Romans 15: 14-33 (C209/02a)	WORD & SPIRIT 3. 'The Sword of the Spirit'	Hugh Palmer Ephesians 6:17 (D060/02a)
5 June	THE SPIRIT'S WORLD 4. 'Family: United by the Spirit'	Dan Wells Romans 16: 1-27 (C209/02b)	WORD & SPIRIT 4. 'The Spirit and God's Wisdom' HOLY COMMUNION	Jonny Dyer 1Corinthians 2: 6-16 (D060/02b)
12 June	'PRAISE THE LORD' THANKSGIVING & GIFT DAY	Hugh Palmer Psalm 147 (H009/143a)	'WE ALWAYS THANK GOD' THANKSGIVING & GIFT DAY ALL SOULS ORCHESTRA	Rico Tice 1 Thessalonians 1: 2-3 (H009/143b)
19 June	'WORKING TILL YOU DROP OR WORK FOR ETERNITY?' WORKPLACE SUNDAY	Chris Wright Revelation: 21: 22-27 (H009/144a)	'WORK FOR THE BOSS OR WORK FOR THE LORD?' WORKPLACE SUNDAY	Dominic Hughes Colossians 3: 22-4:1 (H009/144b)
26 June	EXTREMIST TALK? 1. 'Division not peace'	Steve Nichols Luke 12: 49-53 (G056/01a)	A NATION ON THE BRINK 1. 'Rebellious children'	Dan Wells Isaiah 1 (A123/01a)
3 July	EXTREMIST TALK? 2. 'If your eye .... gouge it out'	Luke Ijaz Matthew 5: 27-30 (G056/01b)	A NATION ON THE BRINK 2. 'The Day of the Lord' HOLY COMMUNION	Jonny Dyer Isaiah 2 (A123/01b)
10 July	EXTREMIST TALK? 3. 'No one can serve two masters'	Rico Tice Matthew 6: 24 (G056/02a)	A NATION ON THE BRINK 3. 'A society crumbling'	Dan Wells Isaiah 3&4 (A123/02a)
17 July	EXTREMIST TALK? 4. 'You must deny yourself' HOLY COMMUNION	Chris Wright Matthew 16: 21-28 (G056/02b)	A NATION ON THE BRINK 4. 'A song of lament'	Rico Tice Isaiah 5 (A123/02b)
24 July	EXTREMIST TALK? 5. 'Greater love has no one ....'	Dan Wells John 15: 13 (G056/03a)	A NATION ON THE BRINK 5. 'A prophet commissioned'	David Turner Isaiah 6 (A123/03a)

There is a Communion Service every Sunday at 8am. Ascension Day Communion 5th May, 7pm

표 8.1. 영국 All Souls Church의 설교 예정표(2016년 4/17~7/24)

가르침은 복수리더십을 실현하는 가장 중요한 영역이며,
설교는 가르침의 영역에 가장 중요한 사역 형태이다.
설교를 복수로 하는 것이 복수리더십의 시작이다.

2) 그룹 모임, 개인 권면, 강의

설교만이 가르침이 전달되는 유일한 통로는 아니다. 가르침은 설교 외에도 그룹 모임이나, 개인 권면, 또는 강의를 통해서도 실현된다.

성경공부 모임이나 큐티나눔 모임에도 리더의 역할은 중요하다. 장로들은 이런 모임의 리더로 참석하여 가르치는 역할을 적절하게 감당해야 한다. 어떤 목사/장로는 설교보다는 그룹성경공부 모임에서 그 진가가 더 드러나기도 하고, 어떤 목사/장로는 그 반대 경향을 지니기도 한다. 또 어떤 리더는 개인 권면에 강하고, 다른 어떤 리더는 강의를 잘 하기도 한다. 따라서 장로회는 각 장로의 특징과 장단점을 잘 파악하여 그에 맞는 사역을 감당하도록 전체 가르침 사역 구성의 운용 전략을 마련해야 한다.

그룹 모임은 주일 오후나 주중의 성경공부 모임이나 큐티나눔 모임으로 진행될 수 있는데, 장로회는 이런 모임을 적절히 구성하여 교회 공동체에 가르침이 적절히 전달되도록 만든다.[146] 이 모임은 분기나 반기별로 새롭게 구성될 필요가 있다.

다른 사람에게 드러내지 않고 한 개인에게만 해야 하는 구체적 권면은 한 명의 리더가 할 수도 있지만, 때론 다른 리더와 함께 하는 게 유익하다. 특히, 죄를 지은 신자에게 전해야 하는 권면일수록 그렇다(참조. 마 18:15-16).

특별한 주제나 성경을 강의하는 사역에도 복수의 장로들이 함께 하는 게 필요

---

[146] 그룹성경공부나 큐티나눔 모임의 특성과 인도 방법 등에 대해서는 이진섭, 『성경사용설명서』, pp. 309-46을 참조하라.

하다. 한 사람이 모든 주제나 성경 각 책을 모두 다 잘 알 수 없기에 더욱 그렇다. 각자가 관심이 있는 주제나 책을 잘 연구하여 교회에서 강의 사역을 나누어 감당하면 좋다. 한 계절이나 반년에 한 가지 주제나 성경의 한 책을 연구하여 강의할 수 있다. 한국교회의 담임 목사는 맡은 설교의 회수와 분량이 너무 많기에 주제나 성경 강의까지 감당하기가 어렵다. 그래서 보통 외부강사, 특히 교수를 초청하는 경우가 흔하다. 외부 전문 강사를 협업하는 게 좋은 방법이긴 하지만, 일단 내부 사역자 그룹이 감당할 수 있는 여력이 있는 게 좋다. 복수리더십으로 설교를 하면, 설교 사역의 부담이 분산되기에 내부 사역자들이 강의 사역을 감당할 수 있는 여력이 생긴다.[147]

장로들은 설교, 그룹 모임, 개인 권면, 강의를 함께 감당한다.

(2) 돌봄

교회 리더인 장로들이 감당해야 하는 또 다른 사역은 돌봄이다. 장로들은 성도가 복음의 진리에 따라 살도록 가르쳐야 할 뿐 아니라 성도가 그런 삶을 잘 살도록 돕고 보살피는 역할도 감당해야 한다.

담임 목사제에서 성도가 적을 때는 보통 한 목회자가 성도 전체를 (구역으로 나누지 않고) 돌보지만, 교인이 많아지면 한 사람의 목회자가 전체를 감당하기 어렵기에 전체 교인을 구역으로 나누어 구역장과 구역 담당 목사를 세워 돕는 방식을 택한다. 다시 말해, 성도를 목양하는 전통적인 방법은 전체 교인을 여러 구역으로 나누고 각 구역을 여러 리더가 각각 돕는 방식이다. 담임 목사제에서는 교회 규모가 어느 정도 되면 교회의 부목사들이 각각 구역을 맡아 구역의 성도를 돕는 게 보통이다. 그리고 그런 목양 내용은 담임 목사에게 보고된다.

---

[147] 성경 강의를 준비하고 실행하는 방법에 대해서는 이진섭, 『성경사용설명서』, pp. 353-69을 참조하라.

복수리더십의 교회는 장로회의 장로들이 구역의 리더가 되어 '구역의 성도'를 돌보는 방식을 택한다. (복수리더십의 교회 체제에서는 이 '구역 회중'을 '구역 교회'라 칭할 수 있는데, 이는 신약성경의 '가정집 교회'와 유사하게 생각할 수 있다.) '구역 교회'를 돌보는 방식은 크게 두 가지이다. 하나는 한 사람의 리더가 한 구역 교회를 맡도록 구역을 나누는 방식이고, 다른 하나는 한 구역을 여러 리더가 함께 목양하도록 분할하는 방식이다. 어떤 방식을 택할 것인지는 리더(즉, 목사/장로)의 숫자와 구역의 규모, 성도의 상황 등이 고려된다. 구역의 규모에 비해 리더 숫자가 적을 때에는 전자의 방식이 적당하고, 리더의 숫자가 여유가 있을 때에는 후자의 방식을 선택할 수 있다.

어떤 방식을 선택하든지 중요한 건 장로회가 구역 교회 모두를 함께 돕고 목양해야 한다는 점이다. 각 구역 교회의 리더 또는 리더들은 각 구역 교회 성도의 삶을 돕고 보살피지만, 결국 그런 돌봄의 사역 내용을 다른 장로들과 공유하고 협력하면서 교회 전체(보통 신약성경에서는 '온 교회'라고 부른다. 참조. 롬 16:23; 고전 14:23)를 함께 목양한다. 구역 리더인 장로들은 장로회로 모여 목양 문제를 상의하며 구역 교회와 교회 전체를 향한 하나님의 뜻을 찾고 기도하며 동역한다. 장로회의 주요 안건 주제 중 한 부문은 바로 이런 구역 교회의 사정을 살피는 일이다. 장로회는 보통 한 달에 한 번 정도 정기 장로회로 모여 '구역 교회'와 '온 교회'의 목양에 관한 의견을 나누고 실행하면 좋다. 온 교회의 기도가 필요할 때는 장로회가 기도 제목을 정하여 공적으로 알린다. 해결해야 할 목양의 문제가 있으면 장로회가 함께 기도하고 논의하며 적절한 해법을 찾는다.

심방은 이 구역 교회를 중심으로 이루어지는 게 좋다. 구역장인 리더/장로들을 중심으로 하여 구역 교회의 성도를 심방한다. 심방할 때는 한 사람의 리더만 갈 수도 있지만, 복수의 리더가 함께 가는 것도 좋다. 예수님의 제자들은 가르침의 전도 사역도 복수로 감당했는데, 가정들을 돕고 회복시키는 목양 사역에도 복수의 사역 원리는 그대로 유효하다. 사실 돌봄과 가르침을 명확하게 분리하기는 힘들다. 성도를 돕다 보면 자연히 가르치는 일을 하게 되고, 가르치다 보면 어느 순간 돕고 회복시키는 일을 하게 된다. 이 심방 내용과 결과의 중요 부분은 장로회에서 공유되고, 장로들은 함께 성도를 목양하는 기도를 한다.

교인의 경조사를 챙기는 일도 이 구역 교회를 중심으로 이루어지는 게 자연스럽다. 구역 교회의 리더/장로들이야말로 구역 교회 성도의 사정을 가장 잘 알 수 있다. 교회의 규모에 따라 판단이 다르겠지만, 구역 교회 안에서 할 수 있는 것은 구역 교회를 중심으로 진행하고, 온 교회가 감당해야 할 성질의 것이면 다른 장로들과 협의하여 온 교회가 감당한다.

구역 교회는 1년에 한 번 정도 리더들과 구성원 모두를 새롭게 편성하는 게 좋다. 교회 전체 1년 계획을 세울 때, 구역 교회 계획도 한 부문으로 처리한다. 물론, 성도의 사정 예컨대 거주 지역, 성별, 나이, 직업, 성향 등을 모두 함께 고려하여 구역 교회를 구성한다.

복수리더십의 교회는 '구역 교회'를 가동하여 돌봄의 사역도 복수로 함께 한다.

(3) 다스림

복수의 장로들이 감당해야 할 또 다른 사역은 교회 전체를 주님의 뜻에 따라 잘 다스리는 일이다. 장로들은 하나님의 다스림이 교회 공동체에 바르게 실현되도록 교회의 모든 운영과 행정 측면에서도 지도력을 발휘해야 한다. 담임 목사제에서는 담임 목사의 생각과 판단이 다스림의 영역에도 결정적으로 작용하는 경향이 강하지만, 복수리더십의 교회에는 복수 리더들의 종합적인 판단과 결정이 교회 운영에 큰 영향을 미친다.

교회가 복수리더십으로 적절하게 다스려지는 데에는 의사결정이 이루어지는 다양한 모임의 주체, 즉 장로회, 실행위원회, 사역자회, 운영위원회, 교인총회가 적절하게 잘 작동되고 서로 유기적으로 연동되는 게 중요하다. 각 회의체의 주체와 성격과 직무 등은 '부록 1. 표준 정관'에 구체적으로 나타나 있다. 여기서는 각 회의체의 특징과 주요 회무만 간략히 언급한다.

1) 장로회

장로회는 개교회의 특별장로와 일반장로가 함께 성도를 목양하는 사무를 총괄하는 회의체이다. (이 '장로회'는 기존 장로교의 담임 목사제에서 '당회'라 부르는 모임과 비교할 수 있는데, 특히 '당회'는 보통 담임 목사와 치리장로로 구성된다는 점에서 장로회와 구별된다.) 개교회에 위임된 특별장로들(예컨대, 복수의 목사들)과 일반장로들이 장로회의 구성원이 된다. 담임 목사제에서 부목사는 보통 당회의 정식 회원이 되지 못하지만(통합 교단은 부목사도 당회의 회원이 된다.), 복수리더십의 교회에서는 공적으로 위임받은 목사들은 모두 장로회의 일원이 된다. (복수리더십의 교회는 한 사람의 담임 목사만 위임하여 세우는 게 아니라 여러 사람을 위임한다.) 장로회의 적절한 구성은 복수리더십의 교회를 실현하는 데 매우 중요하다. 따라서 '온 교회'는 장로회 구성에 각별한 기도와 노력을 쏟아야 하고 구성된 이후의 관리에도 큰 관심을 가져야 한다.

장로회는 복수의 장로들이 성도를 가르치고 돌보며 다스리는 사역을 함께 상의하며 그 사역이 주님의 뜻에 맞게 이루어지도록 하는 회무(會務)를 감당한다. 예컨대, 복수 설교 사역, 그룹 모임 구성, 구역 교회의 구성과 실행 등과 같은 '가르침과 돌봄 사역'의 '방향 결정'과 '실행 방식'의 큰 틀은 장로회가 다룬다. 교회 행정의 중요한 결정도 마찬가지로 장로회의 업무이다.[148] 장로회가 얼마나 잘 가동되고 운영되는가가 복수리더십 실현의 밑그림으로 작동한다.

장로회는 이러한 사역의 회무를 감당하기 위해 정기 장로회나 임시 장로회를

---

[148] 장로회의 구체적 회무와 자세한 역할에 대해서는 '부록 1. 표준 정관'의 '제5장 장로회' 부분을 보라.

연다. 정기 장로회는 보통 한 달에 한 번 열리는 게 좋고, 필요가 있을 때에 임시 장로회를 개최한다. 물론, 장로회의 장로들은 평소에 서로 긴밀히 소통하며 사역을 함께 한다.

장로회는 무엇보다도 주님의 뜻에 합당한 방법과 길이 무엇인가를 염두에 두며 상의하고 논의한다. 장로들은 주님의 다스림이라는 같은 목표를 이루려 함께 힘을 합하는 주님의 신하들이라는 점을 잊지 말아야 한다. 때로는 의견 차이가 있더라도 근본적 목표가 동일하다는 점을 항상 염두에 두면서 서로를 존중하고 예의를 지키며 바른 판단과 결정을 하도록 노력한다. 장로들 사이에 기본적 신뢰와 주님에 대한 참된 신앙은 장로회 구성원이 지녀야하는 기본 전제이다. 이런 철학과 원칙이 흐트러지지 않도록 장로회와 온 교회는 늘 기도하며 관리한다.

복수리더십의 교회라고 해서 리더십을 대표하는 자가 없는 것은 아니다. 장로회에는 장로들을 대표할 뿐 아니라 교회 전체를 대표할 대표장로가 필요하다. 대표장로는 장로들 중에 훌륭하고 리더십이 뛰어난 자가 맡고 중임 가능한 임기제로 활동하는 게 좋다. 한 사람이 오랫동안 대표장로 역할을 맡아서 지치거나 탈진하지 않도록 조절해야 한다. 대표자의 선정은 장로회의 장로들이 함께 상의하여 주의 뜻에 맞게 결정한다. 대표장로는 본인의 장로직 사역 이외에도 장로회를 포함한 각 회의체를 이끄는 역할을 하며, 특히 의사소통과 행정 처리에 각별한 노력을 기울여야 한다. 대표장로는 교회의 각종 인사권을 독점하지 못하며, 인사권은 장로회와 교인총회가 가진다.

또한 장로회는 서기를 두어 장로회의 회무와 대표장로의 역할을 돕도록 하는 게 좋다. 서기는 장로회와 관련된 행정 업무를 기본적으로 감당하고, 대표장로의 유고시 임시로 대표장로의 직무를 대신한다.

또한 장로회는 자신들의 회무가 주님 앞에서 적절한지 스스로 잘 평가해야 하며, 동시에 교인 전체에게 평가를 받을 필요가 있다. 평가는 일정 기간마다, 예컨대 4년마다, 실행한다. 장로회는 평가하는 절차와 방법을 만들어야 하고, 이에 기초하여 장로회가 스스로 평가할 뿐 아니라 성도들이 장로회를 평가하도록 하여 그 모든 결과를 장로회의 사역과 회무에 반영한다.

기존의 치리장로가 있을 경우는 '장로회를 어떻게 구성할까?'라는 복잡하고 어려운 문제에 봉착하게 된다. 교회의 사정과 여건에 따라 두 가지 방식이 가능하다. 첫째는 치리장로의 숫자가 적을 때인데, 이때는 치리장로를 장로회의 구성원으로 하되 가능한 한 빨리 치리장로를 일반장로로 전환하는 노력을 하여 결국 장로회가 특별장로와 일반장로로 구성되게 만드는 길이다. 둘째는 특히 치리장로의 숫자가 많은 경우인데, 이때는 장로회와 (치리장로가 포함되는) 당회를 구분할 수 있다. 이때 장로회의 직무 중 일부는 당회로 넘긴다. 이 경우도 치리장로 중에 마땅한 분을 일반장로가 되게 하는 노력을 경주해야 한다.

2) 실행위원회(제직회)

실행위원회는 교회의 사무를 구체적으로 실행하는 일에 필요한 의사결정을 감당하는 한 주체로서, 교회 리더들의 사역이 교회 현실에 잘 실현되도록 하는 가교 역할을 한다. 전통적인 장로교회 담임 목사제의 제직회(諸職會)와 유사한 면이 있다.

장로회와 교인총회의 의결 사항은 실행위원회를 거치며 교회 현실에 맞게 진행된다. 장로회의 결정사항은 장로들의 사역과 교회 공동체 현장에 직접 반영되는데, 어떤 경우는 실행위원회를 거치며 교회 현실에 맞게 조율되고 세부화 될 필요가 있다. 대표장로는 관계 안건을 실행위원회에서 다루어 구체적 실행 방법을 모색하고 그 결정이 장로들과 실행위원들을 통해 적절히 실현되도록 조치한다. 이때 실행위원회는 장로회의 결정사항을 번복하거나 바꾸지 않도록 조심해야 한다. 만일 실행하는데 특별한 문제가 있어 장로회의 결정사항을 재조명할 필요가 있을 때는 장로회에서 다시 논의한다.

교인총회에서 의결된 결정도 마찬가지다. 장로회에서 곧바로 조치하기도 하지만, 실행위원회를 통해 보다 구체적 실행방안을 현실화시켜야 하는 경우도 있다. 또한 실행위원회는 교회의 중요한 정책을 발의할 수도 있다. 하지만 이 경우도 그 발의 안건은 결국 장로회가 심의한다.

실행위원회는 특별실행위원과 일반실행위원으로 구성된다. 장로와 안수집사는 특별실행위원이 되고, 일반실행위원은 교인총회에서 선출하며 일정기간 (예컨대, 2년 동안) 위원으로 활동하고 중임할 수 있다. 위원장은 대표장로가 한다.

장로회와 유사하게 실행위원회도 정기 실행위원회와 임시 실행위원회로 모인다. 정기 실행위원회는 보통 두 달이나 분기에 한 번 모이면 좋고, 임시 실행위원회는 긴급한 필요가 있을 때 대표장로나 적정 위원의 동의로 소집한다.

3) 사역자회

장로회에 속하지 않는 사역자가 있는 경우에는 장로들이 이들과 함께 하는 사역자회를 운영할 수 있다. 사역자회는 장로회의 역할과 임무를 보다 효율적으로 수행하기 위한 보조 회의체이다.

교회가 때로는 장로회의 장로들 외에도 교회 사역을 담당하는 사역자(이들을 '일반사역자'라 칭한다.)를 두는 경우가 있다. 예를 들어, 본 교회 소속 특별장로가 되기 전에 일정 기간 교회에 함께하는 사역자가 있을 수 있고, 그 외 특별한 이유로 일정 기간 교회에 함께 사역하는 자가 있을 수도 있다. 이들(일반사역자들)은 장로들(특별사역자들)과 함께 사역자회의 일원이 되어 장로회에서 결정한 사역을 실행하는 데 힘을 모아 복수로 사역한다.

사역자회도 정기 사역자회와 임시 사역자회로 모이며, 대표장로는 사역자회의 장(長)이 된다. 정기 사역자회는 분기나 반기에 모이고, 임시 사역자회는 필요가 있을 때 대표장로나 사역자회의 요청으로 모이면 된다. 사역자회의 적절한 운영은 곧 복수리더십 실현의 또 다른 하나의 지표가 된다.

4) 운영위원회

장로회는 사역을 감당할 때, 성도 전체의 의견을 잘 이해하고 그 의견 내용을 사역에 적절히 반영할 필요도 있다. 하나님의 뜻이 성도들을 통해서도 드러나기 때문이다. 또한 장로회와 실행위원회와 교인총회에서 결정된 내용은 성도의 자발적 참여로 실현되어야 한다. 이런 두 가지 목표를 잘 이루는 방법은 운영위원회를 가동하는 것이다.

교인은 여러 분야의 위원회에 직접 참여하고, 각 위원회의 장(長)은 교회 운영위원회의 위원이 된다. 대표장로는 이 운영위원회의 위원장이 되고, 정기 운영위원회와 임시 운영위원회를 이끈다. 정기 운영위원회는 보통 반기에 한 번 열고, 필요할 때 임시 운영위원회가 개최된다.

성도가 직접 참여하는 위원회는 교회 공동체와 성도의 필요에 따라 편성한다. 예컨대, 1)예배위원회, 2)교육위원회, 3)선교위원회, 4)목양위원회, 4)친교위원회, 5)구제장학위원회, 6)새교우위원회, 8)사회봉사위원회, 9)어린이위원회, 10)청년위원회, 11)재정위원회, 12)관리위원회, 13)행정위원회, 14)IT위원회 등이다. 물론 이 위원회는 시대와 상황과 교회 사정에 따라 가변적이다. 성도는 매년 자신의 은사와 재능과 관심에 맞는 위원회를 선택·지원하여 봉사하며[149] 자신의 의견을 각 위원회에 반영하고, 각 위원회의 장은 각 위원들의 의견을 종합하여 운영위원회에서 제출하고 논의한다. 이렇게 함으로 성도의 분야별 의견은 교회 공동체와 리더들에게 전달된다. 또한 장로회와 실행위원회와 사역자회 등에서 결의된 내용은 대표장로를 통해 운영위원회에서 전달되고, 각 분야별 위원회는 이를 자기 영역에서 적절히 실행한다. 이런 과정에서 교회 리더들과 성도는 교회 공동체를 향한 하나

---

[149] 각 위원회 구성은 가능하면 성도가 지원한 의사를 반영한다. 하지만 교회와 성도의 여러 사정을 고려하여 장로회가 조정할 필요도 있다.

님의 뜻을 더욱 분명히 깨닫고 실현하게 된다.

5) 교인총회(공동의회)

장로회가 복수로 가르침과 돌봄과 다스림의 사역을 감당하지만, 교회의 중요 사항에 대한 최종 결정은 (예컨대, 특별장로의 선임과 일반장로의 선출, 정관과 회칙의 제정 및 개정, 재산 처분과 관리에 관한 동의 등은) 전 등록세례교인이 모인 교인총회(공동의회)에서 의결한다.[150]

하나님께서는 리더 그룹인 장로회과 교회 공동체 전체를 인도하시고 이끄신다. 따라서 장로회의 판단과 결정도 중요하고 동시에 교회 공동체 전체의 생각과 결정도 중요하다. 이런 점에서 장로회와 교인총회가 서로 존중하고 긴밀히 연결되는 게 마땅하다.

교인총회는 정기총회 또는 임시총회로 모인다. 한국 개신교회는 보통 공동의회의 정기총회를 년 1~2회 갖지만, 2달에 한 번이나 분기에 한 번 모여 교회에 진행되는 사항을 공유하고 중요한 의사결정을 하는 게 좋다. 특별히 정기총회에서 재정 사용에 대해 보고하고 점검하는 일은 필요하다. 임시총회는 필요에 따라 소집하면 된다.

교인총회의 장은 대표장로가 겸하며, 유고시에는 장로회 서기가 직무를 대행한다. 대표장로가 대표장로의 직무를 수행하는 데 치명적인 결격 사유가 있다고 판단될 때, 교인총회는 해당 절차를 따라 대표장로를 불신임할 수 있다. 불신임된 대표장로는 대표의 직을 상실하고, 장로회는 신임 대표장로를 새로 선임한다.

성도는 장로회가 복수리더십을 적절히 잘 수행하도록 기도하며 여러 면에서 도와야 하고, 일정 기간마다 장로회와 실행위원회의 사역에 조언하고 평가함으로

---

150 교회총회의 역할과 소집, 교인총회의 의결이 필요한 내용 등은 '부록 1. 표준 정관' '제4장 교인총회'를 참조하라.

교회의 복수리더십이 적절히 수행되도록 협력한다.

앞에서 설명한 다섯 개 회의체는 서로 긴밀하게 협력하고 연합하여 하나님께서 복수리더십의 교회를 이루시는 일에 함께 노력한다. 이 다섯 개 협의체가 연결된 정치체제의 구도를 간략하게 표현하면 다음 그림과 같다.

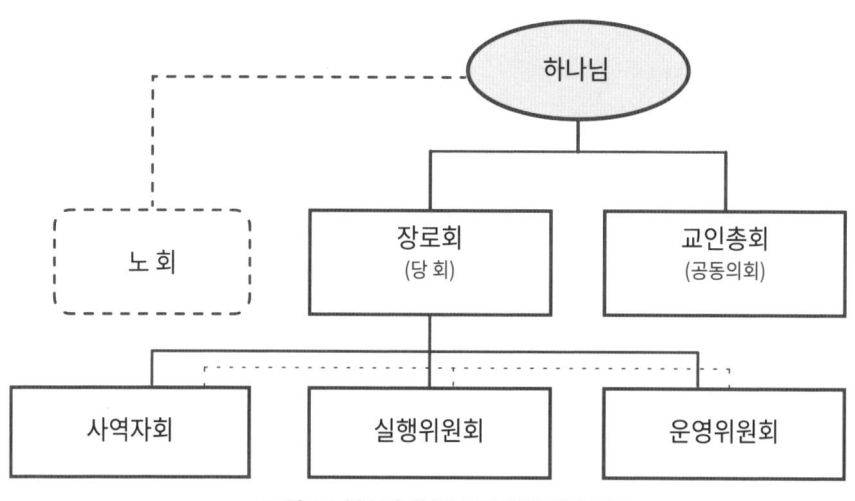

그림 8.1. 복수리더십의 교회 정치 체제 구도

하나님의 다스림은 다섯 개 회의체의 연합과 연동을 통해 실현되는데, 장로회는 이 다스림의 실현에 중추적 역할을 한다.

3. 복수리더십 교회 실현의 중요 요소

복수리더십을 교회에 실현할 때 관심을 갖고 중요하게 다루어야 할 몇 가지 요소가 있다. 어떤 정치 제도이든 잘 활용할 때 좋은 결과가 생기고, 잘못 활용할 때 안 좋은 결과가 생기기 마련이다. 복수리더십이 담임 목사제에 비해 좋은 점이 있지만, 복수로 한다고 해서 무조건 잘 되는 건 아니다. 복수리더십이 성공하려면 다음의 몇 가지 점을 잘 고려하여 바르게 조치해야 한다.

(1) 훌륭한 리더와 좋은 장로회 시스템

가장 먼저는 '훌륭한 리더'가 결국 핵심이라는 점이다. 복수리더십으로 한다고 해서 교회가 무조건 자동으로 건강해지는 건 아니다. 부적절한 사람들이 복수로 리더십을 발휘하는 것보다는 훌륭한 리더 한 사람의 단수리더십이 더 나을 수 있다. 하지만 훌륭한 리더들이 함께 하는 복수리더십이 단수리더십보다 훨씬 낫다. 중요한 건 '어떤 리더가 세워지느냐'이다. 리더십에 있어 가장 중요한 건 리더 자신이고 리더의 됨됨이이다. 리더가 정말 훌륭하면 가장 중요한 조건이 갖추어진 셈이다. 욕심이 없고, 교만하지 않으며, 신실하고, 자질과 능력이 있는 리더인가? 복음을 잘 깨닫고 삶으로 실천하며 잘 가르칠 수 있는 자인가? 주님을 참으로 사랑하며 주님께 온전히 순종하는 자인가? 특별히, 권한을 독점하고자 하거나 권력 지향적이지는 않는지를 잘 점검해야 한다. 이런 점에 긍정적이면 가장 중요한 조건이 만족된다고 할 수 있다.

다만, 단수 리더십은 이런 자질과 능력이 있는 자라도 자신이 가진 리더십을 발휘하는 데 어려움을 발생시키는 경우가 많다. 이 말은 아무리 훌륭한 리더라도 혼자서 하는 것보다는 복수로 하는 게 더 좋다는 뜻이기도 하고, 혼자서 하면 그 신실함이 오래 가지 못하고 타락하기 쉽다는 뜻이기도 하다. 마치 왕이 되기 전에는 참 신실했던 다윗도 절대 왕정의 독점 권력을 가진 후에는 타락하는 길로 빠졌던 것과 유사하다.

물론 이는 복수로 하면 무조건 건강해지고 잘 된다는 말은 또 아니다. 훌륭한 리더가 되도록 (또는 그런 리더를 찾도록) 노력해야 하고, 그런 리더들이 잘 함께 할 수 있도록 좋은 시스템을 만들어야 한다. 이런 점에서 좋은 장로회의 시스템을 만드는 게 중요하다. 훌륭하고 좋은 리더들이 모이게 하고, 그들이 타락하지 않고 잘 협력하도록 만드는 장치가 필요하다는 뜻이다.

(2) 의사소통

복수리더십이 진가를 발휘하는 데 중요한 필수요소는 의사소통이다. 일단 훌륭한 리더들이 모이면 기본 조건은 된 셈이다. 그런데 '구슬이 서 말이라도 꿰어야 보배다.'라는 말처럼 그런 리더들이 잘 협력하고 연합하여 자신들이 지닌 리더십을 잘 발휘하게 하는 게 중요하다. 이때 꼭 필요한 게 의사소통이다. 의사소통을 잘 하면 능력의 시너지 효과를 볼 수 있다. 하나씩 가진 네 명이 모이면 4가 되는 게 아니라 10이 되고 그 이상이 될 수도 있다. 그런데 이런 시너지 효과를 내게 할 때 꼭 필요한 게 의사소통이다. 반면, 의사소통을 잘하지 못하면, 오해와 갈등을 낳아 복수리더십을 발휘하기 어렵게 되고 때론 오히려 리더십이 축소될 수도 있다.

복수리더십은 일단 단수 리더십보다 발휘하는데 시간이 걸린다. 복수의 리더가 함께 주님의 뜻을 바르게 찾는 데 시간이 걸리고, 서로가 함께 하려니 의사 전달의 시간이 든다. 시간이 든다는 점에서는 단점이다. 하지만 복수리더십의 판단은 보다 정확할 수 있고, 또한 복수로 실행하는 힘은 더 크다. 이런 장점이 잘 나타나려면 반드시 의사소통이 잘 되어야 한다. 복수리더십의 의사소통은 최소한 다음의 여섯 가지를 잘 고려해야 한다.

① **[장로회의 의사소통]** 무엇보다도 장로들 사이의 의사소통이 잘 되어야 한다. 담임 목사제의 의사소통은 상의하달(上意下達)식인 경우가 많다. 반면 복수리더십은 서로 유기적으로 대화하고 논의하며 합리적 결과를 내는 소통을 중시한다. 장로들은 집단 지성을 추구하는 소통을 지향해야 한다.

② **[각 회의체 내의 소통]** 장로회 이외의 네 회의체(실행위원회, 사역자회, 운영위

원회, 교인총회)도 마찬가지다. 각 회의체 안의 소통이 유기적인 대화와 논의가 되도록 노력해야 한다. 일단 무엇보다도 장로회가 이런 모습의 선례를 보이면, 나머지 회의체는 그 선례를 잘 따라갈 길이 열린다.

③ **[회의체 사이의 소통]** 타 회의체와의 의사소통도 중요하다. 장로회는 실행위원회와 사역자회와 운영위원회와 긴밀히 소통해야 한다. 장로회의 결정과 의사를 타 위원회에 잘 전달해야 할 뿐 아니라 타 위원회의 의사와 결정을 장로회에 적절히 반영해야 한다. 교인총회와 타 회의체 사이의 소통도 긴밀해야 한다. 장로회는 이 소통의 유기적 관계를 만드는 데 중요한 중심 역할을 한다.

④ **[대표장로와 장로회 서기의 역할]** 장로회의 이런 역할에 결정적 영향을 주는 사람이 대표장로와 장로회 서기이다. 이 두 사람이 어떻게 소통하고 대처하느냐가 다섯 회의체의 연합에 큰 영향을 미친다. 물론 장로회는 이에 필요한 여러 경우의 수와 과정과 내용에 대해 의견을 제시하는 저수지 역할을 한다. 대표장로와 서기는 장로회의 그런 도움을 힘입어 다섯 회의체 사이의 의사소통에 첨병 역할을 한다.

⑤ **[소통의 기본: 준비, 계획, 시점, 배려]** 대표장로와 서기가 이런 역할을 감당할 때 고려해야 할 소통의 기본은 '준비와 계획'과 '시점과 배려'이다. 어떤 일을 진행하거나 소통을 하려할 때는 준비와 계획이 반드시 먼저 필요하다. 미리 준비하지 않고는 소통이 제대로 이루어질 수 없고, 준비된 계획이 없이는 의사소통의 효율이 높아질 수 없다. 대표장로와 서기는 그래서 다른 리더들보다 언제나 먼저 한 발짝 앞서 움직이는 게 습관이 되어야 한다. 기존의 체계를 이해하고 자료를 검토하며, 이미 있는 노우하우를 잘 활용하여 준비하고 계획을 세운다. 1년을 평가하고 계획하는 일, 월·분기·반기 계획을 세우는 일, 각종 기록과 회의록을 작성하는 일 등은 소통에 기본이 되는 사무이다. 또한 '시점과 배려'도 또 다른 기본기가 된다. 같은 회의 자료라도

언제 전달되느냐가 복수리더십 발휘에 큰 영향을 미친다. 미리 준비하고 계획하여 바른 시점에 전달하면, 복수가 함께 하는 힘은 크게 증가한다. 또한 다른 리더들과 다른 회의체의 입장을 고려한 배려는 복수로 연합하는 힘을 강하게 한다. 그런데 이 모두는 대표장로와 서기가 어떻게 활동하느냐에 달려 있다.

⑥ [소통의 기술] 요즈음은 IT 기술의 발달로 소통 기술이 한층 나아졌다. 다시 말해, 복수리더십을 촉진시키는 의사소통이 훨씬 쉬워진 시대가 되었다. 이미 개발된 SNS 기술과 방법은 이전에 엄청난 시간을 들여야만 했던 것을 금세 가능하게 만든다. 시대의 기술은 복수리더십을 더욱 가능하게 한다. 하지만 그것이 다는 아니다. 참 소통은 단순한 기술로만 이루어지지는 않기 때문이다. 소통 기술도 필요하지만, 마음의 소통이 진짜 필요하다. SNS 단톡방을 운영할 수 있지만, 참 소통을 하려면 예의와 절제와 공감과 배려가 필요하다. 아무 때나, 예컨대 이른 아침이나 밤늦은 시각에 문자나 메시지를 올리는 일은 조심해야 한다. 준비되지 않은 상태에서 너무 자주 문자나 톡을 올려서 상대와 공동체를 힘들게 만드는 것도 조심해야 한다. 미리 준비하고 계획하면 이런 불편한 실수는 쉽게 피할 수 있다. 무엇보다 중요한 건 복수리더십을 진정으로 실현하려는 마음이다. 주님의 뜻을 따르는 복수의 신하들로 함께 하려는 마음이 핵심이다. 이런 마음으로 가면 소통 기술의 발전은 하늘이 주신 좋은 도구가 된다. 복수리더십의 소통은 우리 시대에 훨씬 쉬워졌다.

(3) 계파와 동맹 금지

복수리더십이 성공하는 데에는 의사소통이 잘 되어야 하지만, 잘못되고 편파적인 의사소통으로 복수리더십이 무너지는 경우도 있다. '계파 만들기'와 '동맹 맺기'

가 이런 문제의 대표적인 것이다. 이 두 가지는 복수리더십을 무너뜨리고 더 나아가 교회를 망가뜨린다.

복수의 리더들이 활동하다 보면 유혹을 받는 경우가 있다. 자신의 주장과 목표를 관철시키려고 다른 리더와 동맹을 맺거나 계파를 만들어 집단행동의 힘을 가지려는 유혹이다.

계파 만들기는 각종 회의체에서 자기 입김을 크게 하려고 다른 사람을 자기 지지자로 만들려는 의식적인 행동인데, 모든 리더는 이를 결연히 거부해야 한다. 물론 자신과 마음이 맞는 사람과 친하게 지내고, 서로 돕는 건 있을 수 있는 일이며 좋은 일이다. 하지만 인기를 얻거나 지지를 받으려고 의도적으로 상대의 입맛에 맞는 말과 행동을 하거나 그들과 친하게 지내며 일종의 계파와 지지자를 만드는 일은 피해야 한다. 이는 일종의 포퓰리즘(populism)이며, 다른 사람의 마음을 도둑질 하는 나쁜 행동이다.

그보다 더 안 좋은 건 서로 일종의 동맹을 맺어 회의체 내에 자기들 주장의 입김을 강화하는 행동이다. 사안의 옳고 그름에 따라 판단하기보다 자기와 일종의 동맹을 맺은 사람의 의견을 서로 지지해주어 동맹 맺은 자신들의 입지를 강화하는 형식인데, 이는 복음의 정신과 반대되는 판단이자 불신앙의 행동이다. 리더는 주님의 뜻에 따라 사고하고 움직이는 사람이지, 자기주장과 자기 입지를 추구하는 사람이 아니다. 동맹을 맺으면 자기 진영 논리에 빠지고, 결국 주님의 뜻을 추구하는 길에서 멀어진다. 자기가 주인이 되어 자기 힘을 키우려는 사욕에 사로잡히는 길이다. 겉으로는 주님의 뜻을 운운할 수 있지만, 결국은 자신의 입지 세움과 권력욕에 빠진 전형적인 타락의 모습이 된다. (사실 세상의 정치에 이런 일은 허다하게 많고, 이미 그 폐해는 너무도 많이 보았다.)

이런 계파 정치와 동맹 맺기는 단수 리더십의 단점을 복수리더십으로 그대로 옮겨 놓은 것에 불과하다. 더구나 복수의 힘으로 그 단점을 오히려 강화한 셈이 되어, 단수 리더십의 독재보다 더 안 좋은 다수의 강한 독재로 가게 된다.

복수리더십은 절대로 계파 정치나 동맹 정치가 아니다. 복수로 한다고 무조건 좋은 게 아니다. 신뢰와 공평과 정의로 주님의 뜻을 함께 찾는 성경적 복수리더십을 발휘해야 한다.

(4) 재정

복수리더십의 교회를 실현하는 데 가장 큰 걸림돌로 작용하는 건 재정 문제이다. 의사소통이 복수리더십을 실현하는 내적 혈액순환에 해당한다면, 재정은 복수리더십을 꾸려가게 하는 외적 순환에 해당한다. 교회의 재정이 잘 돌지 않으면 복수리더십은 결국 실현하기 어렵게 된다. 어떤 면에서는 재정 문제를 해결하는 게 복수리더십을 기본 궤도에 올려놓는 기본 조건이라고 할 수 있다.

물론 이 재정 문제는 중형 이상의 교회에는 큰 어려움으로 작용하지 않는다. 대개 문제는 미자립교회나 소형교회일 때인데, 한국교회에는 미자립교회나 소형교회가 가장 많은 비중을 차지하기에 재정 문제는 복수리더십 교회의 실현에 큰 어려움으로 작용할 수밖에 없다.

재정 문제는 곧 리더들의 사례비 문제와 직결된다. 재정 측면에서 기존의 담임목사제와 차이는 결국 복수의 리더들의 사례비 차이가 가장 크기 때문이다. 물론 더 좁혀 생각하면 가장 큰 차이는 특별장로들의 사례비 비중의 증가이다. 일반장로는 자기의 본업이 있는 경우가 대부분이기에 크게 문제가 되지는 않는다. 일반장로의 경우는 설교자의 설교 사례비만 책정하면 될 것이다. 중요한 건, 결국 특별장로의 숫자가 많아지는 현상을 어떻게 재정적으로 감당하느냐의 문제이다.

중대형 교회는 이미 있는 부목사들 사례비가 재정에 반영되어 있으니 복수리더십으로 간다고 해도 큰 부담은 없다. 추가 재정이 필요해도 그다지 크지 않고, 중대형교회가 감당할 수 있을 만큼의 규모이다. 결국, 문제는 미자립교회와 소형교회에 특별장로의 숫자 증가분만큼 사례비 조달에 어려움이 생기는 거다. 이 부분을 지혜롭게 해결해야 한다. 아마도 다음의 세 가지 차원의 해결 방식이 고려될 수 있다. (아래 소개되는 방법의 구체적인 내용은 9장에서 다룬다.)

① **[재정의 추가 부담을 피하는 길]** 교회 재정의 추가 부담을 피하면서 복수리더십을 추구하는 길이다. 복수리더십을 이루는 가장 중요한 첫 단계가 복수의 설교자가 설교를 하는 것이기에, 이를 먼저 실행하면서 점차적으로 복수리더십 체제를 온 교회에 실현하는 방식이다. 예컨대, 타 교회와의 설교 교환 시스템 구축, 온라인 설교와 온/오프라인 설교/예배 방식 도입, 목사의 이중직 허용 등이 이와 관련된 방법이다.

② **[재정 파이를 키우는 길]** 교회 재정의 파이를 키우는 길이다. 개교회의 현재 재정으로는 복수리더십을 실현하기 어렵기에, 그 교회 자체 재정을 증가시키는 방법을 마련하여 복수리더십 교회의 재정적 조건을 만드는 방식이다. 교회 연합/합병이 그 한 방법이고, 또한 복수리더십 효과로 재정 증가를 이루는 것도 또 다른 한 방법이다.

③ **[외부 재정 지원의 길]** 교회에 복수리더십이 안정 때까지 해당 교회를 외부에서 재정적으로 지원하는 길이다. 교단이 지원하는 방법이 있고, 또한 재정 여유가 있는 교회가 지원하는 방법이 있다. 복수리더십 교회가 한국교회의 어려움을 극복할 수 있는 하나의 중요한 대안으로 인식된다면 이런 후원의 길이 열릴 수 있다. 또한 복수리더십 교회의 연합체와 이런 운동을 추구하는 단체와 펀드의 설립으로 재정 지원금을 마련할 수도 있다. 복수리더십의 교회를 실현하는 데에는 많은 노력과 도움이 절실하다. 정당성과 철학을 이해하는 길도 중요하고, 각종 노우하우를 전수하는 일, 실천 매뉴얼 공급, 교육 훈련 등 여러 도움이 필요하기에 이런 단체의 설립과 지원은 미래에 필수적이다.

결국, 재정 추가 부담의 어려움은 예측되지만, 여러모로 극복될 수 있다. 진짜 문제는 재정보다는 분명한 이해와 확고한 의지이다. 주님께서 처음부터 복수리더십의 청사진을 가지고 교회를 이 땅에 세우셨다는 점을 기억한다면 교회 재정 부담의 어려움은 여러 방법으로 극복할 수 있다.

> 훌륭한 리더들이 모여 장로회를 구성하고
> 의사소통을 잘 하며 재정 문제를 극복할 때
> 복수리더십은 바르게 실현된다.
> 하지만 계파와 동맹을 만드는 건 복수리더십을 망치는 길이다.

4. 복수리더십 교회의 유익함

지금까지 살핀 복수리더십의 교회는 보통 경험했던 교회와는 다른 모습이다. 가보지 않은 길이기에 걷기가 그리 쉽지는 않다. 하지만 복수리더십의 교회가 가진 장점과 특징은 분명하다.

21세기 현재 한국교회에는 리더십의 형태라는 측면에서 여러 종류의 교회가 있다. 신학과 교단에 따른 분류가 아니라, 리더십을 어떻게 발휘하느냐에 따른 구분이다.

① 가장 일반적인 형태는 '담임 목사제'의 교회이다.
② 담임 목사제 교회의 어려움에 대한 반동으로 등장한 '평신도 교회'이다. 목사가 아예 없거나 목사가 있더라도 권한을 축소·약화시킨 경우다. 예컨대, 이런 교회는 목사직을 임기제로 하거나, 목사의 설교권만을 인정한다.
③ 목사의 권한 집중에 반대하여 목사 대신 일반장로들의 복수리더십만 주장

하는 '일반장로제'의 교회도 있다.

④ 위의 세 가지 교회 형태보다는 이 책이 다룬 '복수리더십의 교회', 곧 '가나다교회'가 신약성경에서 말하는 복수리더십의 철학과 원리를 적절히 실현한다. 표 8.2.는 네 가지 종류의 교회가 지닌 주요 특징과 장단점을 간략하게 보여준다.

구분	주요특징	장 점	단 점
담임목사제	〈담임 목사 중심〉 • 일인 중심 지도체제 • 교무목사와 치리장로	• 일사 분란한 지도력 • 친숙성(대다수 교회의 형태) • 한국인들의 기질(?)	• 절대 권력의 부패 위험 • 다양한 지도력의 부족 • 지도력 승계의 어려움
평신도교회	〈평신도 참여 중심〉 • 자발적 참여 • 임기제 및 정관에 따른 운영	• 절대 권력의 부패 방지 • 자발적 참여 가능성 제공 • 경제적 부담 최소화	• 교인의 미성숙 문제 • 전문사역자의 부재로 인한 침체 • 매너리즘의 위험과 성장의 한계
일반장로제	〈일반장로들 중심〉 • 일반장로들의 복수리더십 • 목사의 사역 배제	• 목사/장로의 마찰 근원적 차단 • 절대 권력의 부패 방지 • 다양한 지도력 발휘	• 전문사역자 부족으로 인한 침체 • 지도력 발휘의 지연 • 매너리즘의 위험과 성장의 한계
복수장로제(가나다교회)	〈특별/일반장로들 중심〉 • 복수리더십(목사들과 장로들) • 평가제 • 담임 목사제와 일반장로제 사이 • 종신제와 임기제 사이	• 연합된 다양한 지도력 발휘 • 리더십의 안정성과 활성화 • 권력의 부패 방지	• 의사소통 및 지도력 발휘의 지연 • 경제적 어려움 • 희소함 (한국교회의 분위기)

표 8.2. 리더십의 발휘 방법에 따른 교회 형태

함께 동역하는 아름다운 교회, 곧 복수리더십이 잘 실현되는 교회, '가나다교회'가 21세기 현실에서 생긴다면, 교회에 실망했던 가나안 성도는 점차적으로 다시 교회로 돌아올 기회가 생길 수 있다. 복수리더십의 교회가 모든 것을 제공할 수는 없겠지만, 적어도 권력의 리더십이 아닌 섬김의 리더십을 실현하고 복수의 리더들로 말미암은 다양하고 통전적인 가르침을 제공함으로 성도가 온전해지는 데 기여할 것이기 때문이다.

그[주께서]가 어떤 사람은 사도[들]로, 어떤 사람은 선지자[들]로, 어떤 사람은 복음 전하는 자[들]로, 어떤 사람은 목사[들]와 교사[들]로 삼으셨으니, 이는 성도를 온전하게 하여 봉사의 일을 (하게) 하며 그리스도의 몸을 세우려 하심이라. (엡 4:11-12)

9장 복수리더십의 교회 만들기

복수리더십의 교회로 가는 길과 방법

개신교회는 신학적으로는 개혁교회이고 교회정치로는 장로교회이다. 종교개혁자들은 중세 가톨릭교회의 교황 제도, 즉 일인을 정점으로 하는 수직적 정치제도를 거부하고 복수의 장로 정치를 실현하려했다. 단수 리더십을 거부하고 신약성경의 복수리더십인 장로 정치제도를 복원하려 했다.

하지만 안타깝게도 복수리더십을 완성하지 못하고 반쪽의 정치 개혁만을 이룬 모양이 되었다. 복수의 (교무)장로제가 활성화되기보다는 치리장로가 장로제도에 깊이 자리 잡았고, 더욱이 개교회에 1인 리더십이 두드러지는 담임 목사제가 보편화되는 현상이 나타났다.

개신교회의 개혁정신은 이런 반쪽의 개혁을 완성하는 자리로 나아갈 것을 요구한다. 교회 정치 측면에서 진정한 장로 정치가 온전히 실현되어야 하는데, 그 방향은 21세기 한국교회에 복수리더십의 교회를 온전히 이루는 길이다.

하지만 함께 동역하는 복수리더십의 교회는 한국교회가 자주 가보지 않은 생소한 길이다. 생소하다 보니 바닥이 잘 닦여있지 않고 방향도 잘 보이지 않는다. 힐긋힐긋 보이는 길도 좁고 협착하다. 하지만 좁고 협착하더라도 여러 사람이 계속 가다보면 폭도 늘어나고 길이 분명해질 것이다.

이번 장은 어떻게 이 길을 잘 닦을 수 있을까를 살핀다. 복수리더십의 교회로 가는 방향을 잘 찾아서 새 마음으로 걸어갈 수 있는 여러 길을 탐색하려 한다. 분명히 보이는 방향에 길을 내고 폭도 넓혀서 탄탄한 대로(大路) 여러 개를 만들고자 한다. 복수리더십의 교회가 21세기 한국교회에 실현되는 다양한 방법을 찾고자 한다.

> 개신교회의 개혁정신은 우리 시대의 교회가 진정한 장로정치, 복수리더십의 교회로 거듭날 것을 요구한다.

1. 기본 순서

복수리더십의 교회를 현실에서 실현하는 기본 순서는 크게 다섯 단계이다. ① 리더의 준비/훈련, ② 복수리더십의 교회 이해, ③ 실행 계획 수립, ④ 정관 마련, ⑤ 사역 현장에 맞는 복수리더십 교회의 수립이란 다섯 단계이다.

(1) 리더의 준비/훈련

여전히 가장 중요한 건 리더의 준비와 훈련이다. 아주 단순하게 말해, 리더가 잘 준비되어야 복수리더십이 가능하다는 뜻이다. 복수리더십의 시스템이 마련된다고 해도, 리더가 훌륭하지 않으면 복수리더십은 성공하기 힘들다.

따라서 가장 최우선은 리더들이 잘 준비되고 적절히 훈련되는 것이다. 성품과 자질과 능력이 출중한 자를 리더로 세워야 하고, 세워진 리더의 리더십이 제고(提高)되도록 노력해야 한다. 예컨대, 목사와 장로를 조건과 기준에 잘 맞게 선발하고 선출해야 하고, 이미 치리장로로 세워진 분을 가르칠 수 있는 일반장로가 되도록 훈련해야 한다. 복수리더십의 교회를 세우려면 훌륭한 리더 세우기에 가장 큰 관심을 가져야 한다.

(2) 복수리더십의 교회 이해

두 번째 단계는 복수리더십의 교회를 이해하는 과정이다. 복수리더십이 정확히 무엇인지, 복수리더십의 교회가 어떤 모습인지 충분히 이해해야 그 길로 나아갈 힘이 생긴다. 교회의 리더(목사/장로)만이 아니라 교인 모두가 함께 이해하고 공감해야 한다.

리더와 성도 모두가 본서의 1부, 2부, 3부 내용 전체를 모두 잘 숙고해야 한다. 문제가 무엇인지를 알아야 하고(1부), 복수리더십의 교회가 과연 마땅한 답인지를 확인해야 하며(2부), 현실에서 이를 실행하는 구체적 방법과 길이 어떠한지를 알아야 한다(3부). 본서 내용을 함께 읽고 토의하는 시간을 가지거나, 복수리더십의 교회에 대한 강의를 들을 필요가 있다. 또한 복수리더십 교회의 예와 경험담을 찾아보고 사례를 듣는 게 좋다. 가능하다면 기존 사례 연구(case study)나 가상 사례 연구를 하는 게 도움이 된다.

(3) 실행 계획 수립

셋째는 자기에 맞는 복수리더십의 교회 수립 계획을 작성하는 단계다. 복수리더십의 교회에 대한 이해가 커졌다면, 그런 지식과 간접 경험을 중심으로 자기 교회에 맞는 수립 계획을 작성할 힘과 아이디어가 생긴다. 현 상황에서 우리에게 맞는 방식이 어떤 것인지 가늠하고 그에 합당한 전체 계획과 단계별 부문별 계획을 수립한다. 교회의 상황과 처지에 맞는 단계적 방법에 대해서는 특히 이번 장(9장)의 '3. 단계별/영역별 진행 방법'을 참고한다.

(4) 정관 마련

그 다음은 정관을 마련하는 단계이다. 복수리더십의 교회를 전반적으로 이해하고 우리 (또는 개척하려는) 공동체에 맞는 실행 계획이 일차적으로 수립되었다면, 그 공동체의 상황과 특징에 맞는 정관을 만들어야 한다. 자기 공동체 상황을 분석하고 표준 정관을 활용하여 그에 맞는 개교회의 정관을 마련한다.

리더들이 먼저 정관의 초안을 작성하고 여러 번 검토한 후에 이 내용을 전체 교인들에게 알려 충분한 토의 시간을 가진 후 교인총회에서 최종 결의한다. 이때 주의할 점이 있다. 정관 작성은 일방적이 되면 안 된다. 시간이 걸리더라도 공동체 전체가 충분히 이해하고 공감하는 과정을 분명히 거쳐야 한다. 또한 그런 과정을 거치며 만들어지는 첫 정관은 필요한 여러 요소를 가장 적절히 반영한 것이어야 한다. 물론, 정관은 나중에 수정이 가능하기도 하고, 이후 현실에 적응하는 과정에서 수정하게 될 것이다. 하지만 처음에 만들 때 잘 만드는 게 중요하다. 그래야 초기 시행착오를 줄이고 복수리더십의 교회에 대한 불필요한 오해와 불만을 줄일 수 있다. 잘 맞지 않는 정관 때문에 복수리더십의 교회를 진행하는 데 동력이 떨어지게 해서는 안 된다. 잘못 만들어 실망하게 되면 복수리더십의 교회를 실현하는 데 어려움을 겪고 시간이 더 걸릴 수 있다.

(5) 사역 현장에 맞는 복수리더십의 교회 수립

다섯 번째는 사역 현장에 맞는 복수리더십의 교회를 실제로 수립하는 단계다. 이미 작성한 실행 계획에 의거하여 필요한 일을 단계적으로 실행한다. 현장의 사정을 고려하여 그에 걸맞은 방식으로 한다. 교회 현장의 상황과 상태와 규모 등에 따라 실행 방식은 다양하며 가변적이다. 교회를 새로 개척할 때와 기존 교회에서 실행할 때가 다르다. 미자립교회, 소형교회, 중형교회, 대형교회, 초대형교회(메가처치)의 경우가 다르기에 그에 알맞은 방식을 찾아 실행하는 지혜가 반드시 요구된다.

복수리더십의 교회는 다섯 단계로 진행된다. ① 리더의 준비/훈련, ② 복수리더십의 교회 이해, ③ 실행 계획 수립, ④ 정관 마련, ⑤ 사역 현장에 맞는 복수리더십 교회 수립

2. 주요 관심 사항

실현하는 과정에 지속적으로 관심을 가져야 하는 사항이 있다. 계속 잊지 말고 관심을 가지고 대처해야 결국 복수리더십의 교회가 잘 실현될 수 있다. 이는 크게 네 가지로 압축되는데, ① 복수리더십에 맞는 좋은 리더, ② 복수리더십의 이해, ③ 재정, ④ 교단 법이다. 이 네 가지를 어떻게 다루느냐에 따라 복수리더십이 교회에 온전히 뿌리내릴 수도 있고, 정착에 적지 않은 어려움이 생길 수도 있다.

(1) (복수리더십에 맞는) 좋은 리더

'좋은 리더'란 능력이 있음에도 교만하지 않고 깨끗하며 신실하고 욕심이 없는 리더이다. 리더는 기본적으로 능력이 있는 자가 세워진다. 하지만 능력만 있다고 리더십이 좋은 건 아니다. 능력은 기본이고, 거기에 복수리더십을 발휘하기에 알맞은 요소들이 있어야 한다. 복수리더십에 맞는 여러 요소가 있겠지만 '교만하지 않고 깨끗하며 신실하고 욕심이 없는' 모습은 복수리더십의 발현에 매우 중요하다. 권한을 독점하려는 성향이 강하고 1인 리더십(담임 목사제)의 사고를 하는 리더는 복수리더십에 맞지 않다. 사실, 복수리더십에 맞지 않는 리더는 훌륭한 리더가 아니다. 계속 말하지만, 복수리더십의 교회는 리더 자체가 좋아야 이루어진다. 복수이니까 되는 게 아니라 훌륭한 리더들이 함께 해서 되는 거다.

(2) 복수리더십의 이해

복수리더십을 이해하는 건 처음 단계 뿐 아니라 실행 단계에도 항상 필요하다. 복수리더십의 교회를 이루려다 발생하는 많은 문제는 복수리더십을 잘 이해하지 못해서 생긴다. 예를 들어, 본서의 6장에서 설명한 것처럼 '복수리더십'을 '팀 목회'로 착각하거나 기존 담임 목사제의 '당회'와 동일시하면 여러 어려움과 문제가 쉽게 발생한다.

기존 담임 목사제의 장로정치는 담임 목사, 부목사, 치리장로가 있어 복수리더십으로 보이는 듯하지만, 사실은 진정한 장로정치, 즉 복수리더십이 아니라 단수리더십이다. 법적으로 부목사는 담임 목사를 돕기 위해 세워졌지, 또 다른 복수 리더의 한 사람으로 세워진 게 아니다. 치리장로는 장로들이 해야 하는 가장 중요한 사역, 즉 '가르침'이 배제된 직분이기에 진정한 장로/리더로 세워졌다고 보기 힘들다. 결국 담임 목사제의 당회나 사역 구조는 복수리더십으로 보기 힘들다.

'팀 목회'도 복수 리더가 함께 사역하는 형태이지만 진정한 복수리더십의 모습은 아니다. 팀 목회는 리더의 수준과 역량과 역할 등이 모두 동등하다는 전제하에 사역을 배분하고 실행하기에 결국은 어려운 자리로 나아갈 수밖에 없다. 어떤 리더도 그 수준과 역량과 역할이 동등하거나 동일할 수 없고, 리더십에는 높낮이와 역량 차이가 있을 수밖에 없다. 이 말은 수직적 계급이 있다는 뜻이 아니다. 리더들의 능력과 자질과 성품과 역량의 크기와 내역이 모두 다르다는 뜻이다. 그래서 팀 목회에서 모든 사역자의 역할이 동등하다고 전제하고 사역을 동등하게 배분하더라도, 시간이 지나면 사역의 모습과 결과는 차이날 수밖에 없다. 그런 차이는 사역자 사이의 알력과 갈등으로 쉽게 작용할 수 있고, 결국 팀 목회의 균형은 깨지게 된다. 복수리더십은 각 리더에 알맞은 사역과 역할을 감당하게 하여 적절히 작동하지만, 기존의 '팀 목회'에는 이런 이해가 부족하고 이런 원리가 작동하지 않는다는 말이다. 사실, 팀 목회가 실패하는 대표적 이유가 이것이다.

결국, 복수리더십이 분명히 이해되지 않으면 교회의 향방은 순간순간 잘못된 길을 가게 될 위험이 크다.

(3) 재정

재정은 복수리더십을 실현하려 할 때 가장 현실적으로 크게 어려움을 느끼는 부분이다. 사실, 재정이 허락되지 않으면 복수리더십의 시도는 장벽에 부딪힐 수밖에 없다. 재정 문제는 복수리더십의 교회를 실현할 때 나타나는 허들이자 걸림돌이라 할 수 있다. 재정 문제의 중요성은 이미 8장에서 일부 설명했다. 보다 구체적인 해결책은 이번 장(9장)의 '3. 단계적/영역별 진행 방법'에서 제시된다. 아무튼 재정은 복수리더십을 실현하려 할 때 지속해서 신경 써야 하는 중요한 영역임을 잊지 말아야 한다.

(4) 교단 법

복수리더십이 현실화 되려면, 결국 '교단 법'이라는 산을 넘어야 한다. 대부분의 한국교회가 속한 교단의 법이 사실 진정한 복수리더십을 선명하게 그려주지 않는다. 교단 법이 담임 목사제의 모양을 제시하고 있으면, 그 테두리 안에서 활동하는 게 순리이다. 따라서 일단 교단의 법 테두리를 잘 이해하고 그 안에서 활동하며, 교단 법이 허용하는 바까지 복수리더십의 효과를 올리는 길을 찾는 게 지혜로운 길이다.

예를 들어, 부목사가 주일 설교에 함께 하도록 한다든지, 치리장로의 가르침 사역을 더 확대한다든지 하는 등의 요소를 가미할 수 있다. 복수리더십의 특징과 장점을 현재 교회의 제도와 틀 안에서 실현할 수 있는 방법을 찾아야 한다. 대학부나 청년부 담당 목사를 각각 한 사람에게 맡기는 대신, 대학부와 청년부를 구분하여 운영하되 두 사람의 목사가 함께 대학부도 맡고 청년부도 맡게 하는 방식을 시도해 볼 수도 있다. 일종의 복수리더십을 경험하는 시도이다. 이런 시도와 노력은 교회 안에 복수리더십의 DNA를 복원하는 데 도움이 된다. 예배의 공기도(公祈禱)를 (한 사람이 하기보다) 두 사람이 함께 하도록 하는 시도도 그 DNA를 복원하는 데 도움이 되는 하나의 방법이다. 두 사람의 기도가 중복되지 않으려면 두 사람은 서로 상의하며 기도를 준비하게 되고 그 과정에서 함께 동역하는 기도의 원리와 방식을 배울 수 있게 된다. 특별히 장로와 권사 부부나 집사 부부가 함께 기도 순서를 맡게 하는 일은 복수리더십의 DNA뿐 아니라 믿음의 가정을 세우는 일에도 도움이 된다.

> 다음의 네 가지에 늘 관심을 두고 있어야 복수리더십을 잘 실현할 수 있다. ① (복수리더십에 맞는) 좋은 리더, ② 복수리더십의 이해, ③ 재정, ④ 교단 법

3. 단계적/영역별 진행 방법

복수리더십의 교회는 보통 단숨에 실현되지 않고 점진적으로 이루어진다. 그 과정은 교회의 규모와 상태에 따라 다양한 방법으로 진행되는 게 좋다.

통상, 교회는 규모에 따라 미자립교회(성도의 수가 40명 미만),[151] 소형교회(40~100명 미만), 중형교회(100~500명 미만), 대형교회(500~2,000명 미만), 초대형교

---

151 미자립교회는 스스로 경제적 자립을 하기 어려운 상태의 교회를 말한다. 최소 사역자 한 명을 가정했을 때, 10 가정(성인 20명)이 한 사람의 사역자에 대한 경제적 필요를 감당하고, 또 다른 10 가정(성인 20명)이 예배 장소비와 운영비 등을 감당한다고 했을 때, 40명 미만이 미자립교회라는 산정이 가능하다. 물론 각 교회의 현실과 상황에 따라 이 수치는 가변적이다.

회/메가처치(2,000명 이상)로 구분할 수 있다.[152] 성도의 수와 리더의 숫자가 긴밀히 연결되어 있고 또한 재정의 규모가 복수리더십의 구성에 크게 영향을 미치기에, 교회의 규모는 복수리더십의 교회를 실현하는 데 큰 변수로 작용한다. 바꾸어 말해, 교회의 규모에 따라 복수리더십의 교회를 실현하는 로드맵이 다르다는 말이다. 따라서 교회의 규모에 따라 복수리더십을 실현하는 로드맵을 구별해서 살피는 게 좋다.

(1) 작은 교회(미자립교회, 소형교회)

제일 먼저는 규모가 작은 교회, 즉 미자립교회와 소형교회의 경우이다.

① **[재정 확보의 어려움]** 소형교회는 경제적으로 자립이 가능하긴 하지만 복수리더십을 발휘하는 데에는 미자립교회와 여건이 그다지 크게 다르지 않다. 복수리더십을 발휘하는 데 필요한 재정은 소형교회도 여전히 부족하다.
② **[복수 리더의 부족]** 미자립교회는 미조직교회(즉, 장로회[당회]가 구성되지 못한 교회)와는 구별된다. 하지만 미자립교회는 그 규모의 작음 때문에 미조직교회인 경우가 흔하다. 소형교회도 미조직교회인 경우가 적지 않다. 미조직교회는 교회의 장로회(당회)가 없기에 구조적으로 복수리더십을 발휘하기가 어렵다.

이런 두 가지 점(재정 부족과 리더 부족) 때문에 미자립교회와 소형교회는 복수리더십을 실행하는 데 유사한 어려움을 겪는다. 복수의 리더들이 가르치고 다스리며 목양하는 게 사실상 구조적으로 어렵다. 따라서 이런 어려움을 극복하며 복수리

---

152 보통, 메가처치(megachurch)는 교인수가 2,000명이 넘고 기업화된 초대형교회를 가리킨다. 참조. 강준만, 『선샤인 지식노트』, '메가처치'(네이버 지식백과). 그 외 교회의 규모에 대한 분류는 필자의 판단에 따른 것이다.

더십을 실현하는 방책을 찾아야 한다. 방향은 크게 두 가지이다. 하나는 자체적으로 복수리더십을 형성하는 길이고, 다른 하나는 외부의 타 교회와 함께 연합/합병하여 복수리더십의 교회로 가는 방법이다.

1) 교회 연합/합병

작은 교회가 연합하고 합병하여 복수리더십의 교회로 가는 길을 먼저 생각하자. 이 방책은 세 단계의 과정으로 진행된다.

[1단계: 4주차 외부 설교자] 제일 첫 수순은 외부 사역자가 일정 부분의 사역, 예컨대 설교를 감당하는 단계다. 가능한 방법은 매월 4주차 주일 설교를 외부 설교자에게 맡기는 것이다.

① 신학교 교수나 순회 설교자가 4주차 설교를 감당하게 하는 게 하나의 방법이다.
② 다른 방법은 교회 사이에 설교자를 4주차 때 서로 교환하여 설교하는 방식이다. 서로 여러 면에서 유사하고 잘 소통할 수 있는 교회와 사역자를 찾은 후 두 교회의 사역자가 4주차에 각각 상대 교회에서 설교하는 것이다. 각 교회는 설교자의 4주차 설교 사례비만 지출하기에 재정에 큰 부담은 없지만, 두 사람의 설교자가 설교하며 가르치는 복수리더십의 효과를 일부 누릴 수 있다. (주일 오후 프로그램은 기존의 방식이 그대로 진행되도록 한다.)
③ 코로나 19로 온라인 예배를 경험한 교회는 3, 4주차 설교를 온라인 설교자로 진행하는 방법도 생각해 볼 수 있다. 3주는 우리 교회의 설교를 타 교회에 송출하고, 4주는 타 교회 설교를 우리 교회 예배 현장에 송출하는 방식이다. 온라인 설교를 듣는 교회는 설교 시간만 온라인으로 진행하고, 그 외

예배 전체는 오프라인으로 진행한다. 물론 이 경우는 시간 조절과 IT 기술, 온오프라인 예배 방식의 배합 등이 중요하게 고려되어야 한다. ④ 또는 아예 4주차 설교 때 사역자와 교인들이 인정할 수 있는 기존에 존재하는 온라인 설교를 듣는 것도 가능하다. 예배를 오프라인으로 진행하지만 설교 시간만 타 설교자의 온라인 설교를 듣는 방식이다. 물론 이 경우는 어느 설교자의 어떤 설교를 선택할지 미리 선정해야 한다. 이 경우 특별한 재정 지출은 없다.

구체적으로 어떤 방식을 선택할지는 교회의 상황과 사정에 따라 판단하면 되는데, 핵심은 복수의 리더가 설교하며 가르치는 방식을 교회가 경험한다는 것이다.

[2단계: 외부 설교자의 확대와 교회 사이의 교류] 교회가 매월 4주차 주일에 외부 설교자의 가르침을 일정기간 (예컨대, 반년~2년) 경험했다면, 그 다음에는 이 방식의 경험을 확대하는 단계로 나아갈 수 있다. 한 달에 한 번 하던 것을 두 번 (예컨대, 2주와 4주차에) 하는 것으로 확대한다. 재정이 가능하다면 여전히 외부 순회 설교자나 신학교 교수가 설교나 가르침을 감당하게 하거나, 타 교회와의 설교 교환을 2, 4주차로 확대한다. 또는 이 두 가지 방식을 혼합할 수도 있다.

미래, 교회의 연합/합병을 염두에 두었을 때는 후자의 방식을 더욱 염두에 두는 게 좋다. 서로 인정하고 아는 교회와 사역자와 더불어 설교 교환 시스템을 구축하는 방법이다. 처음에는 5주차 때만 (즉, 두 달에 한 번 정도) 설교를 교환하다가, 점차 4, 5주차나 2, 4주차에 설교를 교환하는 방식을 취한다. 만일 세 교회가 2, 4주차에 설교를 교환하면 세 명의 설교자가 각 교회에 설교 사역을 하는 복수리더십의 효과를 누릴 수 있다. 이 과정에서 서로 설교를 교환하는 두세 교회 공동체가 서로 교류하며 자연스럽게 알아가게 되는데, 이는 이후 3단계인 교회 연합/합병에 중요한 토대가 된다. (물론, 이때 여러 설교자가 설교함으로 등장할 수 있는 비교와 경쟁 문제의 우려하는 경우도 있다. 하지만 이는 복수리더십의 철학과 효과를 잘 이해하지 못했거나, 복수 설교자의 설교 효과를 경험하지 못한 한계에 기인한다. 이에 대한 자세한 내용은 10장에서 다룬다.) 두세 교회가 연합 수련회를 하는 것은 교회들이 서로 알아가는 데 도움이 된다.

또한 요즈음은 작은 교회들이 예배장소를 공유하는 경우도 있다.[153] 만일 가능하다면 복수리더십의 교회에 기초한 연합/합병을 염두에 둔 교회들이 일정기간 예배장소를 공유하는 방식을 취하면서 일정 부분 교차 설교를 하다가 마지막 단계에 연합/합병하는 것도 하나의 방법이다.

외부 설교자를 확대하는 과정에 온라인 설교를 일정 부분 활용하는 것도 가능하다. 1단계에서 제시된 방법을 2단계에 어떻게 조화롭게 엮고 복합적으로 활용하는가는 여전히 교회의 사정과 상황에 따라 판단하면 된다.

[3단계: 교회 연합/합병] 마지막은 교회 연합/합병 단계이다. 1, 2단계를 거치며 작은 교회 공동체와 그 교회 사역자들 사이에 교회 연합의 가능성을 확인할 수 있다. 복수의 설교자들이 주일 예배에 협력하여 돌아가며 설교하는 방식이 어느 정도 정착되면, 연합 가능성 있는 공동체는 연합/합병을 염두에 두고 서로 본격적인 논의를 하는 단계로 나아간다.

물론 이 단계에는 이미 앞에서 설명했던 복수리더십의 교회를 만드는 '9장. 1. 기본 순서'가 적절히 반영되어야 한다. 즉 '리더의 준비/훈련' '복수리더십의 교회의 이해', '실행 계획 수립', '정관 마련', '사역 현장에 맞는 복수리더십의 교회 수립'은 기본으로 지켜지면서, 두세 교회 사이에 서로 조율할 부분을 함께 논의한

---

153 이런 움직임은 곳곳에서 조용히 일어나고 있다. 9개의 교회가 장소를 공유하도록 한 김포명성교회는 그런 한 예이다. 참조. '아홉 교회가 한 지붕 아래 "내 것 나눌 때 기적 일어납니다."'(igoodnews.net) (https://www.igoodnews.net/news/articleView.html?idxno=68606)

다. 특별히 이 과정에는 각 교회의 재정과 사역자의 자원 등이 반드시 함께 고려되어야 하며, 연합될 교회 운영의 전체 윤곽이 드러나야 한다.

두세 교회가 연합/합병함으로 추가 재정은 따로 들어가지는 않는다. 오히려 재정의 여력 효과가 나타날 수 있다. 사역자의 수는 그대로 인 상태에서, 재정은 '규모의 경제'[154] 효과를 내게 되기 때문이다. 작은 교회는 대체로 예배 장소를 임대하여 사용하는 경우가 많으므로 연합/합병함으로 장소 사용료가 줄 여지도 있다. 반면, 연합/합병된 교회는 결국 복수리더십을 발휘하게 되기에 가르침의 증폭 효과와 은사의 나눔 효과를 얻게 된다. 재정 자립도도 커지고, 가르침의 다양성과 설교의 질적 향상이 생긴다. 미자립교회에서 소형교회로 갈 수 있고, 소형교회에서 중형교회로 갈 수 있는 계기가 마련된다.

교회 연합을 통해 자연스레 장로회가 새로 형성되거나 기존의 장로회가 더 커지고, 복수리더십은 더욱 활기차게 진행될 수 있다. 이 과정에서 기존의 치리장로가 (가르칠 수 있는) 일반장로가 되도록 노력한다. 가르침이 가능한 일반장로가 교회 연합 전부터 개교회에 있다면, 그가 4, 5주차 설교를 맡는 역할도 가능하다. 연합/합병 교회의 장로회가 굳건히 세워지면, 복수의 사역자들이 돌아가며 설교하는 전형적인 틀을 만들어 진행한다.

이 과정에서 사역자의 이중직도 일정 부분 고려할 수 있다. 복수리더십이 실행되면, 한 사역자가 가르치며 다스리는 일의 총량이 줄어드는 효과가 있기 때문이다. 예컨대, 혼자서 주일 예배, 수요 예배, 금요 철야, 새벽기도회 등을 감당하던 양이 복수리더십의 교회에서는 줄어든다. 이중직은 사역자나 교회의 재정 부족을 일정 부분 채울 수 있다. 특히, 만일 사역자가 전통적 교회 사역 이외의 기독교 사역을 (예컨대, 선교단체 간사, 신학교 교수, 출판사, 기독교 봉사 단체 사역 등을) 감당하거나 교회나 사역자의 재정 부족의 문제가 크게 생길 때는 이중직을 적극적으로 고려해

---

[154] '규모의 경제'란 간단히 말해 경제 규모가 커질 때 단위 생산비용이 줄어들어 이익이 증가하는 효과를 말한다.

볼 수 있다. 하지만 이중직으로 말미암아 교회 리더로서 본연의 역할을 잘 감당하지 못하는 일이 발생하지 않도록 조심해야 한다. 이중직은 가능하면 두 직의 역할이 서로 시너지 효과를 낼 수 있도록 하는 게 좋다.

2) 자립 복수리더십 교회

작은 교회가 연합/합병하지 않고 자립으로 복수리더십을 발휘하는 길도 있다. 이 길도 실행의 앞부분은 교회 연합/합병의 경우와 유사하다. 교회 연합/합병의 3단계 중 1, 2단계의 일정 부분은 그대로 유효하다. 외부 사역자의 도움을 받아 일단 복수의 설교자가 활동하는 방식을 활용한다. 처음에는 한 주 정도에서 점차 2~3주를 복수의 설교자가 설교하도록 한다. 이런 과정을 통해 교회는 복수리더십을 조금씩 경험하게 된다.

하지만 자립의 길에는 두 가지 점에서 다른 조치가 필요하다. 하나는 교회 내에 가르치는 일반장로를 복수로 세우는 길이고, 또 다른 하나는 교회 내에 특별장로(목사)를 복수로 세우는 길이다.

[일반장로 세우기] 복수리더십을 세우는 초기에는 외부 사역자가 일정 부분 설교하게 되는데, 이런 기간을 무한정 계속할 수는 없다. 따라서 교회의 치리장로를 가르치는 일반장로가 되게 하는 단계를 밟아야 한다. 치리장로를 교육/훈련하여 가르칠 수 있는 일반장로로 세우는 방법을 찾아 실행한다. 사역자가 받아야 하는 훈련 프로그램, 그 중에서도 가장 기본적인 훈련 과정, 즉 성경 연구 훈련, 큐티 훈련, 그룹 모임 인도 훈련, 설교 훈련을 받게 함으로 가르칠 수 있는 일반장로가 되도록 한다.[155] 또한 새로 장로를 세울 때는 치리장로가 아닌 일반장로를 세운다. 그래서 점차적으로 외부 사역자를 줄이고 내부의 일반장로가 그 사역을 감당하게

---

155 이와 관련한 내용은 이진섭, 『성경 사용 설명서』를 참조하라.

한다. 조심해야 할 점은 잘 가르칠 수 없는 분을 일반장로로 세우거나, 훈련되지 않아 가르치기를 잘 할 수 없는 치리장로를 일반장로로 세워 가르치는 역할을 하게 하는 것은 피해야 한다는 것이다. 잘못 세우면 복수리더십의 효과를 얻기보다 잃는 게 더 커진다.

[특별장로(목사) 세우기] 교회 내 일반장로를 세우는 일과 함께 특별장로를 세우는 일도 진행한다. 작은 교회에 외부사역자의 참여로 복수리더십이 교회에 조금씩 실현되면 가르침의 힘이 커지기에 기존의 단수 리더십보다 교회가 활성화되기 쉽다. 자연히 그 결과는 시간이 지나면서 성도 숫자의 증가로 나타날 수 있다. 그런 흐름에 맞추어 재정이 증가되는 만큼 특별장로(목사)의 숫자를 늘려간다. 또 다른 위임 목사가 될 수 있는 가능성이 있는 사역자를 부목사로 일정 기간 활동하게 하면서, 주일예배 설교 등도 함께 감당하게 한다. (부목사는 처음에는 8장에 나타난 사역자회의 일원이 된다.) 만일 일정 기간 동안 사역을 한 결과 앞으로 계속 함께 할 수 있다고 판단되면, 그 부목사를 (장로회에 참여하는) 또 다른 위임목사로 세워 복수의 위임목사들이 함께 사역하게 한다. 이렇게 복수의 목사(특별장로)를 확장해가면서 복수리더십을 발휘하게 한다.

정리하면, 교회 자체적으로 자립하여 복수리더십의 교회로 가든지 교회가 연합/합병하여 가든지, 핵심은 복수의 특별장로와 일반장로가 함께 가르치고 돌보며 다스리는 역할을 하면서 복수리더십의 교회를 실현하는 것이다. 그 실현 모습은 이미 8장에서 서술한 형태이다.

(2) 중형교회

중형교회는 교인수가 100명 이상 500명 미만의 교회이다. 교회의 규모(즉, 성도 수)

는 크면 무조건 좋고 적으면 무조건 안 좋거나, 크면 무조건 안 좋고 적으면 무조건 좋은 게 아니다. 교회의 본질과 성격과 상황에 비추어 각 개교회에 맞는 적정 규모가 있다고 보는 게 낫다. 리더십과 은사의 나눔이 활성화 되려면 규모가 최소 이상이 되어야 하고, 또 교제나 나눔이 정상적이려면 너무 비대화되어서도 곤란하다. 리더십과 은사와 교제와 나눔이 극대화 되고 개교회의 사정에 맞는 적정 규모가 있을 것이다. 물론 이는 성도 구성과 지역과 역사와 시대에 따라 가변적이다. 정확한 수치를 단정할 수는 없지만, 중형교회는 기본적으로 이러한 여러 조건을 고려할 때 유리한 위치에 있다.

[로드 맵] 중형 교회가 복수리더십으로 가는 길은 작은 교회에 비해 어려움이 상대적으로 적다. 리더십의 자원도 작은 교회보다 많고, 재정 측면에서도 복수리더십을 발휘하기가 쉽다. 다시 말해, 재정과 인적 자원의 규모 면에서 복수리더십으로 가기가 상대적으로 수월하다는 말이다.

중형교회가 복수리더십의 교회가 되는 길은 작은 교회가 자립하여 복수리더십으로 가는 방식과 유사하다. 다만, 재정 자립도와 인적 자원이 상대적으로 좋기에 작은 교회보다는 수월하게 그 목표를 성취할 수 있다. 특별하게 고려해야 할 방법은 크게 두 가지다. 하나는 치리장로를 교육하고 훈련하여 일반장로가 되게 하는 방법이고(아예 새로 장로를 세울 때는 치리장로가 아니라 일반장로로 세운다), 또 다른 하나는 부목사를 일정 기간 사역하게 한 후 또 다른 위임목사(특별장로)로 세우는 방법이다. 이 두 가지 방법은, 앞에서 작은 교회가 자립하는 방식과 유사하게, 함께 진행하면 된다. 이렇게 일반장로와 특별장로가 복수로 세워지면 복수리더십을 발휘하는 장로회가 형성되는데, 그 장로회는 8장에서 설명한 복수리더십의 역할을 감당하면 된다. (이에 대한 자세한 모습은 8장을 참조하라.)

중형교회의 경우에도 초기에 복수리더십을 발휘할 자원이 부족하다고 판단될 때는 외부 사역자가 일정 기간 활동하게 할 필요가 있다. 그 후 내부 인적 자원이 수립되는 만큼 외부 사역자를 줄이면 된다.

부목사를 언제 또 다른 위임목사로 세우는가 하는 시점(즉, 부목사가 장로회에 정식으로 들어오는 시점)은 교회의 사정과 상황에 따라 결정한다. 일단 부목사가 또 한 사람의 위임목사로 교회의 사역에 진정 적합한 인물인지를 검증하는 시간이 필요하다. 복수리더십을 충분히 이해하고 함께 할 수 있는 사람인지도 확인해야 한다. 자기 권한에 집착하고 과시욕이 있는 사람은 곤란하다. 기존 리더십(장로회)과 교인들(총회)이 해당 사역자를 본 교회의 리더십에 포함할 수 있다는 확신이 들었을 때 절차를 진행하면 된다. 판단은 내적, 공적 평가 시스템을 가동하여 할 수 있다. 기본 절차는 장로회가 발의하여 심의하고 교인총회가 최종 의결하는 방식이다.

만일 교단 법이 복수의 위임목사를 허락하지 않는 경우라면, 그 틀의 한계에 맞게 복수리더십을 발휘하게 하면 된다. 설교를 잘 감당할 수 있다고 판단되는 부목사나 장로가 돌아가며 설교를 감당하게 하거나, 이들이 각종 모임과 나눔을 복수리더십의 형태로 감당하게 할 수 있다. 결국, 교단 법의 테두리 안에서 8장에서 설명한 가르침과 돌봄과 다스림의 사역을 복수리더십의 형태로 실행하면 된다.

중형교회가 복수리더십을 제대로 발휘하면, 교회는 더욱 안정되며 공동체는 복수의 가르침이 제공하는 유익을 적절히 얻을 수 있다. 이런 로드 맵이 가능하려면 기존 담임 목사의 결단이 중요하다. 주님 앞에서 자신을 내려놓고, 복수리더십의 교회로 가려는 분명한 의지가 있어야 한다. 자기 권한과 과시욕을 버리고, 오직 주님의 주권과 주님 교회의 공동체성을 고려할 때만 가능한 길이다.

(3) 대형/초대형 교회

대형교회와 초대형교회는, 규모의 경제 효과가 크게 작용하는 시스템이기에, 복수리더십을 실행하는 데에 필요한 재정이 부족하지는 않다. 다시 말해, 재정의 어려움 때문에 복수리더십을 발휘하기 어렵지는 않다는 말이다.

[실행 의지] 오히려 문제는 복수리더십의 교회를 실현하려는 의지의 여부다. 가보지 않은 복수리더십의 길에 대한 두려움이나 막막함 또는 의구심이 실현 의지를 가로막을 수 있다. 작은 교회는 재정 문제를 포함한 현실의 여러 어려움 때문에 가보지 않은 복수리더십 교회의 길을 용감하게 나설 수도 있겠지만, 대형/초대형교회는 이미 잘 세팅되고 안정화된 시스템을 새롭게 재편하는 게 큰 부담으로 작용할 수 있다. 복수리더십으로 가려고 시도하다가 어려움에 봉착하면 어떡하나 하는 두려움이 크게 자리 잡을 수도 있다. 또 한편으로는 이미 가진 기득권을 내려놓는 데에 대한 주저함도 있을 수 있다. 대형교회와 초대형교회의 이름이나 그 교회 담임 목사의 영향력과 유명도가 크고 막중하다고 생각하기에, 복수리더십의 교회로 갈 때 그 쌓아놓은 자산이 손상되거나 해체될 수 있다는 우려가 생길 수 있다. 하지만 이때 세 가지 점을 잘 숙고해야 한다.

첫째는 복수리더십의 교회가 대형교회와 초대형교회의 타락을 막는 데 꼭 필요한 시스템이라는 점이다. 이는 교회 사역을 감당하는 신실한 담임 목사와 장로들에게도 중요하고, 교회의 순수성과 가치를 온전히 유지하는 데에도 필요하다. 가보지 않은 길이라고 쉽게 거부하거나 접으면 안 된다는 말이다. 타락을 막는 최소한의 보험인 셈이다.

둘째, 신약성경이 복수리더십의 교회를 분명히 보여준다는 사실이다. 이미 2부에서 자세히 살핀 대로 신약성경에 나타난 교회 정치의 모습은 복수리더십이다. 예수님은 복수리더십 교회의 청사진을 가지고 준비하셨고 사도들은 그 청사진을 실현하였다. 예루살렘교회는 초대교회 시절 초대형교회로서 복수리더십을 자연스럽고 철저하게 실행했다. 역사의 첫 교회인 예루살렘교회가 복수리더십으로 실현된 (성도 수가 3,000명이 넘는) 초대형교회였다.[156] 따라서 우리 시대의 대형/초대형교회가 복수리더십을 우려하거나 회피할 이유는 없다. 오히려 대형/초대형교회가 복수리더십의 교회가 되었을 때 교계 전반에 미치는 선한 파급효과가 더욱 클 것이라는 점을 예상할 수 있다. 영향력이 축소되는 게 아니라, 선한 영향력은 오히려 확대된다.

셋째, 영국의 대형교회인 All Souls Church는 현대 대형교회에도 복수리더십이 실현될 수 있는 가능성을 잘 보여준다. 물론 이 교회가 신약성경이 말하는 복수리더십의 교회와 잘 일치하는지는 명확하지 않지만, 적어도 설교를 실행하는 방식은 복수리더십의 모습을 잘 보여준다. 이 교회는 신선하고 훌륭한 영향력을 영국 내에서 뿐 아니라 국제적으로도 잘 미치고 있다. 존 스토트(John Stott) 목사는 (자신이 Rector로 사역했을 때) 자신이 국내와 국외의 여러 사역을 잘 감당한 배경의 하나가 이 교회의 복수리더십이었다고 말한 바 있다. 만일 한국의 대형/초대형교회가 이 복수리더십의 길을 새롭게 걷게 된다면, 또 다른 면에서 교회를 개혁하는 새 힘을 공급할 수 있게 될 것이다.

[로드 맵] 대형/초대형교회가 복수리더십으로 가는 길은 중형교회의 방법과 유사하다. 처음에는 외부사역자와 설교자가 참여하면서 교회 내의 치리장로와 부목사를 일반장로와 특별장로(위임받은 또 다른 목사)로 세워가는 방법이다. 일반장로가 적고 치리장로가 많을 때에는 장로회와 당회의 역할을 구분하는 방식이 필요할 수 있다. 장로회는 특별장로와 일반장로로 구성하고, 당회는 거기에 치리장로까지 포함된 형태로 구성할 수 있다. 가르침과 관련된 부분은 장로회에서, 교회의 사무와 다스림과 관련된 부분은 당회에서 처리하면 된다.

---

156 예루살렘교회는 처음에는 120명 정도가 모였다가 (행 1:15) 오순절 성령강림 후에 약 3,000명이 추가되었고(행 2:41) 얼마 지나지 않아 (믿는 남자의 수만 계산해도) 5,000명이 되었으며(행 4:4) 이후에도 계속 제자의 수는 더 심히 많아졌다(행 4:4; 6:7).

교단 법은 중형교회의 경우처럼 여전히 어려움으로 남을 수 있다. 하지만 교단 법의 한계를 따르되 상황과 처지에 맞게 복수리더십을 만들어 가면 된다.

8장에서 제시한 운영위원회나 교인총회의 모습은 대형/초대형교회에는 꼭 그대로 실현하기 어려울 수 있다. 하지만, 이는 대형/초대형교회의 상황에 맞게 모임의 방법, 모임 횟수, 시기 등을 적절히 변형하여 운용하면 된다. 복수리더십 교회로 가려는 의지만 분명하면, 구체적 방법과 다양한 방식은 충분히 찾을 수 있다. 중요한 건 '욕심이 없고 교만하지 않은 신실한 목사와 장로'가 복수의 리더로 참여하게 하는 것이다. 이 리더의 선별은 매우 중요하다.

(4) 개척교회

지금까지 다룬 모든 경우는 기존의 담임 목사제 교회에서 복수리더십의 교회로 가는 경우였다. 기존 교회는 이미 존재하는 교회의 규모가 있기에 한편으로는 도움이 되지만, 또 한편으로는 기존 시스템이 있기에 복수리더십을 발휘하는 데 어려운 점이 있다. 이미 담임 목사제로 운영되고 있기에 복수리더십의 새로운 시스템으로 변화하기 힘들다.

그런데 아예 새로 교회를 개척하여 처음부터 복수리더십을 이루는 길도 있다. 이 경우는 새로 판을 짜기에 기존의 틀과 씨름하는 부담은 적어 한편으로는 간편하고 수월한 면이 있다. 하지만 재정의 부담은 오히려 더 커진다. 다시 말해, 복수리더십의 교회를 개척하려면 재정의 문제를 어떻게 다루는지가 더 중요한 이슈로 부각한다.

대부분 개척교회는 일정 규모에 이르기까지 사역자의 사례는 큰 어려움으로 등장하는데, 복수리더십의 교회의 개척은 그 재정 부담의 크기와 기간을 좀 더 크고 길게 잡아야 하는 어려움이 더 있다. 이런 재정의 어려움을 극복하는 방법을 적절히 찾아야 한다.

일정 기간 재정적으로 버틸 수 있는 특별장로가 교회 개척에 참여하는 게 하나의 방법이다. 그러면서 외부 사역자(신학교 교수, 선교사, 타 교회 목사)가 설교에 참여하게 한다. 타 교회와 설교를 교환하거나, 외부 온라인 설교를 도입하는 것도 가능하다. 쉽게 말해, 작은 교회가 복수리더십을 세우는 과정에 쓸 수 있는 방법을 이 경우에도 혼용해서 적용하면 된다.

처음부터 목사들이 함께 하기보다는 가르칠 수 있는 일반장로와 함께 개척하는 길도 또 다른 하나의 방법이다. 처음부터 복수의 특별장로가 함께 하면 사례비의 부담은 상대적으로 크다. 하지만 이미 다른 직업을 지닌 일반장로가 가르치는 사역자로 함께 하면 재정 부담은 상대적으로 적다. 물론 이 경우도 (앞에서 다룬) 작은 교회가 쓸 수 있는 여러 방법을 혼용할 수 있다.

교회의 규모가 커져가면서 점차 특별장로의 수를 늘리고 또한 일반장로의 수를 늘려간다. 이미 앞에서 작은 교회와 중형 교회의 경우에 고려했던 방법이 이 경우에도 적절히 준용될 수 있다. 규모가 커지며 (치리장로가 아닌) 가르칠 수 있는 일반장로를 세우며, 또 다른 사역자를 위임목사로 추가한다.

외부에서 복수리더십의 교회 개척을 지원하는 방법도 있다. 교회가 일정 궤도에 오를 때까지 외부에서 재정지원을 받는 거다. 물론 이 방법은 이런 지원 시스템이 존재할 때 가능하다. 교단 차원이나 큰 교회 차원에서 지원을 하거나, 또는 복수리더십의 교회를 꿈꾸는 사람들이 모여 네트워크를 형성하거나 펀드를 마련해서 지원하는 방식이다. 미래에는 이런 시스템이 마련되어야 한다. 주님께서 복수리더십의 교회를 시작하셨다면, 그 사명을 실현할 당사자인 우리가 협력하여 함께 그 길을 걸어가야 하기 때문이다. 이런 네트워크 단체나 펀드는 앞에서 다룬 작은 교회의 복수리더십을 도울 수도 있다.

처음부터 개척에 함께 하는 성도들이 복수리더십을 이해하는 일은 매우 중요하다. 첫 단추가 잘 끼워져야 이후가 순조롭다. 개척교회의 경우에도 복수리더십의 교회로 가는 (9장 1의) '기본 순서'는 여전히 유효하며, 실행하는 과정에 늘 지녀야 하는 (9장 2의) '주요 관심 사항'도 여전히 중요하다.

다만, 교회 개척의 경우에 교단 법의 문제는 달리 생각할 수도 있다. 만일 교단 법의 한계 때문에 복수리더십을 온전히 발휘하기 어렵다고 판단되면, 개척할 때 독립교회로 가거나 독립교단(KAICAM, WAIC)의 방향을 설정하는 것도 가능한 하나의 방법이다.[157]

그럼에도 결국, 개척교회가 이르게 될 종착지는 8장에서 서술한 복수리더십의 교회 모습이다. 개척교회는, 그게 기존 교단이든 독립교회든 독립교단이든, 결국 이미 앞에서 모델로 제시한 '가나다교회'의 모습으로 나타나야 한다. 그런 목표를 설정하여 한 걸음 한 걸음 걸어가며 앞에 놓인 장애물을 치우거나 넘어야 하고, 필요한 길을 잘 만들어 주님의 통치가 온전히 실현되는 복수리더십의 교회를 이루어야 한다.

개척교회든, 작은 교회든, 중형교회나 대형/초대형교회든 모두 복수리더십의 교회란 목적지는 동일하다. 그 목적지로 가는 방법은 다양하며 차이가 있을 수 있지만, 복수리더십을 실현함으로 주님께서 바라시는 아름답고 건강한 교회가 되는 꿈은 동일하다.

> 복수리더십의 교회는 단숨에 실현되지 않고 점진적으로 이루어진다.
> 교회의 규모와 상태에 따라 다양한 로드 맵이 필요하다.
> '복수리더십의 교회'라는 꿈은 이루어져야 한다.

---

[157] 예컨대, 카이캄(KAICAM, 한국독립교회선교단체연합회)이나 웨이크(WAIC, 국제독립교회연합회)에 가입하는 방법이다.

10장 복수리더십과 한국교회의 회복

복수리더십의 교회가 무엇을 어떻게 바꿀 수 있을까?

복수리더십의 교회가 실현되면 어떤 일이 일어날까? 3장에서는 담임 목사제가 한국교회의 여러 문제와 직간접적으로 관련되어 있음을 살폈고, 그런 문제가 복수리더십의 교회 수립으로 회복될 기회가 생길 수 있다는 점을 시사했다. 이제 이런 부분을 확대하여 조심스레 살펴볼 차례다.

1. 문제 회복의 길

3장에서 다루었던 (담임 목사제와 관련된) 여러 문제는 복수리더십의 교회 실현으로 극복되거나 최소화되는 길을 걸을 수 있다.

(1) 리더십의 권력화 문제: 권력화 해소와 섬기는 리더십

가장 먼저 생각할 수 있는 효과는 리더십의 권력화 문제 극복이다. 복수리더십의 교회가 되면 한 사람의 위임목사(담임 목사)에게 권력이 집중되는 현상이 극복될 수 있다. 한 사람(담임 목사)에게 인사권과 설교권 등이 집중된 시스템이 아니라 복수의 리더들이 함께 협의하여 판단하며 사역하는 구조이기에 권력의 유혹에 빠질 위험이 적다.

예컨대, 인사권이 한 사람에게 집중되어 있지 않기에, 다른 목사들과 장로들이 그 한 사람의 뜻에 어쩔 수 없이 무조건 맞추려는 일을 피할 수 있다. 복수리더십의 교회에는 한 사람, 곧 대표장로가 교회와 장로회를 대표한다고 해도 그가 자기 마음대로 모든 것을 결정할 수는 없다. 또한 그 직책은 임기가 있고 무제한적 권한을 가진 게 아니기에 그 자리가 쉽게 권력화의 상징이 될 가능성은 적다. 반면, 복수리더십이 잘 활성화 되면 될수록 오히려 교회의 리더십은 권력의 자리가 아니라 본연의 섬기는 리더십, 곧 희생의 리더십으로 자리할 가능성이 커진다. 담임 목사제의 결정적인 약점인 리더십의 권력화 문제가 해결될 단초가 마련되고 성경적 리더십의 모습으로 돌아갈 가능성이 생긴다는 말이다. 자연스레 이런 특징은 이후 (리더십의 권력화와 관련하여 나타나는) 여러 다른 문제를 약화하거나 해소하는 데 적지 않은 영향을 미친다.

(2) 다양한 가르침의 부족 문제: 다양한 가르침의 제공과 성장의 기회

복수리더십이 발현됨으로 말미암는 또 다른 긍정적 효과는 다양한 가르침의 부족 문제를 극복할 수 있다는 점이다. 여러 사역자가 복수로 가르치고 설교하며 함께 목양하기에 한 사람의 특징과 장단점에만 묶여있던 담임 목사제의 한계를 극복하게 된다. 설교에 참여하는 다양한 사역자의 가르침과 성향이 교회 공동체의 다양한 필요를 좀 더 적절하게 채우는 기회를 제공한다. 또한 담임 목사 한 사람의 장단점에만 갇혀있던 구조가 극복될 수 있다.

    성도는 거의 유사한 설교를 매주 20~40년 내내 듣던 상황에서 나오게 된다. 설교의 패턴과 흐름에 변화가 생겨 성도들이 느끼던 단조로움이 극복될 수 있고, 복수의 리더들로 말미암아 말씀의 다양한 자양분이 교회 공동체에 공급될 수 있다. 한 마디로 말해, 다양한 가르침으로 말미암아 성도의 누림은 더 풍성해진다. 리더들에게도 유익이 생긴다. 한 사람(담임 목사)이 설교 사역을 전반적으로 감당하던 부담이 줄어들어 리더는 설교 준비와 실행에 여력이 생기고 성장할 수 있는 기회를 갖게 된다. (담임 목사제의) 부목사들은 행정과 다른 일에만 집중하던 모습에서 탈피하고 (복수리더십 체제에서) 복수의 위임목사가 되어 말씀 사역을 감당하는 기쁨과 보람을 더 누리고 성장할 수 있게 된다. 성도와 리더의 이런 누림은 담임 목사제와 관련된 다른 여러 문제를 해소하는 데 또한 도움을 준다.

(3) 윤리적 삶의 약화 문제: 타락의 유혹 극복과 윤리적 삶의 고양

리더십의 권력화는 리더의 타락을 부추겼고 가르침의 부족은 성도의 윤리적 삶의 약화로 이어졌지만, 복수리더십은 이런 문제 또한 극복할 힘을 가진다. 리더들은 권력의 맛에 유혹되기보다 섬기는 리더십을 경험하게 되어 자연스레 부패나 타락의 길에서 멀어질 가능성이 커진다. 복수리더십의 구조가 순조롭게 작동하게 되면 리더들은 권력의 위계가 유혹하는 성적 타락이나 재정 비리의 길로 빠지기 않을 수 있다. 윤리적 측면에서 성도가 얻는 효과도 크다. 복수 리더들의 다양한 가르침으로 말미암아 말씀의 은혜와 힘을 더 누릴 수 있기에 윤리적 삶을 더욱 강하게 추구할 수 있게 된다. 바른 가르침의 회복과 충분한 공급은 자연스레 윤리의 고양(高揚)으로 나타난다.

(4) 부사역자의 비정규직화 문제: 사역자의 정규직화

복수리더십의 실현은 한국교회에 만연된 부사역자의 비정규직화 문제를 해결할 단초를 마련한다. 사실 담임 목사제는 부사역자의 비정규직화를 기반으로 운영된다. 교회의 규모가 커져도 한 사람의 담임 목사가 교회 목양을 감당할 수 있는 건 비정규직 부사역자들을 늘려 활용할 수 있기 때문이다. 담임 목사만 정규직이고, 다른 여러 부사역자들은 비정규직이다. 이런 구조는 사실은 비정상적인데, 이런 문제가 복수리더십의 교회에서는 해결된다.

교회의 규모가 커짐에 따라 (비정규직 부목사를 더 세우는 게 아니라) 또 다른 정규직 위임목사를 세우게 되기 때문이다. 물론 정식 위임목사로 세우기까지는 검증과 확인의 기간이 필요하다. 일정기간은 부목사로 사역할 수 있다. 하지만 그 검증이 완료되면 부목사로 두지 않고, 또 다른 위임목사로 세워 복수로 사역하게 한다. 자연히 비정규직 부목사의 숫자는 커지지 않고 복수의 위임목사 숫자가 늘게 된다. 교회가 커지면 그에 비례하여 위임목사의 숫자가 늘기에 비정규직 문제는 해소된다. 복수리더십은 부사역자를 위임목사로, 비정규직을 정규직으로 만든다.

(5) 부목사들의 이동/전직과 목사의 이중직 현상: 목사의 사역 안정화

복수리더십은 또한 (담임 목사제로 말미암아 생겼던) 부목사의 잦은 이동과 전직, 목사의 이중직 현상을 완화시킨다.

무엇보다도 먼저 복수리더십의 교회는 대표 리더의 변화에 따른 부사역자의 사역 교회 이동을 부축이지 않는다. 사역지 변동의 불안을 피할 수 있다는 말이다. 대표장로가 바뀐다고 해서 교회에서 사역하던 부목사(일반사역자)들이 이동할 필요는 없다. 부목사들이 해당 교회의 정체성과 리더들과 잘 어울릴 수 있다면, 정해진 기간을 잘 채울 수 있고 더 나아가 위임목사로 교회 복수리더십에 편입될 수 있는 기회가 있다. 담임 목사제처럼 인사권이 한 사람에게 집중되어 있지 않으므로 인사 문제와 관련한 불안함도 해소될 수 있다.

둘째, 담임 목사가 되지 못해 결국 목사직을 그만두고 어쩔 수 없이 다른 직업을 가지게 되는 전직 현상도 완화된다. 복수리더십의 교회는 복수의 목사들을 위임할 수 있기에 담임 목사제보다 위임 목사의 숫자가 더 많아진다. 자연히 담임 목사의 숫자 제한으로 말미암는 전직 현상이 줄어든다. 예컨대, 담임 목사제로는 대형교회에 한 사람의 담임 목사만 정년으로 가지만, 복수리더십을 실현하는 대형교회는 부목사들을 위임목사로 더 세울 수 있기에 정년까지 가는 목사들이 많아지는 현상이 생긴다. 굳이 다른 교회에 1인의 담임 목사로 가지 않아도, 기존 교회에서 정년까지 사역할 수 있는 길이 열린다. (물론, 본인이 다른 교회를 선택하여 갈 수도 있다.) 다시 말해, 담임 목사직의 허들 자체가 없기에, 목사들이 보통 50세 전후에 부딪히는 전직(목사직 포기)의 위험은 해소된다.

셋째, 원치 않는 이중직으로 내몰리지 않아도 된다. 사역 교회 변동의 부담과 목사직을 그만 두어야 하는 불안으로 말미암는 이중직 고려는 피할 수 있게 된다. 복수리더십 교회에는 위임목사가 될 기회가 담임 목사제보다 많기 때문이다. 다만, 복수리더십을 발휘하는 과정에서 필요한 범위 내에 이중직을 활용할 수는 있다. 경제적 생활고에 몰려서 이중직을 선택하는 부담은 줄어들고, 자신의 사역과 연관된 범위 내에서 활용할 수 있는 이중직은 고려할 수 있다.

(6) 교회 세습의 문제: 세습의 근본적 차단

복수리더십의 교회에는 세습 문제가 근본적으로 차단된다. 복수리더십 시스템은 한 사람이 리더십을 독점하는 형태가 아닐 뿐 아니라 한 사람이 장기적으로 리더십을 계속하지도 않기 때문이다. 복수리더십의 장로회에는 대표장로가 모든 것을 마음대로 독자적으로 하지도 않으며, 또한 대표장로 직책은 일정 기간이 지나면 자연스럽게 다른 리더가 이어 감당한다. 대표장로 역할을 하던 유력한 리더가 은퇴를 한다고 해도 장로회 안에서 그 다음으로 리더십이 있는 장로가 대표직을 맡기에, 리더십은 큰 어려움이 없이 다른 리더에게 자연스럽게 승계된다. 이미 한 사람이 은퇴하기 전에 대표 리더십의 변동을 자연스레 경험해왔기에 장로회나 교회도 큰 부담을 느끼거나 우려하지도 않아 교회의 리더십은 안정된다.

또한 복수리더십의 장로회는 늘 복수리더십의 총량으로 활동해 왔기에, 대표장로나 한 사람의 다른 리더가 은퇴하여 빠지더라도 리더십의 크기는 크게 변동되지 않는다. 예를 들어, 담임 목사가 20~30년 설교하던 게 갑자기 바뀌는 형태가 아니라, 여러 설교자 중에 한 사람이 빠지고 새로운 한 사람이 들어오는 형태이기에 설교자의 변동으로 말미암는 문제도 크게 생기지 않는다. 돌려 말해, 한 사람에게 완전히 의존되는 구조가 아니라 복수의 리더가 함께 협력하여 분담하는 사역 형태이기에 세습의 정당성에 빌미가 되는 리더십의 심각한 변화 문제가 생기지 않는다는 말이다. 한 마디로, 복수리더십의 교회에는 교회 세습 문제가 없다.

(7) 원로목사와 후임목사의 갈등 문제: 갈등의 원인 차단

복수리더십의 교회가 실현되면 (담임 목사제에서 나타났던) 은퇴(원로)목사와 후임(담임)목사 사이에 발생하는 갈등 문제는 원천적으로 차단된다. 담임 목사 제도가 아니기에 이 두 목사 사이의 갈등이 생기지 않는 환경이 조성되기 때문이다.

    은퇴(원로)목사와 후임(담임)목사 사이의 갈등은 두 가지 근본적 원인, 즉 '리더십의 권력화'와 '다양한 가르침의 경험 부족'이라는 문제 때문에 발생한다. (이에 대한 자세한 내용은 3장 2-(7)에서 이미 설명했다.) 그런데 복수리더십의 교회는 이 두 가지 문제를 해소하고 해결하기에 자연스레 이런 갈등 문제는 나타나지 않는다. 복수리더십의 교회는 리더십의 권력화를 해소하고 성경적 리더십 본연의 정신인 섬기는 리더십을 발휘하게 하기에 은퇴한 목사와 새로 참여한 목사 사이의 갈등이 생길 위험은 적다. 새로 장로회에 가입하는 목사는 복수의 리더 중의 한 명이기에 굳이 은퇴한 목사와 갈등할 일이 없다. 오히려 갈등의 소지가 있다면, 이전의 대표장로와 새로 대표장로가 된 기존의 사역자 사이의 관계 문제이다. 하지만 이는 은퇴로 인한 문제가 아니다. 더구나 대표장로는 권력의 직책이 아니라 봉사와 섬김의 직분이기에 이전 대표장로와 새 대표장로 사이의 심각한 갈등은 잘 나타나지 않게 된다.

    복수리더십의 교회는 은퇴 목사(장로)가 빠지고 새 사역자가 참여한다고 해도, 전체 가르침의 총량에 큰 변화가 생기지는 않는다. 또한 교회는 이미 다양한 가르침의 경험을 경험했기에 새 사역자로 말미암는 설교의 변화나 가르침의 성격 차이도 교회 전체를 어지럽게 만드는 갈등으로 등장하지 않는다. 다시 말해, 담임 목사제에서 다양한 가르침의 경험 부족으로 말미암아 생겼던 원로목사와 후임목사 사이의 갈등은 복수리더십의 교회에는 보기 힘들다는 뜻이다.

부차적 효과도 있다. 은퇴한 목사가 다른 교회에 가서 예배를 드리거나 교회와 먼 거리에 떨어져 사는 게 미덕처럼 보이는 일을 안 해도 된다. 은퇴한 목사와 장로는 그대로 그 공동체 안에서 있으며 함께 은혜를 누릴 수 있다. 이런 모든 현상은 복수리더십의 교회가 '리더십의 권력화' 문제와 '다양한 가르침의 경험 부족' 문제를 해소하고 해결하기 때문이다.

(8) 전별금과 지참금 문제: 근본 원인 차단

은퇴하는 담임 목사에게 주는 전별금과 새 담임 목사에게 요구하는 지참금의 문제도 복수리더십의 교회에는 생기지 않는다. 3장에서 이미 다룬 대로 이 문제의 근본 원인은 담임 목사의 자리가 희생과 섬김의 자리가 아니라 권력과 특권의 자리로 인식되었다는 데 있다. 하지만 복수리더십의 교회 시스템은 한 사람에 집중되는 리더십의 권력화를 해소하고 교회에 섬기는 리더십의 분위기를 만들기에 그런 문제의 소지를 근본적으로 차단한다. 대표장로가 임기제이기에 대표장로의 변동은 평소에도 있는 일이며, 장로회에 새로운 사역자가 들어오더라도 곧 바로 대표장로로 세워질 수는 없기에, 자연스레 전별금이나 지참금 문제는 거론될 수도 실행될 수도 없다.

다만, 은퇴하는 목사를 경제적으로 돕는 시스템은 마련할 필요가 있다. 이는 복수리더십의 교회가 미리 퇴직금 적립 시스템을 운영하면 된다. 위임 목사가 되는 때부터 목사의 사례비와는 별도로 매월 퇴직금을 적립하도록 산정하여 교회의 경상 재정을 수립하여 실행한다. 이렇게 적립된 퇴직금은 사역을 마감하는 목사나 정년이 되어 은퇴하는 목사에게 전달된다. 전임하지 않는 일반장로의 경우까지 퇴직금을 적립할 필요가 없다. 물론, 목사들의 연금은 교단 차원에서 마련하는 게 좋다. 또한 각 사역자가 자기 여건과 처지에 맞는 연금을 준비하도록 독려하는 것도 필요하다.

(9) 교회의 빈익빈부익부 현상: 중화 효과 기대

이미 앞에서 (3장 2-(9)에서) 복수리더십의 교회가 교회의 빈익빈부익부 현상을 약화시킨다는 점을 설명했다. 담임 목사제는 '리더 은사의 총량 효과'와 '재원 총량의 활용 효과'의 측면에서 소형교회와 대형교회의 간격을 더욱 벌려 놓는다. 교인들이 소형교회보다 대형교회로 이동하는 현상을 만들어 빈익빈부익부 현상을 만든다. 하지만 복수리더십의 교회는 이런 현상을 약화시킨다. 중소형교회의 경우 복수리더십이 은사 총량을 늘려 주어 교회 교인수의 규모가 늘어날 기회를 제공하며, 대형교회의 경우 복수 리더들의 사례 비중이 증가하여 재정 여분 효과를 감소시키고 그로 말미암아 부익부의 증가율을 떨어뜨린다. 물론 여전히 대형교회와 초대형교회의 부익부 현상은 나타나겠지만, 소형교회와 중형교회가 탄탄해지는 만큼 빈익빈부익부 현상의 폭은 줄어들 것이다. 복수리더십의 교회는 교회들 사이의 무게의 균형과 평균을 이루는 쪽으로 작동할 것이다.

복수리더십의 교회가 잘 실현되면 (3장에서 다루었던) 담임 목사제와 관련된 여러 문제는 해소되거나 약화될 기회가 생긴다.

2. 승리의 길

이처럼 복수리더십의 교회가 실현되면 실현될수록 담임 목사제가 관련되었던 문제들은 하나둘씩 풀릴 기회가 생긴다. 하지만 복수리더십이 무조건 꽃길은 아니다. 또한 복수로 리더십을 발휘한다고 해서 복수리더십의 교회가 무조건 잘 되는 것도 아니다. 복수리더십이 제대로 발휘되어 복수리더십의 교회가 온전히 실현되려면, 주의해야 할 점과 해결해야 할 것들이 있다. 복수리더십을 실현할 때 맞닥뜨리는 복병을 적절히 극복하고 처리해야 좋은 결과를 얻을 수 있다. 다음에 제시되는 12가지는 함께 동역하는 아름다운 교회가 이루어지는 데 꼭 중요하게 고려되고 반드시 신중하게 처리되어야 한다.

(1) 리더 선별과 리더십 제고

다시 반복하여 말하지만, 교회 리더십에서 언제나 중요한 것은 '어떤 리더인가'라는 점이다. 리더가 훌륭하면 좋은 리더십이 되고, 리더가 안 좋으면 리더십이 어그러진다. 복수리더십은 좋은 리더가 타락하지 않게 하며 리더들이 리더십을 적절히 발휘하게 하고 서로를 잘 도와 리더십의 시너지 효과를 만들어내게 돕는 시스템일 뿐이다. 복수리더십을 꾸린다고 해서 안 좋은 리더가 자동으로 좋은 리더가 되는 것도 아니고, 교회가 곧바로 좋은 교회가 되는 것도 아니다.

핵심은 '훌륭한 리더'이다. 훌륭한 자가 리더가 되도록 해야 하고, 또한 리더를 더욱 훌륭하게 만들도록 노력해야 한다. 세상 정치권력은 권력 의지가 강한 자가 최고 리더가 되어야 한다고 생각하지만, 교회는 아니다. 자기 권력의 의지를 불태우는 자는 교회 리더에 적합하지 않다. 교만한 사람, 자기 이름을 높이기 좋아하는 사람, 대중에 자기 이름 알리기를 좋아하는 사람은 교회 리더에 적합하지 않다. 자기주장과 권한을 고집하는 사람은 복수리더십의 교회에 맞지 않다. 이러한 점을 진짜 중요하게 여겨야 한다. 이런 문제가 있는 자가 리더가 되면 교회는 결국 어려워지고 그 악 영향은 피하기 힘들며 오래간다. 복수리더십의 교회를 세우려면 좋은 사람을 리더로 세워야 하고, 세워진 리더를 훌륭하게 만들어야 한다. '리더 선별'과 '리더십 제고(提高)'가 복수리더십 교회의 가장 중요한 기초이다.

(2) 장로 교육과 훈련

기존 교회에서 복수리더십을 실현하려는 현실에서는 이미 세워진 장로(목사와 치리장로)를 어떻게 잘 훈련하느냐가 중요하다. 목사들의 재교육이 꼭 필요하고, 치리장로를 교육하고 훈련하여 (가르칠 수 있는) 일반장로로 세우는 게 절대적으로 요구된다. 가르치는 자로 훈련되지 않은 치리장로는 일반장로로 세우면 안 된다. 일반장로가 잘 가르치지 못하게 될 때 복수리더십은 어려움에 봉착한다. 결국, 현재 기존 교회 시스템에서 복수리더십을 실현하려 할 때는 목사와 치리장로의 교육 훈련 여부가 중요한 변수가 된다. 목사의 재교육과 치리장로의 교육훈련이 반드시 필요하다.

따라서 복수리더십을 꿈꾸는 교회는 목사들을 재교육의 자리로 보내야 하고, 치리장로들을 위한 교육 훈련 프로그램을 꼭 마련해야 한다. 이런 교육과 훈련이 교단이나 노회 차원에서 이루어지면 좋다. 그게 어려우면 그런 교육훈련을 하는 전문 단체를 (예컨대, 에스라성경대학원대학교 같은 성경 교육 기관을) 찾는 게 좋다. 복수리더십의 교회를 꿈꾸는 사람들이 모여 교육 훈련 프로그램을 시도하는 것도 좋은 방법이다. 이 프로그램에는 설교와 그룹성경공부와 큐티 훈련이 기본으로 장착되어 있어야 한다.[158] 또한 교회 자체적으로도 목사와 장로가 함께 말씀을 연구하고 설교 훈련을 하는 시스템과 프로그램이 마련될 필요가 있다.

---

158 이에 대한 설명과 도움말은 이진섭, 『성경사용설명서』, 3부를 참조하라.

(3) 비교와 경쟁의 오해 극복

복수로 리더십을 발휘하며 가르친다고 할 때 종종 우려하고 오해하는 것은 복수리더십이 리더들을 서로 비교하고 경쟁하게 할 뿐 아니라 성도들이 사역자의 순위를 매기게 한다고 보는 시각이다. 예컨대, 설교자 사이에 경쟁심이나 우월감과 열등감이 생긴다고 보거나, 성도들의 예배 출석률도 설교자에 따라 달라진다고 생각하는 경우다. 물론 이런 현상이 일어나지 않는다고 말할 수는 없다. 하지만 이런 현상은 복수리더십에 대한 오해와 잘못된 반응에서 비롯된 것이기에, 리더와 성도가 모두 복수리더십을 정확히 이해하면 극복될 수 있다.

만일 리더들 자신이 복수리더십의 사역을 비교와 경쟁으로 생각한다면, 이는 교회 리더십에 대한 분명한 오해한 것이다. 리더는 하나님의 자녀를 도우라고 세워졌다. 리더의 위치는 누리는 자리가 아니라 희생하며 섬기는 자리이다. 그렇기에 리더의 자리는 무겁고, 리더의 일은 힘들다. 그 무겁고 힘든 일을 다른 리더가 능력이 있어 잘 해준다면, 함께 그 무게를 들어야 하는 나는 고맙고 감사하게 느끼는 게 마땅하다. 무거운 통나무를 혼자 드는 건 매우 힘들지만, 다른 사람이 함께 들어주면 고맙고 감사한 것과 같은 이치다. 더구나 힘이 센 사람이 함께 들어준다면 더 고마울 거다. 혹 내가 큰 도움이 안 되어 미안한 마음이 생길 수는 있지만, 다른 사람이 나보다 힘이 더 세기에 그를 싫어하고 미워하거나 경쟁하려는 마음이 생기지는 않을 거다.

복수의 사역이 경쟁으로 느껴진다면, 교회 리더십에 대해 처음부터 다시 생각해 보아야 한다. 다른 설교자가 나보다 설교를 더 잘 해서 (내가 도와야 할) 성도를 잘 돕는다면 얼마나 좋은 일인가. 성도가 하나님을 잘 만나도록 돕는 일에 나의 부족한 점을 그가 대신 채워준 게 아닌가? 감사하고 기뻐할 일이지, 시기할 일이 아니다. 훌륭한 설교에 대해 시기심과 경쟁심이 생긴다면, 이는 주님께서 세운 리더십이 무엇인지 아직 잘 모르는 거다. 나도 사실 그 사람의 좋은 설교에 은혜를 경험하고 혜택을 받는 한 사람이 아닌가? 하나님께서 나 아닌 다른 사람을 통해 주시는 은혜를 비교와 경쟁으로 받아들여서는 안 된다.

여기서 한 가지를 더 생각해야 한다. 복수의 설교가 성도의 필요를 더 잘 채운다는 점이다. 사역자와 교인 모두 이 점을 분명히 이해해야 한다. 한 사람만 계속 설교하는 건 설교자나 공동체 모두에 그다지 좋지 않다. 공동체는 그 한 사람의 한계에 갇히고, 설교자는 그 은사와 능력이 고갈되거나 매너리즘에 빠져 탈진하기 쉽다. 한 사람의 사고와 아이디어와 경험과 지식과 시간의 한계는 분명하기 때문이다. 하지만 여러 설교자가 짐을 나누어 설교를 감당하면 그 자원의 깊이와 폭과 부피가 깊고 넓고 풍성해진다. 각 설교자가 보다 넉넉한 시간으로 설교를 준비하여 설교의 질을 향상시킬 수도 있다. 복수리더십 초기에는 어색하고 어수선할 수 있지만 장기적으로는 풍성한 결과를 얻는다. 그리고 그 결과는 교회 공동체 모두가 누린다. 즉, 복수 설교자의 준비와 사역으로 성도와 사역자 모두에게, 곧 교회 공동체에게 미치는 은혜가 커진다. 교회에 공급되는 가르침의 생수가 더 풍성해진다.

따라서 사역자건 성도건 복수 설교자가 말씀을 전하는 일을 경쟁심이나 비교의 마음으로 대해서는 안 된다. 어떤 설교자의 설교에는 참석하고 어떤 설교자의 설교에는 참석하지 않는 모습은 말씀의 편식을 하는 것이고 결국 말씀의 다양한 자양분 공급을 막는 일이다. 자기 자신을 해하는 일이다. 성도는 이점을 잘 알고 있어야 한다.

그런데 사실 이런 우려와 오해는 참 된 리더를 만난 경험이 적은 데서, 참 된 복수리더십을 경험하지 못한 데에서 기인한다. 복수리더십의 교회가 온전히 실현되면, 사라지는 문제다.

(4) 통일성 유지와 다양성 인정

복수리더십을 실행하려 할 때 자주 제기되는 또 다른 하나의 의문은 리더 사이에 가르침과 의견이 다를 경우에 어떻게 같이 사역할 수 있는가 하는 점이다. 담임 목사제에서 한 사람의 가르침과 설교만을 주로 듣던 상황에서 새롭게 여러 리더의 설교와 가르침을 다양하게 듣게 되니 교인들이 혼란스러울 수도 있고 사역자들 사이에 신학적 의견 충돌도 있을 수 있지 않느냐는 의문이다.

어떻게 보면 이 문제는 담임 목사제를 주로 경험했기 때문에 나타나는 당연한 의문이다. 하지만 이는 복수리더십이 지니는 통일성과 다양성이라는 특징을 잘 이해하면 해결된다. 복수의 사역자들은 신학과 사상의 가르침이라는 면에서 통일성을 유지하면서도 또한 다양성을 지니고 있어야 한다.

리더도 여전히 유한한 사람이기에 모든 면을 다 완벽하게 갖출 수 없고 자연스레 자신의 성향과 특징과 선호도를 지닌다. 자연히 복수의 리더가 모이면 다양성이 생길 수밖에 없다. 하지만 이 다양성은 오히려 한 사람의 리더가 모든 면에 완벽하지 못한 것을 채워주는 좋은 자양분이 된다. 나쁜 게 아니다. (신약성경에 복음서가 왜 4개가 있는지를 생각해 보고, 왜 성경에 다양한 인간 저자들이 있는가를 숙고하면, 답이 나온다.)

하지만 이 다양성이 참 진리의 공통된 기반을 이탈하면 곤란하다. 리더 사이의 의견 차이가 진리와 비진리의 문제를 다루는 식이면 함께 할 수 없다. 또한 리더의 가장 기본적 자격 자체 문제로 갈등이 생긴다면 같이 하기 힘들다. 하지만 단순히 성경 해석의 부분적 차이나 신학 발전 과정에 논의할 수 있는 의견 차이는 가능하면 서로 대화하고 배우며 극복해야 한다. 그게 다양성을 회복하고 통일성을 유지하는 길이다.

따라서 가르침과 의견 차이의 실체가 정확히 무엇인지 적절하게 판단하는 게 중요하다. 상대의 주장이 복음의 진리 안에서 다양하게 논의할 수 있는 '차이'이 아니라 아예 그 진리 자체를 벗어난 영역에 있다면 같이 하기 힘들 것이다. 하지만 상대의 주장이 다양하게 접근할 수 있는 부분이거나 내(우리)가 생각하는 게 한쪽만 보려는 고집이라면 포용하는 게 필요하다.

그래서 새로 유입되는 리더가 과연 우리 교회 공동체와 장로회에 적절한 인물인지를 정확하게 점검하는 게 중요하다. 현실적 방법은, 이미 앞에서 언급한 바와 같이, 부목사와 일반 사역자를 일정 기간 (예컨대, 2~3년) 사역하게 하면서 그런 통일성과 다양성을 점검하는 것이다. 새 사역자에게 단순히 행정 일을 하게 하는 게 아니라 복수 리더로 가르침과 설교를 하도록 하고 사역자회에 참여하게 한다. 자연스레 이 과정에서 그 사역자와 계속 함께 할 수 있는지 판단할 수 있다. 그런데 사실 그보다 먼저 해당 사역자를 교회에 처음으로 들일 때 신중하게 점검하고 판단하는 게 더 중요하다. 한 번 교회에 사역하게 되면 사역 기간 동안 교회에 여러 영향을 미칠 뿐 아니라 사역을 함께 한 사역자를 이후에 거절하기도 쉽지 않기 때문이다. 사람을 아는 일이 분명 쉽지는 않지만, 그래도 여러 모로 노력하여 교회의 정체성과 방향과 잘 맞는 분을 처음부터 함께 하도록 하는 게 좋다.

함께 복수로 사역하게 되었다면, 목사와 장로들이 함께 말씀을 연구하고 토의하며 서로 가르치고 배우는 모임을 정기적으로 진행하는 게 필요하다. 이런 연구와 공부 모임이 서로 배우고 성장하게 하며, 통합 된 힘을 발휘하게 하기 때문이다.

(5) 리더십의 갈등으로 말미암는 순화/발전 기능

가르침과 사상의 차이 문제와 유사한 듯 보이지만 사실은 구별되는 또 다른 문제는 리더십의 갈등 문제이다. 복수리더십을 반대하는 사람은 종종 이렇게 말하기도 한다. '단수리더십으로 하면 리더 사이의 갈등이 없지만, 복수리더십으로 하면 리더들 사이에 갈등이 생긴다.' 그래서 복수리더십은 갈등을 만드는 제도이기에 부적절하다고 주장한다.

하지만 이런 생각과 판단은 재고해 보아야 한다. 물론, 지적한 것처럼 복수리더십에는 갈등 요소가 있다. 부정할 수 없다. 하지만 이런 갈등의 예측 때문에 복수리더십을 하지 않는다는 건 말이 안 된다. 결혼의 예를 생각하면 쉽다. 결혼하면 부부싸움을 할 것이기에 결혼하지 않고 혼자 산다는 게 바른 답이 될 수 있을까? 혼자 살면 혼자이기에 싸울 일이 없다. 하지만 두 사람이 부부로 살면 둘이기에 갈등과 싸울 일이 생길 수 있다. 하지만 이런 점 때문에 부부의 결혼제도가 잘못 되었다고 말할 수 없는 것처럼, 복수리더십도 갈등의 문제를 이유로 거부하는 것은 적절하지 않다.

뜻의 충돌 현상: 문제 회복의 기회

뜻의 충돌은 사람이 사는 세상에 언제나 있다. 의견의 차이는 사람이 사는 동안에는 언제나 있는 일이다. 중요한 건 그 뜻의 차이와 의견 충돌이 때론 필요하기도 하고 바른 방향으로 나아가는 데 도움이 된다는 점이다. 뜻의 충돌이나 의견의 차이가 나타나는 건 판단과 방향에 어려움과 문제가 있기 때문이다. 다시 말해, 의견 차이와 뜻의 충돌은 사실 그 자체가 근본 원인이 아니고 원인 때문에 나타나는 현상이다. (물론 의사 표현을 잘못해서 나타나는 갈등도 있다. 그래서 리더는 바른 의사소통 방법을 잘 배워야 한다. 이는 뒤에서 더 다룬다.)

[단수리더십: 문제가 내면에서 곪다가 터진다] 교회 리더십에 문제가 있을 때 단수리더십(담임 목사제)에서는 갈등이 겉으로 표면화되지 않고 내면에서 곪는다. 담임 목사가 잘못된 판단과 불합리한 일을 진행해도 단수리더십이기에 제동이 잘 되지 않고 그대로 진행된다. 그래서 문제가 겉으로 표출되지 않는다. 하지만 그것으로 인해 공동체 내면은 어려워진다. 그 어려움을 부목사와 부사역자 때론 치리장로가

그대로 감수하거나, 공동체 전체가 그 어려움을 드러내지 못한 채 그 대가를 치르게 된다. 그러다가 문제가 더욱 심해져 곪아 터질 때, 외부로 표출된다. 그러니 사실 문제가 외부로 터질 때까지 여러 사람이 내면에서 고통을 당할 뿐 아니라 문제가 오랜 기간 고착화 되어 문제를 해결하기 어려워진다. 문제 해결의 기회를 아예 잃기도 한다. 문제가 곪아 터지고 나면 회복되기가 어렵다.

[복수리더십: 갈등으로 표면화된다] 반면 복수리더십 체제에서는 한 리더의 잘못된 판단과 문제가 다른 리더들 사이의 의견 차이와 갈등의 형태로 빨리 드러난다. 문제가 외면으로 금세 표출될 수 있다는 말이다. 그래서 문제가 더 깊이 곪지 않고, 해결될 수 있는 기회가 생긴다. 복수리더십 체제는 갈등이 단수 리더십보다 더 빈번하게 나타나는 듯 보이지만, 그것은 문제를 가시화하는 모습이고 해결하는 단계로 가는 과정일 수 있다. 다시 말해, 복수리더십은 단수리더십 체제보다 리더십의 문제를 순화하고 정화할 수 있는 가능성이 더 열려 있다.

비유하자면, 담임 목사제는 주방이 가려져 그곳에서 요리가 어떻게 진행되는지 외부에 알려지지 않게 된 구조라면, 복수리더십 체제는 주방에서 어떤 일이 일어나는지 훤히 보이도록 열려 있는 구조이다. 따라서 복수리더십 체제는 리더십 안에 일어나는 문제를 빨리 알 수 있고 수정할 수 있는 기회가 열려있다. 복수리더십은 리더의 문제가 잘 드러나는 열린 체제이다.

복수리더십이 교회를 어렵게 한다?: 리더 순화와 발전의 기회

그럼에도 불구하고 때론 복수리더십 때문에 교회에 어려움이 생겼다고 착각하는 경우가 있다. 복수리더십이 교회를 어렵게 만들었다고 토로하는 경우다. 하지만 그런 경우, 원인을 자세히 분석해 보면 문제는 다른 데 있다. 복수리더십 시스템이 잘못된 게 아니라, 복수리더십을 진행하는 사람들 자체의 문제이다. 이 문제는 보통 두 가지이다.

첫째, 말로는 겉으로는 복수리더십을 한다고 하면서, 실제는 자기의 권한을 고집하고 주장하려는 행동을 할 때, 갈등과 충돌을 경험하는 경우다. 처음부터 리더 선별을 잘 해야 했는데 이에 일정 부분 실수한 거다. 이 경우는 이런 갈등을 통해 리더들이 자신의 문제를 잘 깨닫고 고쳐야 한다. 만일, 하나님 앞에서 자신을 고치지 못하면 결국 그 대가를 크게 치르게 된다.

둘째는 복수리더십의 실체를 잘 모르는 상태에서 무리하게 단수 리더십의 경험에 비추어 일을 처리하다가 갈등이 생기는 경우다. 복수리더십을 잘 이해해야 하는데 너무 쉽고 안일하게 리더십을 발휘하려 한 거다. 예컨대, 복수리더십은 의사소통이 매우 중요하다고 했는데, 의사소통을 잘못하여 불필요한 갈등을 만들 수 있다. 장로회에서 논의하고 결정한 사안을 대표장로가 마음대로 바꾸거나 공개적으로 다른 말을 하는 경우가 있을 수 있다. 단수 리더십의 불합리한 경험이 대표장로의 역할에 덧씌워진 모습이다. (물론 그는 장로회의 판단보다 자기 생각이 더 맞는다고 생각하여 그런 행동을 했을 수 있다. 하지만 진정 그렇다면 자기 판단이 맞는다는 점을 장로회에서 더욱 잘 설명하고 설득했어야 한다.) 의사소통의 능력과 행정 기술도 리더의 덕목 중 하나이기에 이것도 결국 리더의 자격 문제로 귀착된다. 하지만 이런 경우도 리더가 복수리더십 체제에서 자신의 단점과 약점을 극복할 수 있는 기회가 된다. 어려움을 기회로 자신을 고치고 회복하면 더 좋은 리더가 되고 교회 공동체에 더 좋은 기여를 할 기회가 생긴다.

결국, 원점으로 돌아가 말하자면, 복수리더십에서 나타나는 갈등 문제는 대부분 부적절하고 부족한 사람이 리더가 되어서 나타나는 현상이다. (사실, 우리 모두는 어떤 점에서는 부족한 면을 지니고 있다.) 따라서 이런 갈등 문제는 참여한 리더들이 더욱 스스로를 채근하고 더 나은 리더로 발전하는 기회로 삼아야 한다. 사실 어떤 리더도 완벽하지 않고, 약점과 단점이 있다. 그래서 다른 리더들과 함께 하며 이런 단점과 약점을 극복해야 한다. 갈등으로 무너지지 않고 오히려 갈등을 계기로 하여 각자의 단점과 약점을 극복하며 리더의 능력을 더욱 고양하고 발전시켜야 한다. 복수리더십 체제는 리더를 더욱 참 리더답게 만들고 리더가 온전해지도록 훈련하는 시스템이다. 리더십 자체가 순화 발전되도록 하는 기능을 가진 게 복수리더십 체제이다.

(6) 대표장로의 독주와 편법 금지

대표장로의 역할은 복수리더십 체제에서도 중요하다. 물론, 대표장로는 담임 목사제의 담임 목사와는 다르다. 담임 목사는 단수리더십이기에 설교권, 인사권 등이 (심지어 어떤 경우는 재정권한까지) 그에게 집중되어 있지만, 대표장로는 그렇지 않다. 복수리더십의 교회에서의 모든 결정은 함께 의논하여 주의 뜻에 합당하다고 판단한 대로 결정되고 진행된다. 그 결정의 중심에 장로회가 가장 큰 역할을 감당한다. 따라서 장로회의 논의와 결정은 목양의 방향과 공동체의 정체성에 큰 영향을 미친다.

그런데 복수리더십 체제를 실행하더라도 복수로 세워진 리더들이 사실 세상 리더의 모습을 늘 보았고 또한 담임 목사제에서 1인 단수리더십을 주로 경험했었기에 교회에서 복수리더십의 모습을 온전히 발휘하기는 쉽지 않다. 특히 누군가가 대표장로로 선임되었을 때 그 역할을 적절히 감당하는 게 때론 어려울 수 있다. 자칫하면 이전 방식이 살아날 수 있다. 그래서 특히 대표장로가 되었을 때 대표장로의 리더십을 올바르게 발휘하는 게 중요하다.

대표장로는 장로회의 의견을 무시하고 자기만의 생각과 주장을 펼치면 안 된다. 대표장로는 자신의 역량으로 장로회와 각종 회의체와 교회 공동체를 신실하게 잘 이끌어야 하는데, 그런 리더십이 자기 개인의 독주(獨走)를 의미하는 건 아니다. 대표장로가 자신의 권한을 여러 모로 악용해서 혼자만의 주장으로 교회를 이끌어서는 안 된다. 강압이나 억압적 방식을 취해서는 안 되고, 자신이 가진 여러 위치와 기능을 안 좋게 활용해서 원래 복수리더십이 지향하던 바를 와해시켜서도 안 된다.

예컨대, 장로회에서 결의된 내용이 마음에 들지 않는다고 해서 이후 다른 회의체, 예컨대 실행위원회나 사역자회에서 장로회 의결 사항을 변형시키거나 의도적으로 바꾸어서는 안 된다. 실행위원회나 사역자회의 다른 위원들 숫자의 힘에 의지하여 의사결정을 바꾸는 정치적 꼼수를 쓰면 안 된다는 말이다. 실행위원회나 사역자회는 장로회의 결정 사항을 보다 효과적으로 수행하기 위한 회의체이지, 장로회를 넘어서는 새로운 의결 기관이 아니다. 정치적 꼼수는 바른 리더십이 아니며, 하나님께서 싫어하시는 바다. 교회 정치에도 정직함은 매우 중요하다. 진정 장로회의 결정 사항이 잘못된 것이어서 교회에 악 영향을 미칠 거라는 점이 분명하다면, 다시 장로회가 재론하도록 하는 게 바른 절차이다.

진정한 리더십은 정치적 꼼수로 일을 처리하지 않고 여러 사람들에게 바른 인식적 리더십을 발휘하는 모습이어야 한다. 자신의 주장과 판단이 여러 면에서 유익하고 올바르다는 점을 설득할 수 있어야 하고 또한 그런 점을 설득하는 과정도 공정하고 인격적인으로 처리할 수 있어야 한다. 정치적 꼼수와 편법은 교회 리더십에 마땅하지 않다. 그런 안 좋은 건 세상의 잘못된 리더십에서 이미 많이 보지 않았는가?

(7) 복수의 독주 경계: 계파와 동맹 금지

앞의 논점과 연관해서 생각해야 할 중요한 문제가 또 하나 있다. 사실, 복수리더십에서 가장 경계해야 할 것은 복수의 독주(獨走)이다. 복수리더십 체제는 원천적으로 한 사람의 독주를 금지하기에 혼자서 자기주장대로만 나가는 건 어렵다. 그래서 때론 또 다른 편법이 등장한다. 자신의 주장이 장로회에 결정적 영향력을 미치게 하려고 다른 사람들과 일종의 동맹을 맺거나 계파를 만드는 시도를 하는 경우이다.

이런 모습은 세상 정치에서 너무나 많이 본다. 자신들의 이익을 중심으로 사람들을 모아 다수를 확보함으로 권력을 차지하려는 방식이다. 이런 모습은 다수의 횡포를 넘어 다수의 독재라 부를 수 있다. 이는 담임 목사제의 단점만큼 안 좋을 뿐 아니라 때론 더 위험하다. 자신을 다수에 묶어서 소수인 다른 리더를 무시하거나 때론 왕따 시키는 식의 모습을 보이기도 한다. 이런 다수의 횡포나 독재는 크게 두 가지 형태로 나타난다.

첫째는 계파를 만드는 방식이다. 자신의 의견이 장로회에서 관철되게 하려고 (의도적이고 정치적으로) 장로회의 다른 리더와 친분을 더욱 깊이 맺어 자기에게 정치적 유리한 지형을 만든다. 자기와 성향이 맞는 사람을 의도적으로 가까이 하여 (예컨대, 반복적으로 식사를 사주거나 그 사람에게 이익이 되는 걸 지지해 주는 식으로) 자기 사람을 만드는 방법이다. 소위 계파 정치를 하는 거다. 물론, 리더들은 서로 돕고 친한 게 좋다. 하지만 자신의 정치적 의도로 사람을 대하면서 자기 편 사람을 만드는 건 바르지 않다. 자기 목표와 이익을 위해 사람의 마음을 사거나 훔치는 안 좋은 행동이다. 때론 타인들과 잘 지내는 것과 자기 사람을 만드는 게 경계가 애매하지만 하나님께서는 아신다. 리더는 이런 문제와 관련하여 하나님 앞에서 분명해야 하고 부끄럼이 없어야 한다.

둘째는 아예 서로 동맹을 맺는 방식이다. 이 경우는 계파 정치를 넘어선다. 사안의 옳고 그름을 떠나 내가 동맹 관계를 맺은 사람의 주장을 지지하는 식이다. 때로는 장로회에서 논의하기 전에 자기들끼리 모여 사안에 대한 의견 방향을 미리 맞춘 후 (소위 '물밑 접촉'을 통해) 자기들 입장을 지지하는 숫자를 미리 확보한다. 이미 세상의 복수 회의체에서 정치적 꼼수로 사용한 방식을 장로회로 끌어들이는 거다.

하지만 장로회는 이런 방식을 거부해야 한다. 구성원 모두 어떤 것이 진정 주님의 뜻에 합당한지를 다른 사람들의 의견을 들으며 찾아야 한다. 때론 내가 생각하지 못한 점을 다른 리더의 의견 속에서 찾을 수 있다. (계파와 동맹을 떠나) 여러 리더들의 다양한 의견을 들으며 (주님 뜻에 맞는다고 판단되는) 가장 좋은 답을 찾는 게 장로회의 대화와 토론과 논의이어야 한다. 세상의 세속적 정치 방식을 교회 장로회로 끌어들이면 안 된다. 장로회의 구성원인 리더들은 모두 주님의 신하이다. 자기주장으로 독점하고 자신이 왕처럼 군림하려고 해서는 안 된다. 자기주장이 언제나 맞고 그래서 언제나 어떤 방법을 동원해서도 그 생각대로 밀고가려는 사람은 신하가 아니라 왕으로 군림하는 자다. 장로회는 주님의 뜻을 듣고 따르는 신하 공동체체이다. 이점을 분명히 해야 한다.

만일 계파와 동맹 정치를 하게 되면 장로회는 참 복수리더십을 실현하기 힘들어진다. 계파/동맹 맺기는 장로회를 망하게 하는 길이고, 복수리더십의 교회를 무너뜨리는 악한 계책이다. 장로회의 회원은 이런 계책에 넘어가면 안 된다. 사단이 좋아하는 길이다.

(8) 재정/경제 변수

앞에서도 여러 번 언급했지만, 복수리더십 제도에는 재정의 부담이 있다. 복수의 리더가 함께 사역하려면 재정이 필요하기에, 재정 문제를 어떻게 처리하느냐가 결국 복수리더십의 실현 가능성을 결정하는 또 하나의 중요한 변수가 된다. 어떻게 재정 변수를 다루어야 하는가는 이미 9장에서 교회의 규모에 맞게 다루었다. 여기서는 두 가지 점만 상고하고자 한다.

첫째, 복수 리더의 은사를 누리려면 마땅히 그 대가를 치러야 한다는 점이다. 누리는 것에 대해 대가를 지불하는 건 마땅한 일이다. 그리스도인은 어떤 일이든 마땅한 대가를 지불하는 습관을 바르게 지녀야 한다. 하나님이 은혜로 우리를 구원하셨다는 것을 잘못 이해해서 공짜 의식을 강화하는 쪽으로 가면 안 된다. 주님은 우리를 구원하시려고 그야말로 엄청난 대가를 치루셨다. 자신의 아들을 대속

물로 주시는 대가를 치르셨다. 그 대가가 우리에게 은혜로 주어진다. 교회는 일과 누림에 마땅하고 적절한 대가를 지불하는 기본 태도를 잘 지녀야 한다. 교회는 복수리더십의 실현에도 마땅한 대가를 감당하려는 태도를 지녀야 한다.

둘째, 복수리더십의 목표를 정하고 이를 진행하려는 의지가 분명하다면 재정 부담을 감당하는 방법은 결국 다양한 방식으로 찾아낼 수 있다. 이미 9장에서 다룬 여러 방법이 그런 예이다. 교회 연합/합병, 복수리더십의 교회 네트워크, 펀드 설립, 대형교회나 교단 지원 등을 다각적으로 모색할 수 있다. 뜻이 있는 곳에는 길이 있는 법이다. 재정 문제도 예외는 아니다.

(9) 의사소통의 중요성

복수리더십의 교회를 실현하는 또 다른 중요한 변수는 의사소통이다. 의사소통은 매우 중요하다. 마치 몸에 흐르는 피와 같다. 피가 잘 흐르지 않으면 건강이 안 좋아지는 것처럼, 복수리더십의 교회에 의사소통이 잘 이루어지지 않으면 여러 문제가 발생한다. 예컨대, 장로회가 진행되는 과정에 의사소통은 필수이다. 이것이 적절히 실현되지 않으면 불필요한 문제가 일어나게 된다. 장로회의 의사결정이 교회의 여러 회의체에 전달되고 소통되는 과정도 중요하다. 이 과정에 어려움이 생기면 여러 회의체와 공동체 전체에 어려움이 증폭될 수 있다.

따라서 복수 리더들은 모두 의사소통의 중요성을 잘 이해하고 그에 필요한 여러 가지를 배울 필요가 있다. 이미 개발되고 검증된 여러 소통 이론과 기술을, 예컨대 비폭력대화,[159] 감정코칭,[160] 의사소통 스타일 및 기법, 성격 이해의 다양한 기법(MBTI 등)을 잘 배우고 활용해야 한다. 의사소통으로 발생하는 여러 문제는 특

---

[159] 참조. M.B. Rosenberg, 『비폭력 대화: 일상에서 쓰는 평화의 언어, 삶의 언어』(*Nonviolent Communication*), Katherine Singer(캐서린 한) 역 (서울: 한국NVC센터, 2015).

[160] 참조. 최성애, 조벽, 존 가트맨, 『최성애 존 가트맨 박사의 내 아이를 위한 감정코칭』(서울: 해냄출판사, 2020).

히 대표장로와 서기가 이런 의사소통의 리더십을 잘 발휘하지 못해서 일어나는 경우가 많다. 대표장로와 서기는 이런 것들을 잘 배우고 활용해야 하고, 다른 리더들도 마찬가지다. 다른 리더들도 결국 대표장로와 서기 역할을 돌아가며 감당해야 하기 때문이다.

(10) 교회 적정 규모의 문제

복수리더십의 교회를 실현하려다 보면, '복수리더십 교회의 적정 규모는 어느 정도인가?'라는 의문이 생길 수 있다. 물론 이 의문은 사실 복수리더십의 교회에만 국한되지는 않는다. 다른 리더십 형태의 교회에도 여전히 고민이 되는 중요한 이슈이다. 교회의 적정 규모와 관련하여서는 그 어느 누구도 쉽게 단정할 수는 없다. 그럼에도 불구하고 교회 규모와 관련하여 복수리더십의 교회에서 이해해야 하는 몇 가지 사항은 있다.

첫째, 교회의 규모가 너무 작으면 교회가 원천적으로 가지는 공동체성이 온전히 발휘되기 어렵다는 점이다. 신앙은 한편으로는 개인의 선택과 결정에 좌우되고 독자성을 지닌다. 하지만 그 신앙은 또한 공동체와 긴밀히 연결되어 있다. 공동체의 도움과 영향을 받을 뿐 아니라, 다른 신자들과 함께 하여 교회 공동체를 이룬다. 단적으로 말해, 교회라는 말은 개인만으로는 성립할 수 없다는 뜻이다. 따라서 교회는 이런 공동체성이 살아날 만큼의 규모를 필요로 한다. 너무 적은 수의 성도로는 공동체성이 잘 살아나기가 어렵다. 공동체는 각 성도의 은사의 나눔과 복수 리더들의 도움을 필요로 하는 게 당연하다. 따라서 복수리더십은 자연스레 공동체성을 실현하는 최소 규모 이상의 교회를 지향하게 된다.

둘째, 이런 이유 때문에 복수리더십을 실현하는 과정에서 교회는 미자립교회나 소형교회를 점차 벗어날 가능성이 크다. 이 말은 미자립교회와 소형교회로는 복수리더십을 온전히 실현하기 어렵다는 뜻이기도 하다. 또한 이는 복수리더십이 교회의 다양한 필요와 은사를 적절히 발휘하게 함으로 성도를 더욱 잘 세울 수 있다는 뜻이기도 하다. 복수리더십은 교회를 온전하게 하는 쪽으로 작동한다.

셋째, 반면 규모가 너무 크면 교회의 유기적 연관성, 쉽게 말해 그리스도 안에서 가족 됨을 맛보고 실현하기 어려운 면이 생긴다. 같은 교회의 성도이지만 서로 이름도 얼굴도 모르고, 심지어는 목회자가 성도를 잘 모르는 일도 생긴다. 자연히 대형교회와 메가처치(초대형교회)는 이런 점에서 교회의 중요한 특징인 공동체성이 부분적으로 상실될 위험이 있다. 하지만 복수리더십의 교회는 이런 공동체성의 한계를 일정 부분 되돌리어 공동체성을 다시 살리는 효과를 낸다. 복수 리더들의 가르침으로 다양한 은사의 나눔이 더 잘 이루어지고, 또한 구역 교회의 구성과 재편과 회전으로 말미암아 유기체성을 일부 회복하게 하는 효과를 만든다.

마지막으로 생각할 것은 복수리더십의 교회가 실현되는 과정에서 각 교회에 맞는 적정 규모 수준을 파악될 수도 있다는 점이다. 적은 규모로는 복수리더십이 실현하기 어렵기에 복수리더십은 점차 교회 규모가 커지는 쪽으로 작용할 것이다. 또한 복수리더십이 실현되는 교회에서 규모가 어느 정도 커지면 복수리더십이 잘 작동하지 않는 때가 있을 것이다. 어쩌면 바로 그 때의 규모가 그 교회에 잘 맞는 적정규모가 될 수 있다. 물론, 이 적정 규모는 시대, 지역(도시/농어촌), 성도의 성별과 나이 분포, 직업 구성 등에 따라 달라질 수 있을 것이다. 복수리더십의 원만한 실현은 교회의 적정 규모를 파악할 수 있게 해 줄지 모른다.

(11) 순회사역자

복수리더십의 교회가 실현되는 데 도움이 되는 또 하나의 요소가 있다면 그것은 순회사역자의 역할이다. 신약성경은 이 순회사역자가 존재했음을 보여주는데(참조. 딛 3:13-14; 몬 1:22; 요이 1:10; 요삼 1:5, 9, 12 등),[161] 이는 교회의 복수리더십 구현과

---

[161] 참조. 이진섭, '복수리더십의 교육목회(딛 1:5-9)', p. 134.

잘 어울린다. 우리 시대도 순회사역자의 존재와 제도가 잘 구현된다면, 개교회가 복수리더십을 발현하는 데 도움이 될 수 있다.

이미 9장에서 복수리더십을 교회의 규모에 맞게 실행하는 과정에 때론 이런 역할을 감당하는 사역자(설교자)가 필요했음을 설명했다. 우리 시대 가용할 수 있는 순회사역자 자원으로는 신학교 교수, 선교단체 사역자 등이 있다. 하지만 더 나아가 전문적인 순회사역자를 세우는 제도를 마련하면 좋다. 한 개교회에 위임되어 사역하는 목사가 아닌, 순회 사역을 전문적이고 집중적으로 감당하는 사역자(목사)를 세우는 제도를 마련하는 거다. 복수리더십의 교회 네트워크에서 추진하거나 교단 차원에서 이런 제도를 마련한다면, 복수리더십 교회가 세워지는 데 큰 도움이 될 것이다.

(12) 올라인(All-line) 사역

코로나 시대를 거치며 변화된 사역 지형을 잘 활용하는 것도 복수리더십을 실현하는 데 부분적으로 도움이 될 수 있다. 코로나 시대를 거치며 교회는 비대면 사역과 온라인 교육 방식을 실행하며, 사역 모습의 다양성을 경험했다. 코로나 이후 사역은 이 경험 자산을 잘 활용할 필요가 있다. 물론 오프라인 모임과 대면 사역은 여전히 교회 사역의 기초이고 주류가 되어야 하지만, 상황과 대상에 따라 비대면 온라인 사역도 필요한 때가 되었다. 온라인 사역과 오프라인 사역이 함께 공존하며 조율될 필요성이 생겼다. 『한국교회 트렌드 2023』이란 책은 포스트 코로나 시대에 '올라인(all-line) 교육'이 등장하는 것과 그 필요성을 잘 서술한다.[162]

올라인 사역의 가능성을 수긍하고 인정하면 복수리더십을 발휘할 수 있는 여지와 공간이 커진다. 이미 9장에서 밝힌 대로 복수 설교자가 필요할 때, 온라인 설

---

162 참조. 지용근, 김영수 외, 『한국교회 트렌드 2023』, pp. 194-215. 이 책은 주로 교회의 주일학교 교육과 청소년 교육에 이런 '올라인 교육'이 진행되는 점을 말한다. 하지만, 이런 흐름은 궁극적으로는 교회 교육 전반과 예배에도 관련될 수밖에 없다.

교를 활용할 수 있는 길이 생긴다. 예컨대, 두 공동체가 한 설교자의 설교를 한 교회는 오프라인으로 보고 들으며 예배를 드리고, 다른 교회는 온라인으로 보고 들으며 예배를 드릴 수 있다. 사회와 찬양, 공중기도를 두 공동체가 서로 번갈아 하며 예배를 진행할 수도 있다. 물론, 이는 연합/합병/통합 가능성이 있는 공동체가 과도기적으로 사역자의 설교나 예배를 공유하고자 할 때 쓸 수 있는 방식이다. 멀리 있지만, 우리 교회 공동체에 꼭 필요한 사역자의 사역을 공유하는 방식에도 이런 올라인 교육 체제를 활용할 수 있다. 보통은 오프라인 모임과 교육을 하지만, 또 어떤 때는 온라인 교육을 함으로 교회에 꼭 필요한 리더십의 필요를 채우는 것이다. 꼭 필요한데 어쩔 수 없을 때에는 온라인 설교로 오프라인 예배를 드리는 경우도 생각해 볼 수 있다. 사회자와 성도 모두가 오프라인으로 모여 예배를 드리지만, 멀리 있는 외부 설교자의 사정으로 설교만 온라인으로 보고 듣는 방식이다. 하나의 예배에 오프라인과 온라인이 함께 있는 올라인 예배가 되는 셈이다.

하지만 여전히 조심해야 할 점이 있다. 올라인 사역이 온라인 중심으로 변화되는 과정의 사역 행태라기보다, 현실과 가상현실(假想現實, virtual reality)이 공존하는 시대적 상황에서 가상공간을 무시하지 않고 오히려 우리의 현실에 가상현실을 본격적으로 끌어 앉으려는 사역이라는 점을 잊지 않아야 한다. 이미 세상은 현실과 가상현실이 함께 구현되는 증강 현실(增强現實, augmented reality)의 시대로 가고 있다.[163] 교회 사역도 현실과 증강현실이 함께 공존하는 올라인 사역을 준비하고 시도할 때가 되었다.

올라인 사역은 오프라인 모임과 사역을 구심점으로 삼아 더 넓어진 현실 세계를 총체적으로 확보하는 사역이다. 오프라인 사역을 온라인으로 대체하는 게 아니라, 현실 사역을 더욱 확대 확장하는 사역이다. 이런 올라인 사역은 복수리더십

---

163 가상현실(假想現實, virtual reality)은 모두 가상의 것으로 꾸며진 영역의 현실인 반면, 증강현실(增强現實, augmented reality)은 기존의 현실에 가상세계가 추가되어 현실이 가상현실과 함께 확장·연장된 현실 세계이다.

교회의 실현을 더욱 가속시킬 수 있다.

> 복수리더십의 교회는 그냥 쉽게 이루어지지 않는다. 진행하는 중에 걸림돌이 생길 수 있다. 여기에 제시된 12가지 처방은 그 실현을 돕는다.

정리하자. 복수리더십의 교회가 실현되면, 이미 우리가 앞에서 살폈던 담임 목사제와 관련된 여러 어려움이 축소되고 약화될 기회가 열린다. 3장에서 살폈던 9가지 문제가 새로운 국면을 맞게 된다.

하지만 이는 명목상의 복수리더십이 나타나는 것만으로 가능하지는 않다. 진정한 복수리더십의 교회가 실현되어야 가능하다. 복수리더십의 교회를 온전히 실현하려면 이번 장에서 다룬 12가지 도움말을 꼭 신중하게 새겨야 한다. 이 12가지 처방을 잘 고려한 상태에서 8장과 9장에 서술된 내용과 절차를 순조롭게 진행해나가면 복수리더십의 교회는 제 모습을 갖추어 '함께 동역하는 아름다운 교회'가 될 것이다. 물론, 이 모든 걸 이끄시고 실현해 가시는 삼위 하나님을 의뢰하며 따가 가야 함은 기본 값이다.

> 본서 8장, 9장, 10장에 서술된 내용은
> '함께 동역하는 아름다운 교회'로 가는 길의 간략한 '지도'이자
> '개요'이다.

맺음말 : 함께 가는 길

'함께 동역하는 아름다운 교회'에 대한 길고도 짧은 이야기를 마감하는 자리다. 교회 리더십의 현실도 말했고, 신약성경 교회의 복수리더십도 보았고, 만들어가야 할 복수리더십 교회의 방향과 절차도 다루었다. 이제, 우리 의지와 실천만 남았다. 맺는말은 이런 의지와 실천을 고민한다.

1. 그리스도의 뜻을 실현하는 복수리더십의 교회

교회는 사적 전유물이 아니다

교회는 사적(私的) 전유물이 아니다. 담임 목사제 교회에서는 담임 목사가 몇십 년을 공들여 노력하는 경우가 많다. 그렇다고 해서 교회가 담임 목사 한 사람의 것은 아니다. 열심 있는 성도 개인의 것도 아니다. 몇십 년을 헌신적으로 노력한 사람일수록 어쩌면 내 교회라는 생각과 애착이 강할 수 있다. 하지만 그럴수록 더 조심해야 한다. 교회는 한 개인의 전유물이 아니다. 하나님께서 당신 아들의 피로 사신 하나님의 교회이다. 교회는 사유재(私有財) 성격보다는 공공재(公共財) 성격이 강하다. 물론 세상에서 말하는 단순한 공공재는 아니다. 하나님께서 그분의 나라를 이 땅에서 전방위적으로 실현해가는 주님의 공동체이고 메시아 백성의 모임이다. 소유권은 철저히 하나님께 있다.

주님의 통치를 실현하는 공동체와 복수 리더들

교회는 하나님 나라가 완성되기 전까지 이 땅에서 주님의 통치를 실현해야 하는 공동체이다. 십자가에 죽으시고 부활하신 예수 그리스도께서 교회의 머리가 되시고, 교회는 그의 뜻대로 움직이는 그분의 몸이 된다(참조. 엡 1:22-23). 그리스도의 뜻이 교회로 실현된다. 그 뜻이 실현되는 과정에 주님은 복수의 리더들을 교회에 세우셨다(참조. 엡 2:20; 4:7-16). 교회 리더들은 그리스도의 통치를 실현하는 데 함께 하는 복수의 신하들이다.

따라서 교회에 나타나는 인간 리더십은 철저히 '신하리더십'이다. 교회의 신하리더십은 복수로 작동한다. 주님의 뜻을 추구하고 실행하려는 복수의 신하들이 함께 리더십을 발휘하는 특징과 구조를 지닌다. 교회는 머리이신 그리스도의 뜻을 구현하는 몸이며, 그 몸의 실현은 복수리더십을 경유하여 작동한다. 머리이신 그리스도의 뜻이 온전히 구현되지 않는 교회는 진정한 교회가 되기 힘들며, 복수리더십으로 작동하지 않는 리더십은 주님의 뜻을 올바르게 추구하기가 어렵다. 인간 리더는 그리스도의 신하들(종들)이 되어야 온전한 리더십이 된다. 개인이 리더십을 독점하게 되면, 주님의 뜻을 멀리할 가능성이 커지기 쉽다.

2. 함께 동역하는 교회를 향한 의지와 실천

복수리더십의 필요성과 정당성과 실제성

본서는 복수리더십 교회의 필요성(1부)과 정당성(2부)과 실제성(3부)을 서술했다. 1부에서는 한국교회의 많은 문제가 단수리더십 체제의 약점, 즉 담임 목사제의 약점과 연관되어 있음을 살폈다. 또한 2부는 신약성경이 복수리더십의 교회를 보여준다는 사실도 확인했다. 복수리더십의 교회를 세우려는 주님의 청사진을 추적했고, 사도들과 초대교회가 그 청사진을 실현했던 모습을 보았다.

하지만 신약성경에 나타난 교회의 복수리더십은 초대교회를 벗어나면서 한 사람의 감독이 다른 장로들을 지도하는 형태로 변형되었고[164] 결국 로마 가톨릭교회에서 교황을 정점으로 하는 '계급화 된 구조'(hierarchy)로 변했다. 개신교회는 중세 가톨릭교회의 신학을 교정했을 뿐 아니라 교회 정치면에서 신약성경 교회의 장로정치를 복원하여 교황 제도와 위계 리더십을 극복하려고 했다. 그 결과, 교황 제도 정치를 탈피하여 일정 부분 장로정치로 갔지만, 신약성경이 보여주는 장로정치를 온전히 구현하는 자리까지는 가지 못했다. 치리장로 제도가 발전되면서 개교회에 또 다른 단수리더십 체계(담임 목사제)를 만들어, 개교회 안에 또 다른 위계 리더십 질서를 만들었다.

21세기 우리는 신약성경의 교회에 발현되었던 복수리더십의 교회를 온전히 복원할 책무가 있다. 그것이 개신교회의 개혁정신을 진정으로 잇는 모습이다. 본서의 3부는 21세기 한국교회 현실에서 어떻게 복수리더십의 교회가 실현되면 좋을지를 서술했다. 함께 동역하는 아름다운 교회가 출현하는 길을 살폈다.

의지와 실천

예수님께서 그리셨던 복수리더십 교회의 청사진을 계속 이어 실현하려는 책무가 우리에게 주어졌다. 교회가 진정으로 '하나님 아들의 복음'(롬 1:2-4)으로 그리스도께 온전히 순종하는(롬 1:5) 교회를 이루는 데에는 복수리더십이 절실하다. 이는 이제 의지(意志)와 실천의 문제로 우리에게 다가온다.

세상은 1인 체제, 단수리더십을 선호한다. 힘을 모으기에 좋고, 발 빠르게 처리하기가 편하다. 그래서 오래전 옛날부터 인간은 1인 리더십을 추구했고 그 방식을 선호했다. 옛 이스라엘도 하나님께서 다스리시는 것보다는 이방 나라들처럼 왕이 등장해 강한 결속력을 가지는 것을 선호하여 사무엘에게 '1인 리더십'(왕) 제도를 요청했다(삼상 8:4-8). 현재 이 세상을 사는 성도도 여전히 1인 리더십에 익숙하다.

---

164 Jones, 『기독교 역사』, p. 37.

그래서 교회도 세상의 리더십처럼 강한 드라이브를 가지는 1인 리더십을 자연스레 욕구한다. 담임 목사제의 보편화 현상이 그 현실을 잘 보여준다.

하지만 그 대가는 늘 있다. 여호와 하나님은 옛 이스라엘이 왕을 구한 욕구의 대가와 결과가 어떠할 것임을 사무엘을 통해 그 이스라엘에 전하셨다(삼상 8:9-18). 그 대가의 피해가 명확함에도 그때 이스라엘은 왕을 달라고 했다(삼상 8:19-22). 여전히 우리 시대의 교회도 1인 리더십의 대가를 받고 있다. 현대 교회의 어지러움과 타락, 그리고 담임 목사제와 연관된 우리 시대의 여러 문제는 이미 오래전부터 예견된 결과요 대가이다.

하지만 하나님께서는 지금도 여전히 참 왕이신 그리스도의 통치가 교회에 온전히 실현되기를 바라신다. 교회가 한 개인의 판단과 생각에 매몰되기보다 복수의 리더들의 터 위에 있음으로 그리스도의 다스림이 그 교회에 실현되기를 고대하신다. 복수가 함께 리더십을 발휘한다는 사실은 교회가 한 개인의 것이 아니라 그리스도의 몸이며 주님의 뜻을 따르는 공동체라는 점을 드러내는 표지가 된다.

복수리더십의 교회를 추구하며 세우는 일은 흐르는 강물을 거슬러 가는 행위와 같다. 쉽지 않다. 어렵고 복잡하며, 하기가 싫다. 하지만 그 일은 주님의 교회를 참 교회답게, 그리스도의 몸 된 교회답게 만드는 중차대한 사역이다. 교회 정치가 주님이 바라셨던 방식을 따라갈 때, 교회 리더십이 먼저 주의 나라에 합당한 모습으로 나아갈 때, 주님 나라는 더욱 실현될 것이고, 교회는 이 사회에 주의 다스림을 온전히 선포할 수 있을 것이다. 복수리더십의 교회를 세우는 일은 교회가 세상과 다르게 주님의 통치에 순종하는 무리라는 점을 분명히 드러내는 행위다. 세상에 그리스도의 통치를 선포하는 실천 행위이다. 자, 누가 이 길을 걸어갈 것인가? '함께 동역하는 아름다운 교회'를 만드는 일에, 누가 믿음으로 순종할 것인가?

자, 누가 이 '함께 동역하는 아름다운 교회'의 길을 걸어갈 것인가?

부록 1

표준 정관[1]

○○○○ 교회 정관

○○○○교회 정관 제정의 의도 및 배경

○○○○교회는 정관을 통해 교회를 운영함을 원칙으로 한다. 교회의 지향점을 정관으로 정리하고, 그 정관에 따라서 교회의 구체적 사항을 운영한다. 정관은 교회 리더들과 교인 전체의 의견이 반영되어 장로회를 거쳐 교인 총회에서 결정되었다. 그 정관의 내용은 교인총회를 통해 수정 보완 될 수 있다.

본 정관은 20○○년 ○○월 ○○일에 정관으로 제정된 후, 20○○년 ○○월 ○○일에 보칙이 추가되었고, 20○○년 ○○월 ○○일에 개정 되었다.

20○○년 ○○월 ○○일 개정판

○○○○교회

---

[1] 본 표준정관은 필자가 교회에서 사역할 때 제정하고 사용했던 정관을 일정 부분 수정하고 일반화하여 작성한 것이다. 해당 교회는 정관 내용 활용을 허락하였다. 이 정관의 모태는 고(故) 윤종하 장로가 만든 '교회 규약'이었다.

전문

본 교회는 그리스도의 통치를 받는 몸으로서 그리스도의 사랑의 계명을 이루고 실천하는 신자들의 공동체가 되고자 노력하면서 시작되었다. 우리는 삼위일체 하나님과 그분의 역사하심을 믿으며 이것이 우리 삶을 이루어 가는 근원이라고 고백한다. 우리는 하나님의 감동으로 인간을 통해 기록된 성경이 전적으로 신뢰할 수 있으며 신앙과 삶에 있어서 최고의 권위를 가질 뿐 아니라, 그 성경의 가르침을 따라 교회가 운영되어야 함을 믿는다. 또한 우리는 역사상 존재했던 하나님의 교회에 전수된 좋은 전통을 존중하고 하나님께서 역사하시는 교회들과 함께 협력하면서 신실함과 겸손함으로 그분께 나아가고자 한다. 본 교회로 말미암아 하나님의 통치가 실현되고 하나님의 영광이 선포되기를 바란다.

제1장 총칙

제1조 (명칭)
본 교회는 ○○○○교회(이하 본 교회, 영문 ○○○○Church)라 칭한다.

제2조 (위치)
본 교회 예배 처소는 ○○ 시내로 한다. 단 필요한 경우 장로회의 발의와 교인총회의 의결로 다른 곳에 둘 수 있다.

제3조 (목적)
본 교회의 목적은 다음의 각호와 같다.
1) 하나님과 그 아들이신 예수 그리스도와 그가 보내신 성령을 믿고 따르며 예배하는 일
2) 교인들이 서로 사랑으로 연합하여 각자 받은 은사와 은총을 함께 나누는 일
3) 하나님의 나라와 그 의를 추구하고 사랑의 삶을 살며 복음을 증거 하는 일

제4조 (정치와 소속)

본 교회는 특별장로(목사, 선교사 등 전문사역자)와 일반장로(비전문사역자)로 구성된 장로회의 가르침과 다스림을 받는 장로정치를 시행하며 ○○교단교회로 (또는 독립교회로) 운영한다. 교단의 탈퇴와 가입을 할 경우에는 장로회의 결의와 교인총회의 의결이 있어야 한다.

제2장 조직

제5조 (조직)

본 교회는 교인총회, 장로회, 실행위원회, 사역자회와 운영위원회를 조직하여 운영하되, 그 운영방식은 본 정관의 해당 조항을 따른다.

제6조 (의장)

교인총회, 장로회, 실행위원회, 사역자회, 운영위원회의 의장은 장로회를 대표하는 대표장로가 당연직으로 맡는다. 대표장로의 유고시 장로회의 서기가 그 의장의 직무를 임시로 대행한다.

제3장 교인

제7조 (교인)

본 교회는 본 교회에 등록한 등록교인(이하 '교인')으로 구성한다.

제8조 (등록)

본 교회 교인의 등록은 예수 그리스도의 구속으로 하나님의 자녀 되었음을 고백하는 자가 일정 양식에 따라 등록 신청을 하고, 장로회가 이를 수리함으로써 한다.

제9조 (의무)

본 교회 교인은 본 정관을 준수하고 결의 사항을 이행할 의무를 가진다.

제10조 (권리)

본 교회 만 18세 이상 교인은 교인총회의 의결권을 가지며, 정관에서 규정하는 선거권과 피선거권을 갖는다.

제11조 (자격상실과 제명)

① 다음의 각 호에 해당하는 자는 본 교회 교인으로서의 자격을 상실한다.

　　1) 사망한 자

　　2) 출교 당한 자

　　3) 아무런 연락 없이 6개월 동안 출석하지 않은 자

　　4) 타 교회 등록 후에 본 교회에 출석하는 자. (단 장로회가 결의한 사정으로 말미암은 경우는 제외한다).

② 본 교회의 목적을 부정하여 그에 위배된 행위를 하거나, 교인으로서 적절치 않은 악한 행동을 하여 장로회가 출교 결의를 한 경우는 본 교회에서 제명된다.

제4장　교인총회

제12조 (교인총회)

본 교회는 만 18세 이상 교인(이하 '총회교인') 전체가 참여하는 교인총회(이하 '총회')를 가진다.

제13조 (의결사항)

총회에서는 다음의 사항을 최종적으로 의결한다.

　　1) 전문사역자(목사, 선교사 등)의 교회 청빙에 관한 사항

　　2) 일반장로의 선출 및 재신임에 관한 사항

　　3) 일반실행위원의 선출 및 보선에 관한 사항

　　4) 정관과 회칙의 제정 및 개정, 사업계획, 예산 및 결산에 관한 사항

　　5) 재산 처분 및 관리에 관한 동의

6) 장로회가 필요하다고 상정한 사항

7) 실행위원회 및 운영위원회가 부의한 사항

8) 기타 교회 운영에 관하여 필요하다고 인정된 사항

제14조 (총회의 소집)

① 총회는 정기총회와 임시총회로 나눈다. 정기총회는 연 2회 이상 개최하며, 임시총회는 필요에 따라 다음 각 항과 같은 경우에 소집한다.

    1) 대표장로가 필요하다고 인정하여 총회 소집을 발의한 경우

    2) 장로회 또는 실행위원회 및 운영위원회의 결의로 총회 소집을 발의한 경우

    3) 총회교인의 1/3 이상이 공동으로 총회 소집을 발의한 경우

② 총회는 총회 개최일 최소 12일 전까지 총회 개최 사실을 통지 또는 공고하거나 주일 예배 시간에 광고로써 알려야 하며, 중요 안건은 사전 공고 시 명시하여야 한다.

제15조 (의결권)

총회에서의 의결권은 총회교인에 한한다.

제16조 (총회의 구성 및 의결 정족수)

① 총회는 재적 총회교인의 과반수 이상의 출석으로 개회한다.

② 총회의 결의사항은 출석 총회교인 과반수이상의 찬성으로 결의하며, 가부 동수인 경우에는 의장이 이를 결정한다.

③ 안수집사와 일반실행위원의 선출의 경우는, 장로회에서 발의한 인원수만큼의 후보자를 총회가 투표를 통해 추천하고, 추천된 후보자를 출석 총회교인 2/3 이상의 찬성으로 선출한다.

④ 특별장로를 청빙하거나 일반장로를 선출하려는 경우는, 장로회의 결의를 거쳐 출석 총회교인의 2/3 이상의 찬성으로 의결한다.

⑤ 정관 개정과 교단 가입 등 교회의 중요한 진로를 결정하려는 경우는, 장로회의 결의를 거쳐 재적 총회교인의 2/3이상의 찬성을 얻어야 한다.

⑥ 특정한 이유로 본 교회를 6개월 이상 참석하지 못한 교인은 재적 총회교인 수에 산

정하지 아니한다.
⑦ 총회의 의결은 교인의 자발적인 의사가 강압이나 제약 없이 반영될 수 있는 방법으로 진행되어야 한다. 특히, 위의 ③, ④, ⑤항과 재산 처분 및 기타 중요한 안건의 경우는 비밀투표로 한다.

제17조 (부재자투표)
교인총회가 교회 교단가입이나 교단변동, 또한 특별장로 청빙과 일반장로 선출을 의결하고자 할 때에는 총회 당일 투표할 수 없는 사람들을 위해 부재자 투표를 실시한다. 부재자 투표를 하고자 하는 자는 부재자투표신청서를 교인총회에 투표 10일전까지 제출하여야 하고 투표지를 발급받아 기표하여 밀봉한 후, 총회투표 직전까지 교인총회에 송부해야 한다. 단 부재자투표는 투표 당일 기준 이전 60일 동안 주일 예배에 4회 이상 참석한 자에 한한다.

제18조 (대표장로 불신임)
대표장로가 그 직무를 수행하는데 치명적인 결격 사유가 있다고 판단될 때, 교인총회는 대표장로를 불신임할 수 있다. 단 불신임은 교인 과반수 이상의 서명으로 발의하고, 재적 총회교인 2/3이상의 찬성으로 결의한다. 불신임 된 대표장로는 대표의 직을 상실하며, 장로회는 신임 대표장로를 선임한다.

제19조 (의장)
총회 의장은 대표장로가 겸하며, 유고시에는 장로회 서기가 직무를 대행한다.

제20조 (서기)
총회 서기는 실행위원회 서기가 겸한다.

제21조 (회의록)
총회의 의사에 관하여는 의결사항을 회의록에 기록하고, 의장과 서기가 기명 후 날인 또는 서명한다.

제5장 장로회

제22조 (장로회)

본 교회를 가르치고 돌보며 다스리기 위하여 3인 이상의 장로로 구성된 장로회(당회)를 둔다.

제23조 (장로직)

본 교회는 목사나 선교사 같은 전문사역자인 특별장로와 비전문사역자인 일반장로를 모두 장로라 칭한다.

제24조 (장로의 직무)

장로는 교회를 가르치고 돌보며 다스리는 다음의 일을 담당한다.
   1) 성경을 가르쳐 하나님을 전하는 일
   2) 예배를 인도하고, 설교하며 성례전을 인도하는 일
   3) 교우들을 영적으로 교육하고, 바르게 권면하는 일
   4) 교우들을 심방하여 돕는 일
   5) 교회의 직분자들을 교육시키고 안수하며 임직하는 일
   6) 교회의 행정업무를 총괄하고 감독하는 일
   7) 이외 교인이 영적으로 성장하거나 교회가 온전하여지는데 필요한 각종 감독 활동

제25조 (장로회의 의결사항)

장로회는 장로의 직무를 수행하는 과정에서 목회적, 행정적, 입법적, 사법적 기능과 관련하여 다음 사항에 대해 의결하고 추진한다.
   1) 교인을 가르치고 돌보는 일에 관한 사항
   2) 전문사역자를 본 교회의 특별장로로 선임하려고 발의하는 사항
   3) 전문사역자를 본 교회의 사역자로 청빙하거나 해임하는 것에 관한 사항
   4) 목회자 후보생을 선발하고 훈련시켜 전문사역자로 세우는 것과 관련된 사항

  5) 일반장로의 선출 및 신임을 발의하는 사항

  6) 교회의 교육과 예배에 관한 결의

  7) 업무집행과 사업계획에 관한 결의

  8) 예산, 결산, 재산에 관한 결의 및 감사

  9) 각 위원회 설치 및 규정 승인에 관한 심의 및 결의

  10) 총회에 제출할 안건의 결의 및 총회에서 위임한 사항의 결의

  11) 교인의 권징과 제명에 관한 결의

  12) 기타 교회 운영에 관한 사항 및 정관에 의하여 그 권한에 속한 사항을 심의하고 결의하는 사항

제26조 (장로의 자격)

장로는 세례 받은 후 만 5년이 경과한 자 중에서 디모데전서 3:1-7와 디도서 1:6-9의 내용에 적합한 자로서 위 정관에 제시된 장로의 직무를 감당할 수 있는 자라야 한다.

제27조 (장로의 연한)

장로는 항존직이며 만 70세 해당년 말에 은퇴한다.

제28조 (특별장로 선임)

목사나 선교사 등의 전문사역자를 본 교회의 특별장로로 선임하고자 할 때는, 장로회의 결의를 거쳐 총회에서 투표를 통해 의결되어야 한다.

제29조 (일반장로 선출)

본 교회의 일반장로를 선임하고자 할 때는, 장로회가 훈련하고 추천한 대상자를 총회에서 투표로 선출한다. 단 해당자의 자격은 만 40세 이상의 세례 교인으로서, 총회 선출 시점 기준 만 1년 이상 본 교회에 교인으로 출석했어야 한다.

제30조 (대표장로)

① 대표장로는 장로회에서 추천인 2인 이상의 지명으로 추천받아 무기명 비밀투표로 선출하고, 그 임기는 4년이며 중임할 수 있다.

② 대표장로는 장로회 역할을 원활하게 수행하기 위해 총무장로를 선임할 수 있으며, 그 임기는 1년으로 한다.
③ 대표장로는 교회의 각종 인사권을 독점하지 못하며, 인사권은 장로회와 교인총회가 가진다.

제31조 (장로회의 소집)

① 대표장로는 최소한 분기에 한 번씩 정기 장로회의를 소집한다.
② 대표장로가 필요하다고 인정하거나, 장로회의 장로들 1/2 이상의 요청이 있을 때에는 임시 장로회의를 소집할 수 있다.

제32조 (장로회의 결의)

장로회는 재적 장로 2/3 이상으로 개회하고, 출석 장로의 만장일치 결의를 원칙으로 한다. 단, 장로회 출석 인원이 8인 이상 일 때는, 3/4 이상의 찬성으로 결의한다.

제33조 (장로회의 평가)

장로회는 매 4년 마다 스스로 평가할 뿐 아니라 교인 전체에게 평가를 받아 향후 사역과 시무에 반영하도록 한다.

제34조 (장로의 안식년, 휴무년, 근신년)

장로들의 안식년, 휴무년, 근신년 등은 장로회의 발의로 총회에서 의결하여 시행할 수 있다.

제6장 실행위원회

제35조 (실행위원회)

장로회와 교인총회의 의결 사항을 실행하고 교회의 중요한 정책을 발의하기 위하여 실행위원회(제직회)를 둔다.

제36조 (실행위원회의 구성)

① 본 교회의 실행위원회는 특별실행위원과 일반실행위원으로 구성하고, 실행위원장과 서기를 둔다.
② 실행위원장은 대표장로가 겸하며, 서기는 추천인 2인 이상의 지명으로 추천받아 무기명 비밀투표로 선출하고 그 임기는 2년이며 중임할 수 있다.

제37조 (안수집사)

본 교회의 안수집사는 사도행전 6:3과 디모데전서 3:8-13의 내용에 적합한 자로서, 장로들과 협력하여 교회를 돌보고 행정을 담당하는 직분을 말하며, 장로회에서 제안이 있을 때 현재 세례 받은 후 만 5년이 경과된 만 38세 이상의 교인 중에서 장로회가 제안한 숫자에 한하여 총회에서 선출한다. 단, 해당자는 선출 직전 만 1년 이상 본 교회에 출석한 자라야 한다.

제38조 (특별실행위원)

장로회의 장로들과 본 교회의 안수집사들은 특별한 사유가 없는 한 본 교회의 특별실행위원이 된다. 치리장로가 있는 경우 치리장로도 특별실행위원이 된다.

제39조 (일반실행위원)

① 일반실행위원은 디모데전서 3:8-13의 내용에 적합한 자로서, 세례 받은 후 만 3년이 경과된 만 35세 이상의 교인 중에서 장로회가 제안한 숫자에 한에서 총회에서 선출하며, 그 임기는 2년이다. 단 해당자는 본 교회에 1년 이상 교인으로 출석한 자이어야 한다.
② 일반실행위원의 규모는 교인 수의 10% 이하가 되어야 한다.
③ 일반실행위원의 임기 중 결원이 생길 때에는 실행위원회의 건의에 따라 일반실행위원 선출의 절차에 따라 재선임하고, 신 임원의 임기는 전 임원 임기의 잔여기간으로 한다.

제40조 (실행위원회의 직무)

실행위원회의 직무는 다음과 같다.

    1) 교인총회 및 장로회에서 결의된 사항을 실행하는 일
    2) 교회의 정책을 장로회에 건의하고 교인총회에 발의하는 일

제41조 (실행위원회의 소집)

① 실행위원장은 최소한 반기에 한 번씩 정기 실행위원회를 소집한다.
② 실행위원장이 필요하다고 인정하거나, 재적위원 1/2 이상의 요청이 있을 때에는 임시 실행위원회를 소집할 수 있다.

제42조 (실행위원회 의결 정족수)

실행위원회는 재적위원 과반수의 출석으로 개회하고, 출석위원 과반수의 찬성으로 결의한다.

제43조 (실행위원회의 평가)

실행위원회는 매 4년 마다 스스로 평가할 뿐 아니라 교인 전체에게 평가를 받아 향후 시무에 반영하도록 한다.

제7장 사역자회

제44조 (사역자회)

장로회의 역할과 임무를 보다 효과적으로 수행하기 위하여 장로회는 장로회에 소속되지 않은 사역자들과 함께 하는 사역자회를 구성할 수 있다.

제45조 (사역자회의 구성과 의장)

① 사역자회는 특별사역자와 일반사역자로 구성한다. 이때, 특별사역자는 본 교회 장로회의 특별장로들을 지칭하며, 일반사역자는 특별장로들 외에 본 교회에서 전문적으로 사역하는 자들을 지칭한다.

② 사역자회의 장은 대표장로가 맡는다.

제46조 (일반사역자의 임명과 해임)
장로회는 본 교회를 목양하는 일을 보다 효과적으로 감당하기 위해, 장로회의 역할과 임무를 돕는 일반 사역자들을 임명하고 해임할 수 있다.

제47조 (일반사역자의 임기)
본 교회의 일반 사역자의 임기는 2년을 원칙으로 하고 중임이 가능하되, 경우에 따라 특정한 기간을 정할 수 있다. 단 임면의 일회 기간이 5년을 초과할 수 없다.

제48조 (일반사역자의 임무)
일반 사역자는 장로회가 감당하는 사역을 함께 도우며, 그 구체적 사역 내용은 장로회의 지시와 감독을 따른다.

제49조 (일반사역자의 규모)
일반 사역자 수는 장로회 장로 수를 넘지 않아야 한다.

제50조 (사역자회의 직무)
사역자회의 직무는 다음과 같다.
    1) 장로회가 교회를 목양하기 위해 구체적으로 집행하는 사항
    2) 교회의 교육, 예배, 심방 등과 관련된 정책을 장로회에 건의하는 일

제51조 (사역자회의 소집)
① 사역자회의 장은 반기에 한 번씩 정기 사역자회를 소집한다.
② 사역자회의 장이 필요하다고 인정하거나, 사역자회의 재적위원 1/2 이상의 요청이 있을 때에는 임시 사역자회를 소집할 수 있다.

제8장 운영위원회

제52조 (운영위원회)
총회와 장로회, 실행위원회에서 결의된 내용을 구체적으로 집행하고, 교인의 자발적이고 유기적인 참여를 활성화하기 위해서, 본 교회는 여러 기능과 역할을 가진 여러 위원회를 두고, 각 위원회의 위원장이 함께 모인 운영위원회를 둔다.

제53조 (운영위원회 구성)
운영위원회는 각 위원회의 위원장과 대표장로로 구성되며, 운영위원장은 대표장로가 맡는다.

제54조 (각 위원회 위원 및 위원장의 선임 및 자격)
① 각 위원회의 위원은 교인의 자발적 지원을 기초로 하여 장로회의 결의와 권면으로 지명한다.
② 각 위원회의 위원은 교인 중 만 18세 이상인자로 한다.
③ 각 위원회의 위원장은 장로회에서 지명한다.

제55조 (각 위원회 위원과 위원장의 임기)
① 각 위원회 위원과 위원장의 임기는 반년, 또는 1년으로 하되 장로회의 결의로 중임할 수 있다.
② 각 위원과 위원장의 임기 중 결원이 생길 때에는 장로회에서 재선임할 수 있으며, 신임 위원과 위원장의 임기는 전임자 임기의 잔여기간으로 한다.

제56조 (각 위원회 및 직무)
각 위원회의 직무와 역할은 기본적으로 다음과 같다. 단 필요시 장로회의 결의를 따라 아래 부서를 통폐합 또는 분리 운영할 수 있으며, 새로운 위원회를 신설할 수 있다.
   1) 예배위원회
        예배 및 각종 의식의 집전에 관한 사항과 주보 발행 및 교우의 선한 삶과 생활의 각종 모습을 목회적 차원에서 돕는 일을 담당한다.

2) 교육위원회

교회 교육의 기본 방향과 관련되어 주일 조별모임, 수련회, 각종 훈련 프로그램을 관할한다.

3) 선교위원회

국내외 전도 및 선교 사업의 연구 계획 등 전도에 관한 사항과 사업을 담당한다.

4) 목양위원회

교우의 질병, 사망, 혼례 등에 관련된 제반 사항을 돌아보며 돕는 일을 담당한다.

5) 친교위원회

교인 상호간의 친교와 교제에 관한 각종 일을 기획하고 진행하는 역할을 담당한다.

6) 구제장학위원회

가난한 교인을 돌보는 일과 장학생 선발 지원 등에 관련한 사항과 업무를 담당한다.

7) 새교우위원회

새로 오는 교인이나 구도자를 안내하고 돌보는 제반 사항을 연구하고 감당한다.

8) 사회봉사위원회

교우들의 사회봉사를 위한 안내와 지원에 관한 제반 사항을 담당한다.

9) 어린이위원회

주일 학교 운영 및 어린이 교육에 관한 전반적인 교육 사업을 담당한다.

10) 청년위원회

교회 청년들의 행사들을 돕고, 청년들의 자발적 봉사와, 교회와의 교제를 원활히

하는 역할을 한다.

11) 재정위원회
예산 편성 및 집행, 헌금 관리 현금 출납 등 교회 재정에 관한 사항을 담당한다.

12) 관리위원회
교회의 예배당과 기물 등에 관련된 각종 관리를 담당한다.

13) 행정위원회
교회 행정 업무를 담당한다.

14) IT위원회
정보와 기술과 관련된 각종 사항과 업무를 담당한다.

제57조 (운영위원회 소집)
운영위원회는 연 2회 이상 소집하되, 위원장이 이를 소집하거나 운영위원 1/3 이상의 발의를 통해 소집한다.

제58조 (정족수)
운영위원회는 위원 과반수의 출석으로 개회하고, 운영위원회의 목적과 기능에 부합하는 안건에 한하여 출석위원 과반수의 찬성으로 의결한다. 단 가부동수 일 때에는 위원장이 결정한다.

제9장 재정관리

제59조 (재정)
본 교회의 재정은 교인의 헌금과 헌물로 충당한다.

제60조 (헌금방식)
헌금은 무기명을 원칙으로 하되, 사용처를 지정하여 헌금할 수 있다.

제61조 (재정관리)
재정관리는 장로회의 결의에 의해 재정위원회를 통해서 진행한다.

제62조 (회계년도)
본 교회의 회계연도는 매년 1월 1일 시작한다. 단 필요시 회계 산정기간을 축소 조정할 수 있다.

제63조 (회계의 구분)
① 회계는 일반회계와 특별회계로 구분한다.
② 총회의 인준을 얻은 예산에 의한 수입과 지출은 일반회계에 포괄한다.

제64조 (세입 세출 예산)
본 교회의 세입 세출 예산은 매 회계연도 예산서와 함께 장로회의 심의를 거쳐 총회의 승인을 얻어야 한다.

제65조 (결산)
본 교회의 해당연도 결산서는 회계연도 종료 후 장로회의 감사와 의결을 거쳐 총회에 보고한다.

제10장 평가와 인정

제66조 (장로회 및 실행위원회에 대한 평가)
① 장로회와 실행위원회가 스스로 하는 평가 내용과 방법은 각 회의체에서 결정한다.
② 장로회 및 실행위원회에 대한 교인의 평가는 무기명 서면 평가를 원칙으로 하고 그 자세한 평가의 내용과 방법은 실행위원회에서 결정한다.
③ 평가 연도는 개인별 시무 연수를 계산하여 산발적으로 처리하지 아니하고, 매 4년마다 정해진 해에 함께 처리한다.

제67조 (타 교단과 교회의 장로)
타 교단의 특별장로나 타 교회의 일반장로가 본 교회에 출석하여 본 교회의 장로가 되기 위해서는 다음의 절차를 거쳐야 한다.
① 타 교단 특별장로의 경우는 본 교회 장로회의 만장일치 발의와 총회 출석 총회교인 2/3 이상 찬성으로 본 교회의 특별 장로로 인정된다. 단 해당자는 장로회 발의 시점에서 만 2년 이상 본 교회 출석교인이어야 한다.
② 타 교회 일반장로의 경우는 본 교회 장로회의 만장일치 결의와 총회 출석 총회교인 2/3 이상 찬성으로 본 교회의 일반 장로로 인정된다. 단 해당자는 장로회 발의 시점에서 만 1년 이상 본 교회 출석교인이어야 한다.

제68조 (타 교회의 집사)
타 교회의 집사가 본 교회에 출석하여 본 교회 소속 집사가 되기 위해서는 다음의 절차를 거쳐야 한다.
① 타 교회 안수집사의 경우는 본 교회 장로회의 만장일치 결의와 실행위원회의 재적위원 2/3 이상 찬성으로 본 교회 소속 안수집사로 인정된다. 단 해당자는 장로회 발의 시점에서 만 1년 이상 본 교회 출석교인이어야 한다.
② 타 교회 서리집사의 경우는 본 교회 집사로 인정되지 아니한다.

제69조 (장로와 안수 집사의 재시무 조건)
본 교회 장로와 안수 집사가 본 교회와 직분을 떠난 후 돌아와 다시 시무하기 위해서는, 본 교회 장로회의 만장일치 발의와 총회 출석 총회교인 2/3 이상 찬성을 거쳐야 한다. 단 해당자는 장로회 발의 시점에서 만 1년 이상 본 교회에 다시 출석한 후이어야 한다. 단 교회 개척과 사역의 일로 당분간 부득이 하게 이동한 경우는 교회를 떠난 것으로 간주하지 않으며, 유학, 전근 등 해당자의 신변 변동으로 부득이하게 이동했던 경우는 장로회의 결의로 그 시무의 조건을 달리 결정할 수 있다.

제11장 정관과 규정

제70조 (정관 개정)
본 정관을 개정할 필요가 있을 때에는 장로회나 실행위원회 또는 운영위원회의 건의에 따라 장로회의의 심의를 거쳐 교인총회에서 최종 의결한다.

제71조 (규정의 구분)
본 교회의 제반 규정은 정관, 규칙, 세칙 순으로 한다.

제12장 보칙

제72조 (준용)
① 본 정관에서 언급되지 않은 사항은 장로회의 결정을 따른다.
② 장로회가 구성되지 못한 상황에서는 실행위원회가 장로회의 역할과 기능을 과도기적으로 대신한다. 단 이때, 장로회 구성 전 본 교회의 장로들과 안수집사들은 그 실행위원으로 활동하며, 일반실행위원의 인원수는 전체 실행위원 수가 교인 수의 15%를 초과하지 아니한 범위 내에서 선출할 수 있다.
③ 기존의 당회 조직을 장로회로 바꿀 경우, 치리장로의 수가 적으면 치리장로를 장로회의 구성원으로 하고, 치리장로의 수가 많으면 치리장로가 포함되는 당회를 특별장로와 일반장로가 함께 하는 장로회와 구분한다. 이때 장로회는 가르치는 직무에 관한 사항을 다루고, 당회는 그 나머지 일을 감당한다.

부칙

제1조 본 정관은 통과한 날부터 시행한다.

부록 2

치리장로 개념은 성경적인가?
치리장로직 관련 본문에 대한 연구 *

목차

들어가는 말

1. 치리 장로 직분 개념
   1.1. 장로의 이중직제: 목사(교무장로)와 치리장로
   1.2. 치리장로직 개념의 보편화
2. 근거 본문 재검토
   2.1. 한국 장로교회에서 오용되는 근거 구절
      2.1.1. 근거 구절: 딤전 3:1-7; 딛 1:5-9; 행 20:17-35
      2.1.2. 부적절함
   2.2. 칼뱅의 근거 구절과 오류
      2.2.1. 칼뱅의 근거 구절: 고전 12:28; 롬 12:8; 딤전 5:17
      2.2.2. 부적절함
3. 장로: 교회를 가르치고 돌보며 다스리는 역할을 맡은 목회자 직분
4. 함의
   4.1. 장로의 가르치는 책무
   4.2. 복수리더십

맺음말

---

* 본 논문은 「성경과 교회」 5 (2007), pp. 225-57에 기고된 것을 일부 수정한 것이다. 본고는 2007년에 작성되었기에, 본고의 교단 헌법 인용문은 현재 교단 헌법 내용과 다를 수 있다.

들어가는 말

본고는 한국 장로교회에서 통상적으로 인정되고 있는 치리장로 직분의 개념이 성경적으로 적절한가를 재고해 보고자 한다.[1] 이를 위해 (1) 일반적으로 알려진 치리장로 직분의 개념을 살펴보고, (2) 그 근거로 종종 제시되는 성경 본문을 재검토한 후에, (3) 관련 본문들이 말하는 장로의 개념을 밝히며, (4) 궁극적으로 본 연구 결과가 한국 교회의 장로직에 함의하는 바를 찾아보고자 한다.

1. 치리 장로 직분 개념

1.1. 장로의 이중직제: 목사(교무장로)와 치리장로

장로교회는 장로 직분을 맡은 자들이 교회를 가르치고 다스리는 정치체제를 지향한다.[2] 한국 장로교회는 전통적으로 장로직에 두 가지 다른 개념이 있다고 본다. 하나는 교무장로(즉, 목사)이고, 나머지 하나는 치리장로(보통 '장로'라 칭하는 직분)이다. 이 두 장로직은 교회를 이끌어가는 지도자 직분이라는 점에서는 공통적이지만 그 역할에 있어서 분명한 차이점을 가진다. 교무장로는 교회를 다스리는 역할 외에도 가르치는 역할을 맡은 장로로서 설교(와 성례)라는 독특한 직무를 감당하는 반면, 치리장로는 다스리는 역할을 주로 맡는다. 따라서 치리장로는 목사와 함께 교회의 장로로 활동하지만, 설교(와 성례)를 담당하지 않고 교회의 행정과 권

---

[1] Torrance는 1984년에 개혁교회의 장로 직분 이해에 문제가 있다고 도전한 바 있다(참조. *The Eldership in the Reformed Church*, Edinburgh: The Handsel Press, 1984; 'Eldership', pp. 503-18). 본 소고는 특별히 한국 장로교회의 치리장로 직분 이해에 국한하고자 한다.

[2] 교회 역사 속에 등장했던 교회의 정치 체계를 Erickson(『복음주의 조직신학(하)』, pp. 264-79)은 감독 정치제도, 장로 정치제도, 회중 정치제도, 무정치 제도의 네 가지 형태로 분류한다. 이 제도 중 장로들이 교회를 가르치고 다스리는 정치체계를 장로 정치제도라 한다.

징에 힘쓴다.³ 이러한 특징은 한국교회 헌법의 조문과 학자(또는 목회자)의 글에 잘 나타나 있다.

대한예수교 장로회 합동측 헌법(2000년 개정판) 3장 2조에는 교회의 항존직을 규정하면서 두 가지 종류의 장로를 다음과 같이 언급한다.

> [3장] 제 2조 교회의 항존직
>
> 교회에 항존할 직원은 다음과 같으니 장로(감독)(행 20:17, 28, 딤전 3:7)와 집사요, 장로는 두 반이 있으니
>
> 1. 강도와 치리를 겸한 자를 목사라 일컫고
> 2. 치리만 하는 자를 장로라 일컫나니 이는 교인의 대표자이다.
> 3. 항존직의 시무 연한은 만 70세로 한다.⁴

그 중에 치리장로의 기원과 권한을 5장 1조와 2조에서 밝히고 있다.

> [5장] 제 1조 [치리]장로직의 기원
>
> 율법 시대에 교회를 관리하는 장로가 있음과 같이 복음 시대에도 목사와 협력하여 교회를 치리하는 자를 세웠으니 곧 치리 장로이다.
>
> [5장] 제 2조 장로의 권한
>
> 강도와 교훈은 그의 전무 책임은 아니나 각 치리회에서는 목사와 같은 권한으로 각 항 사무를 처리한다(딤전 5:17, 롬 12:7~8).⁵

---

3   한국 교회에서는 보통 목사와 치리장로의 직무 차이를 나눌 때 '성례' 또한 중요하게 생각하는 듯하다. 일반적으로 목사는 성례를 집도하지만, 치리장로는 성례를 집도하지 못한다고 생각한다. 따라서 이 주제도 한국 교회의 장로직무 이해를 다룰 때 고려할 필요가 있어 보인다. 하지만 보통 개신교회에서 성례의 요소가 설교보다 약화되어 있기에 본 소고에서는 성례 문제를 다루지 아니한다.

4   『헌법(2000년 개정판)』, p. 152.

5   『헌법(2000년 개정판)』, p. 158.

표현과 강조점에 약간의 차이는 있지만 통합측 헌법(1983년 개정, 2007년 개정)도 기본적으로 이와 다르지 않다.

[4장] 제 22조 항존직

항존직은 장로, 집사, 권사이며(행 20:17, 28, 딤전 3:1-13), 그 시무는 70세까지로 한다. 장로에는 두 가지가 있으니

   1. 설교와 치리를 겸한 자를 목사라 하고,
   2. 치리만 하는 자를 장로라 한다.[6]

[6장] 제 39조 장로의 직무

장로는 교회의 택함을 받고 치리 회원이 되어서 목사와 협력하여 행정과 권징을 관리하며, 교회의 신령상 관계를 살피며, 교인들이 교리를 오해하거나 도덕적으로 부패하지 않도록 권면하며 회개하지 않는 자가 있으면 당회에 보고한다.[7]

장로교회 학자와 목회자는 헌법의 이런 입장을 대체적으로 인정하고 있다. 박윤선은 합신측 헌법을 주석하면서[8] 목사와 장로는 모두 장로직으로서 '근본적인 자격상의 차이'를 갖지 않지만, '목사가 장로와 달리 더 받은 부가적인 은사(말씀

---

6 『대한예수교장로회 헌법』, p. 189. 이 헌법은 1983년 개정된 것이다. 통합측 헌법은 시대와 상황의 변화에 맞게 2007년 5월 다시 전면 개정하였지만 우리가 다루는 조항의 내용은 근본적으로 차이가 없다(참조. 『대한예수교장로회총회 헌법』, 2007, p. 175).

7 『대한예수교장로회 헌법』, p. 196 (참조. 『대한예수교장로회총회 헌법』, 2007, p. 181).

8 박윤선이 이때 주석하는 합신측 헌법은 우리가 다루는 조문에 있어 합동측 헌법과 동일한 것이다. 합신[개혁]측은 1981년 9월에 창설되었을 때 기존 헌법을 전면적으로 수정하기로 가결하고 1995년 9월 총회에서 수정작업을 완결하였다(참조. 『헌법』, p. 3). 박윤선의 『헌법주석』은 1983년 출간되었고 합동측 헌법 내용의 많은 부분을 공유하고 있다.

과 교훈에 수고함)'로 인해 차이점을 갖게 된다고 해석한다.[9] 통합측 증경총회장인 임택진은 '목사를 장로 안에 넣어 둔' 것이 '교회론과 교회정치원리'에 어긋나는 일이라고 지적하기도 하지만,[10] 결국은 장로직 안에 '설교와 치리를 겸한' 목사와 '치리만 하는' 장로가 구별되어 존재한다고 설명한다.[11] 김의환은 목사와 장로의 동일성과 차이점을 지적하면서 이런 특징이 궁극적으로 장로직에 대한 바울의 이해에 근거한다고 판단한다.[12] 또한 이승구는 신약성경의 교회에 있었던 가르치는 장로와 다스리는 장로에 대한 구분이 성직자 중심의 위계 정치 제도로 인해 실종되었다가 종교개혁 시대에 다시 재발견되었다고 설명한다.[13] 홍치모는 이런 재발견 과정에 종교개혁자 부쳐(M. Bucer)와 (특별히) 칼뱅(J. Calvin)이 결정적인 기여를 하였다고 지적하고 있다.[14]

이런 장로직 모습을 간략하게 장로의 이중직제(duplicem ordinem)라고 말할

---

9 박윤선, 『헌법주석』, pp. 69-70. 이 책 서문에서 박윤선은 1917년 한국 장로교 헌법이 처음 제정될 당시 미국 북장로교의 헌법 대부분을 그대로 채택했다고 말한다. 황성철('한국 장로교 정치', pp. 223-225)은 장로교 헌법에 기초가 되었던 '장로교 규칙'이 외국 장로교 규범의 영향을 받았으며, 그 중에 목사와 장로에 대한 정체성이 중요하게 포함되어 있음을 말하고 있다. 이 장로교 규칙 3조 2항은 다음과 같이 기록되어 있다: '장로는 두 가지니, 강도함과 치리함을 겸한 자를 목사라 칭하고 치리만 하는 자를 장로라 한다.'

10 임택진, 『장로교회 정치해설』, p. 69; 『장로회 정치해설』, p. 84. 황성철(『교회 정치 행정학』, pp. 101-102)은 목사직이 장로직에서 파생된 것이 아니라 사도직에서 온 것이라고 주장한다. (마찬가지로 손병호, '한국 장로교 정치제도', pp. 142-44를 보라). 이와 관련하여 황성철은 목사가 주로 말씀 증거의 직무를 맡았고 장로가 치리와 봉사의 일을 맡았다고 주장한다(pp. 102-105, 397-400).

11 임택진 외, 『장로학』, pp. 111-14; 임택진, 『장로회 정치해설』, p. 85.

12 김의환('장로교회의 기원', p. 17)은 '장로교회에서 오늘날 목사와 장로를 똑같이 장로로 보되 특히 가르치는 장로를 목사라 부르고 다스리는 장로를 그냥 장로라 부르고 있는 것은 바울의 구분적 호칭을 본 딴 것 뿐이다.'라고 말한다.

13 이승구, '장로교회의 의미', pp. 98-101.

14 홍치모, '장로제의 기원', pp. 159-68. 심창섭은 장로정치제도가 개신교에서 실행된 역사적 근원지는 사실 칼뱅보다는 부쳐(M. Bucer)나 더 나아가 에콜람파디우스(Oecolampadius)에게서 찾아야 한다고 말하면서도, 칼뱅이 장로정치제도를 성경의 인용을 통해 신학화하였기 때문에 장로정치제도를 역사적으로 정착시킨 인물은 칼뱅이라고 이해해야 한다는 입장을 밝힌다. 참조. 심창섭, '장로교 정치제도의 기원은 무엇인가(I)', pp. 68-81; '장로교 정치제도의 기원은 무엇인가 (II)', p. 186.

수 있다.[15] 목사와 치리장로가 모두 장로이지만, 목사는 가르치는 것과 다스리는 일을 함께 맡고, 치리장로는 다스리는 일만 맡는다.

1.2. 치리장로직 개념의 보편화

한국의 장로교회는 이런 이중직제 개념을 기초로 하여 치리장로를 각 교회에 세운다. 이 치리장로는 교인의 대표자로서 (가르치는) 목사를 보필하여 교회를 다스리는 일을 함께 감당한다. 치리장로 고시 교육용 교재로 쓰인 『장로학』이란 책은 한국 교회의 이런 모습과 이해를 잘 반영한 듯 보인다.[16] 이 책에서 임택진은 장로의 이중 직제를 밝힐 뿐 아니라,[17] 치리장로의 가장 중요한 직무가 목사와 협조하여 교회의 치리적 업무를 감당하는 것임을 밝히고 있다. 그에 의하면, 치리장로는 1) 교인의 대표자로서 2) 목사와 협조하여 3) 교회 행정과 권징을 감당하는데, 이것이 치리장로의 첫 번째 직무이다.[18] 이처럼 다스리는 역할을 맡은 치리장로 직분은 한국 장로교회 안에서 보편적으로 인정되고 있다.[19]

---

15 이를 체계화시킨 인물은 칼뱅이라고 볼 수 있다(참조. *Institute*, 11, 1). 칼뱅의 이런 주장과 그에 대한 평가에 대해서는 본고의 2.2.를 보라.

16 이 책은 치리장로 고시 준비용으로 여러 장로 교단의 목회자들이 공동으로 집필하여 오랜 기간 동안 사용되고 있다. 치리장로들에게는 장로학 교과서라고 불릴만한 책이다. 참조. 임택진 외,『장로학』, pp. 3-5.

17 임택진 외,『장로학』, pp. 111-14.

18 임택진 외,『장로학』, pp. 103-106. 황성철('한국 장로교 정치', p. 234;『교회 정치 행정학』, p. 399)은 장로의 정체성을 '첫째 교인들의 대표자이고, 둘째 목사의 협력자이고, 셋째 교인들의 영적 관리자'로 요약하고 있다.

19 기독교 대한성결교 증경총회장인 황대식(『좋은 장로 되게 하소서』, pp. 277-88)은, 기성과 기감과 예장 통합측 헌법에 나타난 치리장로의 직무를 종합 비교하면서, 장로의 직무가 1) 교회의 행정을 관리하며, 2) 권징을 치리하고, 3) 교인을 돌보며, 4) 예배 및 성례 집행을 보좌하는 것이라고 정리한다. 이처럼 다스리는 역할의 치리장로 직분 개념은 장로 교단을 넘어서 다른 교단까지도 보편화되었다.

2. 근거 본문 재검토

이렇게 보편적으로 인정되는 치리장로 직분 개념은 과연 성경적으로 적절한가? 이 답을 위해 치리장로 직분과 관련된 성경 구절들을 검토해 볼 필요가 있다. 먼저 치리 장로직과 관련하여 쉽게 오해되고 있는 몇 개의 성경 구절을 살펴보고, 보다 근본적으로는 치리장로 직분을 이론적으로 정당화하기 위해 칼뱅이 사용했던 몇 구절을 재조명해 볼 필요가 있다.

2.1. 한국 장로교회에서 오용되는 근거 구절

2.1.1. 근거 구절: 딤전 3:1-7; 딛 1:5-9; 행 20:17-35

한국 장로교회에서 치리장로의 근거 구절로 보통 많이 사용되는 본문은 디모데전서 3:1-7과 디도서 1:5-9이다. 치리장로의 교과서라고 할만한 『장로학』이란 책에서 임종만은 디모데전서 3:2-7과 디도서 1:5-9을 가지고 '성경이 말하는 [치리]장로의 자격'을 설명한다.[20] 이런 설명은 한국 장로교회에서 이 두 본문이 치리장로 직분의 근거 본문으로 매우 중요하게 사용되고 있음을 시사한다.[21] 사실, 합동측과 통합측 헌법은 모두 치리장로 자격을 언급할 때 디모데전서 3:1-7에 초점을 맞춘다.[22] 박윤선은 치리장로의 자격에 대해 해설하면서 디모데전서 3:1-7뿐 아니

---

20   임택진 외, 『장로학』, pp. 22-32.

21   황대식(『좋은 장로 되게 하소서』, pp. 246-70)도 이 두 본문으로 치리장로의 자격을 말하고 있음을 주목하라.

22   '만 35세 이상 된 남자 중 입교인으로 흠 없이 5년을 경과하고 상당한 식견과 통솔력이 있으며 디모데전서 3:1~7에 해당한 자로 한다.'(합동측 헌법 5장 3조, 『헌법(2000년 개정판)』, p. 158). '장로의 자격은 상당한 식견과 통솔의 능력이 있고 무흠입교인으로 7년을 경과하고 30세 이상 된 자로서 디모데전서 3장 1~7절에 해당한 자라야 한다.'(통합측 헌법 6장 40조, 『대한예수교장로회 헌법』, pp. 196-97).

라 디도서 1:5-7도 그 근거가 되는 것으로 첨가하고 있다.[23] 또한 김병원은 디도서 1:5-9이 치리장로를 장립하라는 권면이라고 이해하면서 다음과 같이 말한다.

> 바울은 문안에 이어 실무적인 행정 지시를 하고 있다. 그가 디도에게 한 행정적 지시 가운데 제일 먼저 나온 것이 [치리]장로(長老)를 임직하는 것이다. 이 말은 장로를 세워 당회가 구성이 되는 조직을 해야 한다는 말이다. 현대의 교회가 다 그런 것은 아니지만 교인의 수가 1000명이 넘어도 장로를 세우지 않는 교회가 있다. 그 이유는 목사가 독재하기 위해서란 말들이 있음을 우리는 간과할 수 없다.[24]

이 두 본문 외에 사도행전의 몇 구절도 치리장로에 대한 구절로 종종 이해되고 있다(행 11:30; 14:23; 15:4, 6; 20:17, 28등). 이 중에서 특별히 바울이 에베소 교회 장로들을 만나 부탁한 내용은 중요하게 거론된다(참조. 20:17-35). 임종만은 치리장로 직분의 고귀성을 말할 때 사도행전 20:28을 사용하고 있고,[25] 박윤선도 치리장로의 '직무'에 대해 해설하면서 사도행전 20:28-30을 근거 구절로 사용하고 있다.[26]

2.1.2. 부적절함

---

23 박윤선, 『헌법주석』, pp. 70-71. 또한 치리장로의 자격 조문에 대한 임택진(『장로학』, pp. 91-102)의 해설도 참조하라.

24 김병원, 『목회서신』, p. 589. 김병원 목사는 미국 코네티컷주의 뉴 헤이븐(New Haven)에서 한인 교회를 목회하고 있기에(참조. p. 7) 한국 장로교회의 분위기를 대표한다고 보기에는 한계가 있다. 하지만 미국에 있으면서도 한국적 분위기를 반영하고 있다는 관점에서 보면 김병원 목사가 이해하고 있는 한국 교회의 특징이 얼마나 뚜렷한지를 오히려 역으로 느낄 수 있다.

25 임택진 외, 『장로학』, pp. 19-21. 임종만은 '제 I편 장로의 자격'이란 제목에서 이런 말을 하고 있다.

26 박윤선, 『헌법주석』, p. 72. 더구나 그는 행 20:28-32을 가지고 치리장로 직분에 대한 하나의 설교문을 제공하고 있다(pp. 73-75).

하지만 이 본문들이 치리장로 직분을 지지하는 본문이라고 보기는 어렵다. 왜냐하면 세 본문 모두 치리장로 직분의 개념에서 배제되어 있는 '가르치는 기능'을 매우 두드러지게 강조하고 있기 때문이다.

디도서 1:5-9은 가르치는 역할을 장로 자격 기준의 정점에 놓고 있다. 이런 점에 대해 필자는 다른 논문에서 이렇게 기술했다.

> [딛]1:6-9은 장로 선발의 중요한 기준들을 짧지만 핵심적으로 제시하고 있다. 먼저 (1) 가정과 관련된 중요한 기준을 제시하고(참조. 1:6), 그 다음에 (2) 교회의 지도자로서의 덕목과 관련된 주요 기준을 제시 한다(참조. 1:7-9). 교회 지도자로서의 기준은, 다시 소극적 측면으로 먼저 제시되고(참조. 1:7), 그다음에 적극적 측면으로 제시된다(참조. 1:8-9). 이처럼 장로 자격의 기준은 점차적으로 까다롭고 높은 것으로 나아가고 있는데, 그 마지막 최고의 기준이 교회의 가르침과 관련된다(참조. 1:9a). 그것은 결국 (1) 교회를 '능히 바른 교훈으로 권면하고' 또한 (2) '거스려[sic] 말하는 자들을 책망하기' 위함이다(참조. 1:9b). 그런데 이 두 가지 과업은 교회[의] 가르침과 관련하여 바울이 디도에게 주려던 권면이었다.[27]

디모데전서 3:1-7의 자격 기준에도 가르치는 역할이 중요하게 부각되는 점은 크게 다르지 않다. 차이가 있다면 자격 기준의 배열 순서이다. 디도서 1:6-9은 배열 순서로 점층법(漸層法)을 사용한다. 하지만 디모데전서 3:2-7은 점강법(漸降法)과 점층법을 함께 사용하고 있다. 자격 기준의 거시적 틀이라는 점에서는 점강법을 사용한다. 교회 지도자로서의 자격 기준을 먼저 제시하되(3:2-3) 적극적 측면을

---

27   이진섭, '디도서 3:8', p. 190. 또한 해당 쪽의 각주 57도 참조하라.

앞서 말하고(3:2) 소극적 측면을 그 다음으로 말한다(3:3).[28] 그 후 가정과 관련된 기준을 말하며(3:4-5), 마지막으로 최소한의 자격 기준으로서 객관적인 측면, 외부 사람과 관련된 측면을 언급한다(3:6-7). 좀 더 중요한 영역의 기준부터 말하고 있는 것이다. 그런데 교회 지도자로서의 적극적 기준과 소극적 기준을 구체적으로 나열할 때는 디도서처럼 점층법이 사용되는 것처럼 보인다. 소극적 기준의 마지막 자리에 '돈' 문제를 거론하며(딤전 3:3; 딛 1:7), 적극적 기준의 마지막 자리에 '가르치는' 역할을 거론 한다(딤전 3:2; 딛 1:9).[29] 그렇다면 디모데전서 3:1-7에서도 가르치는 역할이 감독(장로)의 가장 두드러진 기능으로 드러난다고 볼 수 있다.[30] 언뜻 보면 디모데전서의 자격 기준이 디도서와 차이가 있어 보이지만, 장로(감독)의 자격 기준의 중심에 가르치는 직무가 있다는 것에는 차이점이 없다.[31]

---

[28] 디모데전서에서는 '한 아내의 남편이 되며'(3:2)라는 기준이 가정생활 영역에서가 아니라(참조. 딛 1:6) 교회 지도자 자질 범주에서 거론되었다.

[29] 물론 디모데전서와 디도서에서 제시되는 여러 자격 기준들의 배열이 엄밀한 일관성을 갖고 있다고 보기는 어렵다. 하지만 순서상의 대체적인 흐름을 부인하기는 더 어렵다.

[30] 물론 여기서 가르치는 역할이 어떤 것을 지칭하는지가 중요하다. 종종 치리장로에게도 설교 외에 (개인이나 그룹으로) 가르치고 권면하는 역할이 열려 있다는 점을 지적하며 이 본문들이 결국 치리장로에게 국한된 것을 주장하는 경우(예를 들면, 박윤선, 『헌법주석』, p. 71)가 있다. 하지만 이런 입장은 다음의 네 가지를 다시 생각해 보아야 한다. 첫째, 딤전 3:1-7은 딛 1:5-9은 장로(감독)의 기준과 관련하여 가르치는 면을 가장 두드러지게 부각하고 있다는 점이다. (즉, 장로에게 가르치는 기능은 부차적인 것이 아니다). 둘째, 그렇다면 이 본문으로 장로의 가르치는 사역의 범위를 제한하기 어렵다는 점이다. 셋째, 설교도 분명히 가르치는 사역의 하나로 들어간다는 점이다. 넷째, 예배 중에 있는 설교가 다른 가르치는 사역보다 배타적으로 우월하다는 생각은 신약성경에 근거한 것이 아니라는 점이다. (참조. D.C. Norrington, *To Preach or not to Preach?*, pp. 1-41. 또한 본고 4.1.의 두 번째 논점을 참고하라.)

[31] 신약성경에서 등장하는 감독과 장로란 호칭이 동일한 직분의 다른 이름이라는 점은 대체적으로 인정되고 있다. (참조. Marshall, *Pastoral Epistles*, pp. 180-81, 476. 특별히 딛 1:5과 1:7에서 장로[πρεσβύτερος, '프레스뷔테로스']와 감독[ἐπίσκοπος, '에피스코포스']이 상호 교환적으로 등장한 것에 주목하라. 이 두 표현의 미묘한 차이점에 대한 여러 견해에 대해서는 Stott, 『디모데전서·디도서 강해』, p. 119; Marshall, *Pastoral Epistles*, pp. 177-80; Campbell, *Elders*, pp. 204-205를 참조하라.) 하지만 그 후 교회 역사 속에서 감독이란 직분은 장로들을 지도하는 또 다른 직분이란 개념으로 발전하게 된다. 그리고 이런 감독 직분에 가르치는 기능이 포함되어 있다는 점은 예외 없이 인정되고 있다. 그렇다면 신약성경의 감독(장로) 직분에만 가르치는 기능이 제외되었다고 생각하는 것이 얼마나 모순적인가!

사도행전 20:17-35에 나타난 바울의 권면도 장로들의 가르치는 사역을 중요하게 내다보고 있다. 바울은 에베소교회의 장로들을 부른 자리에서 자신이 사역한 것처럼 장로들이 사역해 줄 것을 부탁한다. 즉, 바울의 대리자로서 사역을 감당해 달라는 것이다. 그때 바울은 두 가지를 중요하게 부각한다. 하나는 자신이 욕심 없이 겸손한 태도로 사역했다는 것이며(참조. 20:19, 26, 33-35), 또 다른 하나는 자신이 가르치는 사역을 잘 감당했다는 것이다(참조. 20:20-21, 27, 31). 전자가 사역의 태도에 대한 것이라면, 후자는 사역의 성격에 대한 것이다. 그렇다면 바울이 에베소 장로들에게 부탁한 사역에도 이런 두 가지 특징을 기대했을 것이다. 장로들은 욕심 없이 1) 겸손한 태도로 2) 가르치는 사역을 잘 감당해야 한다. 바울은 장로들에게 지도자로서 겸손하게 가르치는 사역의 모습을 부탁한 것이다. 이것이 바로 감독(자)의 목회 사역이다(참조. 20:28).[32]

이 세 본문의 직분에 가르치는 역할이 두드러진다는 점은 사실 여러 해석자들이 인정하고 있다. 마샬(I.H. Marshall)은 디모데전서 3:1-7과 디도서 1:5-9이 바른 가르침의 사역을 감당할 감독(장로)의 기준에 대한 권면이라고 이해했다. 왜냐하면 이 감독들은 당시 잘못 가르치는 무리와 대적하여 바른 가르침을 전해야 했기 때문이다(참조. 딤전 1:3-7; 4:1-3; 6:3-5; 딛 1:10-16).[33] 스토트(J.R.W. Stott)는 이 두 본문이 모두 교회를 가르치며 지도하는 목회자(목사)들을 세우는 것이라고 생각한다.[34] 또한 윌슨(S.G. Wilson)은 사도행전 20:17-35과 목회서신과의 유사성을 관찰하면서 (사도행전의) 바울이 에베소 교회의 장로들에게 앞으로 잘못 가르칠 무리와 대항해 바른 가르침을 전해야 함을 권면한다고 생각 한다(참조. 행 20:29-30).[35]

---

32 가르침의 문제로 인해 예루살렘에서 지도자 회의가 열렸을 때 사도와 장로들이 함께 논의한 사실은(참조. 행 15:6; 16:4) 장로들에게 가르침의 역할이 있다는 점을 간접적으로 암시하고 있다.

33 Marshall, *Pastoral Epistles*, pp. 147, 473-74.

34 Stott, 『디모데전서·디도서 강해』, pp. 117-20, 240-42.

35 Wilson, *Luke and the Pastoral Epistles*, pp. 117f. Barrett(*Acts 15-28*, pp. 964-65)도 Wilson의 이런 관찰이 유효하다고 보고 있다.

스토트는 사도행전 20:17-38을 해석하면서 에베소 장로들이 결국 목회자들(목사들)이라고 다음과 같이 피력하고 있다.[36]

> 이 연설을 듣는 지도자들은 '장로들'(17절), '목자들'(28절 상), '감독'(28절 하)으로 불리고 있으며, 이 용어들이 다 같은 사람들을 의미하는 것은 분명하다. '목자들'(pastors)이라는 말은 그들의 역할을 묘사하는 총체적인 용어이다. 목회사역의 본질과 목적에 대해 많은 혼란이 있고, 목사가 주로 사회사업가인지 심리요법사인지 교육자인지[,] 일이 쉽게 되도록 촉진하는 사람인지 행정가인지에 대해 많은 의문이 있는 오늘날에는 그리스도의 양떼를 돌보고 먹이고 보호하도록 부르심받은[sic], 그리스도의 양떼의 목양자를 나타내는 고상한 단어 '목자'라는 말이 원 상태로 회복되는 것이 중요하다. 지역 교회 회중에 대한 이 목회적 책임은...[37]

사실 치리장로 직분을 이론적으로 정당화 했던 칼뱅도 이 사도행전 본문이 '오직 목사를 자칭하는 사람들이 무엇을 해야 하는가를 보이려는 것뿐(only to indicate what those who call themselves pastors should confess)'이라고 말하였다 (*Institutes*, IV, 3, 6, 밑줄은 필자의 것).[38] 또한 칼뱅은 디도서 1:5, 디모데전서 3:1, 사도행전 20:17뿐 아니라 신약성경의 몇 구절이 지역 교회에서 사역하는 목사, 즉 말씀을 가르치는 사람에 대한 것이라고 생각했다.

우리는 목사를 각각 그 교회에 배정하지만, 동시에 한 교회에 매여 있는 목사가

---

36 Willimon(『사도행전』, pp. 232-36)은 이 장로들을 현대의 성직자와 관련하여 이해하고 있다.
37 Stott, 『사도행전 강해』, p. 385.
38 Calvin, 『기독교강요(하)』, p. 66. 괄호( ) 안의 영문은 McNeil(*Institutes*, p. 1059)이 편집한 영어판이다.

다른 교회를 돕지 못한다고 하지는 않는다. 목사는 각각 자기의 한계로 만족하며 다른 사람의 영역에 침입하지 않는다는 이 결정을 될 수 있는 대로 전체적으로 준수해야 한다. 이것은 사람의 생각이 아니고 하나님 자신이 제정하신 일이다. 바울과 바나바는 루스드라와 이고니온과 안디옥에 세운 교회들에 각각 처음으로 [교무]장로를 임명했고(행 14:22-23) 또 바울은 디도에게 명해서 각 도시에 [교무]장로들을 임명하게 했다(딛 1:5). 그리고 누가는 바울이 에베소 교회 [교무]장로들에게 한 주목할 만한 설교를 기록했다(행 20:18-19). (*Institutes*, IV, 3, 7).[39] (밑줄은 필자의 것)

내가 교회를 다스리는 사람들을 '<u>감독</u>', '<u>장로</u>', '<u>목사</u>' 또는 '<u>사역자</u>'라고 부른 것은 성경이 이 말들을 구별하지 않고 사용하기 때문이다. <u>말씀을 전하는 사람들을 성경에서는 모두 '감독'</u>이라고 부른다. 바울은 디도에게 각 도시에 장로들을 임명하라고(딛 1:5) 명령한 직후에, '감독은……책망할 것이 없고'라고 한다(딛 1:7; 딤전 3:1 참조). 다른 데서는 한 교회에 있는 감독에게 문안하였다(빌 1:1). 사도행전에는 그가 에베소 교회 장로들을 불러 모으고 이야기한 기사가 있는데(행 20:17), 그는 그들을 '감독'이라고 부른다. (*Institutes*, IV, 3, 8).[40] (밑줄은 필자의 것)

결국 디모데전서 3:1-7, 디도서 1:5-9, 사도행전 20:17-35 본문이 치리장로 직분의 근거 구절이 된다고 생각하는 것은 적절하지 못하다. 오히려 이 세 본문은 장로직에 다음과 같은 특징이 있음을 알려 준다. 첫째, 이 직분에는 가르치는 기능과 역할이 두드러진다. 둘째, 이 직분을 받은 사람들은 교회 안에 거짓 교훈을 퍼뜨리는 무리를 막으면서 바르게 가르치는 지도자 그룹을 말한다. 셋째, 결국 이

---

39 Calvin, 『기독교강요(하)』, pp. 66-67.
40 Calvin, 『기독교강요(하)』, p. 68.

사람들을 목회자, 목사의 무리라고 말할 수 있다. 따라서 이 본문들을 통해 알 수 있는 것은 장로들이 가르침의 역할을 맡은 지도자이며 목회자라는 사실이다. 치리장로 개념은 이 구절들로 정당화될 수 없다.

그렇다면 장로교회 역사 속에서 치리장로 직분의 근거 구절로 사용된 진짜 본문들은 어떤 것인가? 이를 위해서는 칼뱅이 어떤 성경 구절을 가지고 치리장로 직분을 정당화했는지를 검토해 볼 필요가 있다.

2.2. 칼뱅의 근거 구절과 주장

2.2.1. 칼뱅의 근거 구절: 고전 12:28; 롬 12:8; 딤전 5:17

앞의 논의에 의하면 칼뱅은 앞에서 다룬 세 구절뿐 아니라 장로 언급 본문의 대부분이 목사직을 가리키는 것이라고 본다(참조. *Institutes*, IV, 3, 6-8).[41] 목사직이 신약성경의 장로직에서 나왔다고 보는 것이다.[42] 그럼에도 칼뱅은 장로직 안에 목사 외에 또 다른 직분, 즉 치리장로 직분이 있다고 생각한다. 이것을 주장하기 위해 칼뱅이 사용한 본문은 고린도전서 12:28과 로마서 12:8 그리고 디모데전서 5:17이다.

칼뱅은 『기독교강요』, IV, 3, 8에서 '말씀을 전하는 직분들의 명칭(the designation of ministers of the Word): 장로들(presbyters)'이라는 제목으로 말씀을 선포하는 직분의 여러 명칭에 대해 설명한다. 그 단락의 첫 문단에서 칼뱅은 에베소서 4:11을 통해 말씀을 선포하는 직분의 여러 호칭에 대해 말한다. 하지만 당황스럽게도 둘째 문단에서는 말씀 선포의 기능과 다른 두 가지 기능, 즉 '다스리

---

41 Calvin, 『기독교강요(하)』, pp. 65-68.
42 손병호('한국 장로교 정치제도', pp. 142-44)는 칼뱅의 이런 판단을 잘못된 것이라고 주장한다. 그에 의하면 '목사직'은 '장로직'이 아니며, 목사는 장로직에서 파생된 직분이 아니다. 목사직의 근원과 성격 등을 논의하는 것은 교회의 직제를 이해하는데 매우 중요하다. 하지만 이에 대한 논의는 본고의 범위를 넘어서는 것이다.

는 것'과 '구제하는 것'에 초점을 두고 말한다. 그는 고린도전서 12:28과 로마서 12:7-8을 통해 알 수 있는 이 두 가지 기능이 교회 안에 있는 두 직분과 관련된 것이라고 판단한다. 이중 '구제하는 일'은 바로 다음 단락인 IV, 3, 9에서 '집사(the deacons)'와 관련하여 언급하고, '다스리는 일'에 대해서는 본 단락의 세 번째 문단에서 곧바로 설명한다. 결국 그는 '다스리는 자(governors)'가 신자들 사이에 선택된 장로들(elders)이며, 이들이 (말씀을 전하는) 감독들(즉, 목사들)과 함께 도덕적인 견책과 권징을 시행하는 직책을 맡았다고 주장한다.

> <u>다스리는 사람들은(고전 12:28)</u> 신자들 사이에서 선택된 [치리]장로들이었으며, 감독들과 함께 도덕적인 견책과 권징을 시행하는 일을 맡았다고 나는 믿는다. '<u>다스리는 자는 부지런함으로</u>' 할 것이라는 바울의 말을(롬 12:8) 달리 해석할 수 없기 때문이다. 그러므로 처음부터 각 교회에는 경건하고 근엄하고 거룩한 사람들 가운데서 선택된 장로회가 있어서 과오를 시정하는 권한을 가지고 있었다. (*Institutes*, IV, 3, 8).[43] (밑줄은 필자의 것)

이런 칼뱅의 생각은 디모데전서 5:17에 대한 그의 해석에서 더 두드러지게 드러난다. 교회의 재판권에 대해 언급하는 대목에서 칼뱅은 앞의 두 구절과 함께 디모데전서 5:17을 인용하면서 말씀을 선포하지 않고 다스리기만 하는 장로가 명시적으로 구별되어 있다고 주장한다.

> 이 목적을 위하여, 처음부터 교회에 재판소를 설치하고 도덕적 문제에 대하여 견책을 하고 죄악을 조사하며 열쇠의 직책을 다하게 했다. 바울이 고린도서에서 다스리는 직분을 언급한 것은(고전 12:28) 이 제도를 지적한 것이다. 마찬가지로

---

43 Calvin, 『기독교강요(하)』, p. 68.

로마서에서도 '다스리는 자는 부지런함으로'라고 했다(롬 12:8). 그는 여기서 국가 관리를 상대로 말한 것이 아니라 (당시에는 신자 가운데 이런 사람이 없었다) 목사들과 협력해서 교회의 영적 통치를 담당한 사람들을 상대로 말한 것이다. 디모데서에서 <u>그는 말씀을 가르치는 일에 수고하는 장로들과 말씀은 선포하지 않고 다스리기만 하는 장로들을 구별했다(딤전 5:17)</u>. 이 둘째 종류의 장로들은 분명히 도덕적인 문제를 감독하며 열쇠의 권한을 사용하는 일을 위하여 임명된 사람들이었다. (*Institutes*, IV, 11, 1).[44] (밑줄은 필자의 것)

이처럼 칼뱅은 디모데전서 5:17로 장로의 이중 직제를 분명히 파악할 수 있다고 판단했다. 칼뱅의 이런 판단은 1556년 출판된 디모데전서 주석에 보다 분명하게 등장한다.

이 귀절[구절]에서 우리는 <u>두 종류의 장로들</u>이 있었다는 점을 짐작할 수 있는데, 그 까닭은 그들 모두가 가르치도록 임명 받은 것은 아니기 때문이다. 이 귀절[구절]의 명백한 의미는 영예롭게, 그리고 잘 다스린 사람들도 있었지만 가르치는 직분을 갖지 않은 사람들도 있었다는 것이다. 사람들은 진지하고 잘 단련된 자들을 선출했으며, 이들은 공동의회에서 목사들과 함께 교회의 권위를 가지고 규율을 내리고 기강을 바로잡는데 있어서 감독자로 행동했다.[45] (밑줄은 필자의 것)

결국 칼뱅은 다스림만을 감당하는 치리장로가 따로 있었고, 이들도 장로의 직분을 받았다고 확신했다. 그래서 그는 신약성경의 장로직 안에 두 종류의 장로가 존재한다는 결론에 이르게 된다. 가르치는 장로(목사)가 있었고 또한 다스리는 장

---

44 Calvin, 『기독교강요(하)』, pp. 255-56.
45 Calvin, 『디모데전서』, p. 504.

로(치리장로)가 있었다는 것이다. 이 두 장로직이 신약성경에 근거한다고 보기 때문에 칼뱅은 장로의 이중 직제 이론을 주장했고 이 이론으로 치리장로 직분을 정당화했다.

2.2.2. 부적절함

하지만 칼뱅의 이런 주장을 받아들이기는 힘들다. 다음의 세 가지 점에서 칼뱅의 주장이 적절하지 않음이 드러나기 때문이다.

첫째, 칼뱅의 주장에는 개념상 논리적 오류가 있다. 장로의 이중 직제를 설명하는 과정에서 칼뱅은 논리적 모순을 만들고 있다. 그는 『기독교 강요』, IV, 3, 8에서 '말씀을 전하는 직분들의 명칭: 장로들'이란 제목으로 장로를 서술하고자 한다. 하지만 그 장로 안에 가르치지 않고 다스리기만 하는 (또 다른 직분인) 치리장로가 있다는 식으로 본 단락을 마무리한다. 이것은 논리적 모순이 된다. 왜냐하면 처음에는 '말씀을 전하는' 지도자의 직분이란 개념으로 (즉, 교무장로의 개념으로) 장로를 정의해 놓고 그 교무장로 직분을 설명하는 중에 가르치지 않고 다스리기만 하는 치리장로가 존재한다고 말하기 때문이다.[46] 칼뱅의 이런 논리는 모순이다.

둘째, 칼뱅의 정당화는 단지 모호한 세 구절에만 집중되어 있다는 점이다. 사실 칼뱅은 장로직을 언급한 신약성경의 본문 대부분이 목사직에 해당된다고 본다. 하지만 그 외 몇 구절만으로 치리장로 직분의 존재를 알 수 있다고 주장한다.

---

[46] 이러한 점은 IV, 3, 8 단락의 구성에서 분명히 나타난다. 이 단락의 첫 문단에서 칼뱅은 말씀을 전하는 교무장로 직분이 다양하게 (즉, '감독', '장로', '목사', '사역자'로) 표현될 수 있음을 말한다. 하지만 둘째와 셋째 문단에서 칼뱅은 그 직분의 역할과 상관없는 다스리는 장로직을 주장한다. 따라서 둘째와 셋째 문단은 첫째 문단의 주장을 뒤집는 것이 되며, 이 세 문단의 전체 제목(즉, '말씀을 전하는 직분들의 명칭: 장로들')과도 어긋나 있다. 혹자는 이런 점을 단순히 칼뱅이 글의 적절한 구성에 실패한 것으로 볼지도 모른다. 하지만 칼뱅의 글쓰기는 단순히 단락 구성의 실패를 넘어서 논리적 모순을 포함하고 있다. 칼뱅은 신약성경의 장로직이 (말씀을 가르쳐 목양하는) 목회자, 즉 목사라고 보았다. 하지만 그는 동시에 그 가르치는 목사(장로) 안에 가르치지 않고 다스리기만 하는 치리장로가 있다고 논리를 전개한다. 이것은 논리적으로 엄연한 모순이다. 칼뱅의 주장은 논리적 혼동의 문제를 지니고 있다.

그런데 여기서, 치리장로의 존재에 대한 칼뱅의 주장이 장로를 언급한 많은 구절들에 있지 않고 단지 모호한 세 구절 정도에 근거해 있다는 점을 주목할 필요가 있다. 그 중 두 본문(고전 12:28과 롬 12:8)에는 아예 '장로' 직분이 언급되어 있지도 않다. 또한 나머지 한 본문(딤전 5:17)에는 명시적으로 '치리장로' 개념을 말하고 있지 않다. ('다스리는 장로'라는 개념과 '잘 다스리는 장로'란 개념은 다르다.) 이와 같이 칼뱅의 정당화는 명확하지 않은 세 구절에 근거하고 있다. 따라서 이론의 성경적 기초가 그다지 탄탄하다고 보기 힘들다.[47]

셋째, 더 큰 문제는 칼뱅이 제시한 세 본문도 사실 그의 주장을 옹호하고 있지 않다는 사실이다.

고린도전서 12:28과 로마서 12:8에서 치리장로 직분을 읽어내는 칼뱅의 해석은 매우 주관적이다. 고린도전서 12:28에서 바울은 은사의 다양한 종류를 말하고자 한다. 먼저 은사와 관련된 세 가지 직분의 호칭을(즉, 사도, 선지자, 교사를) 거론한다. 하지만 그 이후로는 어떤 직분도 거론하지 않고 은사 자체만 말한다.[48] 따

---

[47] 칼뱅의 입장에서 치리장로 직분을 정당화하는데 유용해 보이는 또 다른 구절은 살전 5:12이다. 이 구절에 '다스리며 권하는 자들'이란 표현이 등장하기 때문이다. 하지만 이상하게도 칼뱅(『데살로니가전서』, pp. 463-64)은 이 구절이 목사에 대한 것이라고 단정한다. 그러나 칼뱅은 다음의 두 가지 점을 좀 더 깊이 관찰했어야 한다. 첫째는 이들에게 '가르치다'라는 표현이 언급되지 않는다는 점이다. (단지 '다스리며 권하는 자들'이라고 표현한다.) 따라서 그들을 목사라고 보기 힘들다. 둘째, 바울은 데살로니가 교회에 목사를 세울 시간적 여유가 없었다는 점이다. 바울은 데살로니가에서 잠시 동안 복음을 전하다 핍박으로 인해 다른 곳으로 피신하여 갔다(참조. 행 17:2). 이런 상황에서 바울은 그곳에 직분을 가진 지도자를 세울 수 없었을 것이다. 따라서 살전 5:12에 언급된 사람들은 정식으로 세워진 목사라고 보기 어렵다. 오히려 칼뱅은 이 구절로 치리장로 직분을 정당화하는 것이 나았을 것이다. 하지만 다음의 두 가지 이유 때문에 이 구절로 치리장로 직분을 정당화하는 것도 마땅하지 않다. 첫째, 본 구절에도 명확하게 치리장로 직분을 명기하지 않고 있다. 장로 직분으로 세워진 자들이었다면 5:12-13의 권면 성격상 그 직분을 언급했을 것이다. (예컨대, '다스리며 권하는 장로들'이라고 언급했을 것이다). 둘째, 어떤 직분을 세울 시간적 여유가 없었다. '다스리고 권하는 자들'이 누구인지 잘 알라는 권면은 아직 데살로니가 교회에 지도자의 직분이 수여되지 않은 상황을 반영한다. 따라서 살전 5:12도 치리장로 직분을 정당화해주지 못한다. 이 구절은 아직 교무장로(목사)가 세워지지 않은 데살로니가 교회에 어떤 사람들이 잠재적으로 지도자의 역할을 하는 상황을 반영하는 것처럼 보일 뿐이다.

[48] Conzelmann(*I Corinthians*, p. 215)도 이 구절에서 세 직분 외에 다른 직분을 찾는 것의 어려움을 다음과 같이 표현한다. '다른 형태의 직무는 명확하게 정의될 수 없다: 그 표현들은 보다 특수한 형태

라서 그 다음에 등장하는 은사들은 어떤 직분을 염두에 두었다기보다는 직분으로 규정되지 않은 은사들을 나열한 것으로 보는 것이 낫다. (다시 말해, 만일 '다스리는' 은사가 어떤 특별한 직분, 더구나 치리장로의 직분과 관련된 것이었다면 바울은 '사도, 선지자, 교사'를 언급했던 것처럼 그 직분의 호칭을 사용했을 가능성이 높다.) 로마서 12:8도 마찬가지이다. 바울은 로마서 12:6-8에서 은사의 종류를 나열하는 중 '다스리는 자'를 언급한다. 이 표현에서 치리장로 직분에 대한 암시를 발견하기는 어렵다. 바울은 다만 은사의 종류만을 나열하기 때문이다.[49] 만일 '다스리는 자'가 치리장로 직분을 가리킬 수 있다면, 다른 은사들의 경우에도(예를 들어, '부지런한 자', '베푸는 자'의 경우에도) 어떤 직분을 상정할 수 있는가? 그렇지 않다면, 왜 꼭 '다스리는 자'의 경우에 한해 치리장로 직분을 연상하는가? 아마도 해석자의 전제가 그렇게 보게 만드는 것이다. 사실 고린도전서 12:28과 로마서 12:8에서 치리장로 직분을 찾아내는 것은 칼뱅이 '원하는 해석'(wishful reading)일 뿐이다. 따라서 이 두 본문으로 치리장로 직분의 존재를 이끌어 내려는 시도는 적절하지 않다. 이 두 본문의 배경에 치리장로 직분이 존재한다는 칼뱅의 주장은 그의 선이해(先理解, pre-understanding)를 드러낼 뿐이다.

디모데전서 5:17에 대한 칼뱅의 해석도 적절해 보이지 않는다. 사실 이 구절은 칼뱅의 근거구절 중에 가장 중요하다. 칼뱅은 이 구절을 통해 장로의 이중 직제 이론을 명확히 하려 했고, 치리장로 개념을 이론적으로 정당화하려 했다. 하지만 이런 그의 해석과 정당화가 어느 정도 설득력이 있는지는 의문이다.[50] 특별히 다음

의 기능을 가리킨다(The other forms of service cannot be so sharply defined; the designations indicate functions that are more of a technical kind)'. Barrett(*Corinthians*, p. 296)은 '다스리는 것'이 '감독(bishops, ἐπίσκοπος)'의 기능일 가능성을 언급하지만, 특별히 이것으로 치리장로의 직제를 제안하지는 않는다.

49 롬 12:4에 있는 πρᾶξις('프락시스')라는 단어는 직제로서의 직분 개념으로 쓰였다기보다 은사의 기능(function)을 뜻하는 것으로 쓰였다고 보는 것이 더 낫다. (개역한글판에서는 '직분'으로 번역하고, 개역개정은 '기능'으로 번역한다.)

50 19세기에 Fairbairn(*Pastoral Epistles*, p. 213)은 이미 이 구절을 이중 장로론으로 해석하는 것에 의문

의 두 가지 점에서 칼뱅의 해석에 문제를 찾을 수 있다.

첫째는 5:17에 있는 '말리스타'(μάλιστα, '특별히' 또는 '즉')가 '즉'이라는 뜻이라면 그 구절은 전체적으로 교무장로를 가리키는 것이 된다는 점이다. 5:17의 '말리스타'라는 단어는 전통적으로 '특별히' 라는 뜻으로 이해되었다(참조. KJV, NIV, NRSV, 공동번역, 표준새번역 등).[51] 하지만 스키트(T.C. Skeat)는 신약성경에 나타나는 이 단어가 '즉(곧)'이라는 뜻으로 이해될 수 있다고 주장한다.[52] 스키트의 가설을 바탕으로 여러 학자들은 디모데전서 5:17에 등장하는 '잘 다스리는 장로들'이 곧 '말씀과 가르침에 수고하는 이들'이라고 해석한다(e.g. Campbell, Knight III, Marshall, Stott).[53] 다시 말하면 디모데전서 5:17는 두 종류의 장로를 (다스리는 장로[치리장로]와 가르치는 장로를) 구분하고 있는 것이 아니라, 한 종류의 장로를 (잘 다스리는 장로=가르치는 장로) 말하고 있다는 것이다. 만일 스키트의 가설이 5:17에 적용될 수 있다면 칼뱅의 주장에 근거한 전통적 해석은 설 자리를 잃게 된다.

둘째는 디모데전서 3:1-13에 치리장로의 직제가 발견되지 않는다는 점이다. 사실은 이 점이 5:17에 대한 칼뱅의 해석을 더욱 무색하게 만든다.

전통적 입장은 보통 5:17의 '말리스타'라는 단어가 '특별히'라고 해석되어야 한다고 주장하면서 두 장로 직제를 고수하려고 한다.[54] 따라서 두 장로 이론과 관련한 논쟁의 초점은 이 단어의 뜻에 대한 논쟁으로 모아지고,[55] 결국 5:17의 '잘 다스리는 장로'가 '말씀과 가르침에 수고하는 이들'과 어떻게 연결되는가 하는 방

을 표시하며, 이미 해석자들 사이에 빈번한 논란이 있어 왔다고 밝혔다.

51   개역한글판, 개역개정판은 이 단어를 번역하지 않고 넘어갔다.
52   참조. Skeat, 'A Note on 2 Tim. 4:13', pp. 173-77.
53   Campbell, *Elders*, pp. 200-201; Knight III, *Pastoral Epistles*, p. 232; Marshall, *Pastoral Epistles*, p. 612; Stott, 『디모데전서·디도서 강해』, p. 185.
54   예컨대, 김홍범('디모데전서 5:17', pp. 151-54)은 전통적 입장을 고수하는 견해를 취하고 있다.
55   참조. 김홍범, '디모데전서 5:17', pp. 143-56.

향으로 나아가는 성향이 있다.56 하지만 필자는 이중 장로직에 대한 논란이 단순히 이 단어의 뜻만으로 결정 난다고는 생각하지 않는다. 만일 스키트의 가설대로 '말리스타'의 뜻이 '즉' 이라고 해도, 전통적 입장이 두 장로 이론을 그대로 주장할 수 있는 여지는 있어 보이기 때문이다. ('잘 다스리는 장로'가 곧 '말씀과 가르침에 수고하는 이들'이라고 판단하더라도) '잘 다스리는 장로'가 있다는 말은 '잘 다스리지 못하는 장로들'을 염두에 두고 있다고 생각할 수 있다. 가르침에 수고하기 때문에 잘 다스리게 되는 장로를 배나 존경하라고 말했다면, 그것은 상대적으로 가르침에 수고하지 않기 때문에 다스리는 것에 어려움을 느끼는 장로들이 있을 수 있다는 말도 가능하기 때문이다. (사실, 가르치는 역할을 하는 사람이 잘 다스릴 수 있다). 다시 말해, 만일 전통적 입장을 고수하려는 마음을 가지고 이 본문을 접근하면, 스키트(Skeat)의 가설을 인정하더라도 전통적인 두 장로 이론을 고수할 여지가 어느 정도 남아 있다는 말이다.

하지만 이런 전통적 입장이 인정받으려면 최소한 다른 문제를 해결해야 한다. 문제는 5:17을 가지고 이중 장로 이론을 주장하는 것이 결정적으로 3:1-13이 보여주는 교회 직제관과 맞지 않는다는 점이다. 5:17이 (가르치지는 않고 다스리기만 하는) 치리장로 직분을 배경으로 하고 기록된 것이라고 가정하자. 그렇게 되면 3:2에서 장로(감독)의 자격으로 '가르치기를 잘하며'라고 중요하게 언급한 부분이 문제가 된다.57 앞에서는 (3:1-7에서는) 장로(감독)의 자격에 가르치는 것을 중요하게 거론하였는데, 뒤에 가서는 (5:17에서는) 가르치는 역할이 배제된 장로가 따로 있

---

56 '잘 다스리는 장로'가 가리키는 지시대상은 다음의 다섯 가지 가능성으로 나눠질 수 있다. 1) 교무장로와 치리장로로 구성된 장로회 전체, 2) 교무장로와 치리장로 중 잘 다스리는 자들, 3) 치리장로 중 잘 다스리는 자들, 4) 교무장로회 전체, 5) 교무 장로 중 잘 다스리는 자들. 그런데 이 지시대상은 μάλιστα('말리스타')를 어떤 뜻으로 보느냐와 연결되어 있다. 1), 2)의 입장은 μάλιστα('말리스타')를 '특별히' 라고 보는 것과 연결되는 반면, 4), 5)의 견해는 '즉' 이란 뜻과 잘 어울리고, 3)의 견해는 그 어느 뜻과도 잘 맞지 않는다.

57 필자는 딤전 3:2-7에 나타난 기준에서 '가르치는 역할'이 매우 중요하게 부각됨을 이미 말하였다. 본고의 2.1.을 보라.

다고 말하는 것인가? 다시 말해 '치리장로' 직분이 따로 존재했었다면 왜 그 치리장로의 기준은 ([교무]장로와 집사를 자격 기준을 말하는 자리에서) 말하지 않았을까 하는 의문이다. 이에 대한 가장 자연스런 답은 치리장로 직분 개념이 없었다는 것이다. 만일 치리장로 직분이 존재했다면, 교무장로와 집사의 자격 기준을 기록할 때 (즉 3:1-7과 3:8-13 사이에) 치리장로의 자격 기준을 따로 설명하지 않을 이유가 없기 때문이다.[58] 그렇다면 5:17은 어떤 상황을 말하고 있는 것일까? 아마도 그것은 (교무)장로들이 가르치는 역할을 적절히 수행하고 있지 못한 어떤 상황을 말한 것일 수 있다. 원칙적으로는 가르치는 장로들로 세웠지만, 그 중에 어떤 사람들은 현실적으로 가르치는 일을 잘 감당하지 못할 수 있다. 그리고 그런 사람들은 자연히 다스리는 일에 어려움을 느낄 수 있게 된다. 반면 어떤 장로들은 가르치는 역할을 적절히 수행함으로 교회를 잘 다스렸을 수 있다. 디모데전서 5:17은 이런 상황을 묘사한 것으로 보인다. 하지만 이런 상황에 대한 가정이 곧 두 장로 직제가 교회에 제도화된 상황이라고 말할 수는 없다.[59] 만일 두 장로의 직제가 이미 현실화 되었다면, 디모데전서 3장에 나타난 장로의 자격은 이미 두 가지로 세분화 되었어야 한다. 즉, 교무장로의 자격을 말하고, 또한 치리장로의 조건을 말했어야 한다.[60] 하지만 디모데전서에서는 교무장로의 자격만 등장한다. 따라서 디모데전서 5:17

---

58 혹자는 교무장로 기준만이 디모데전서 3장에 등장하는 이유가 잘못 가르치는 무리를 반대하는 상황이 있기 때문이라고 항변할지 모른다. 즉, 치리장로를 더 특별히 세워야 하는 상황이 아니었기 때문에 치리장로 자격 기준은 제외되었다는 것이다. 하지만 이런 입장은 집사 직분도 디모데전서 3장에 등장하는 것을 주목할 필요가 있다. 집사 직분도 특별한 필요가 있기 때문에 언급한 것이고 치리장로 직분의 기준은 언급할 필요가 없었던 것일까? 교무장로 직분뿐 아니라 집사 직분도 이어 언급한 것을 보면, 치리장로 직분 기준을 언급하는 것이 마땅해 보인다. 치리장로 직분이 빠진 것은 이 직분이 직제화 되지 않았기 때문일 것이다.

59 참조. Lightfoot(*Philippians*, pp. 194-95)와 Campbell('The Theory of Ruling Eldership', pp. 81-89)은 장로의 가르치는 사역과 다스리는 사역의 두 가지 면을 말하고 있지만, 이것이 교무장로와 치리장로라는 형태로 직제화 됨을 의미하는 것은 아니라고 보고 있다.

60 이런 필자의 논리에 대해 혹자는 디모데전서의 편집 이론을 가지고 비판할지도 모른다. 예컨대, 딤전 3:1-13과 5:17이 다른 상황에서 쓰인 것이기에 필자가 요구하는 일관성이 없을 수 있다는 것이다. 하지만 편집자가 적어도 적절한 일관성과 통일성을 고려했다면 필자의 논리는 여전히 유효하다.

은 치리장로를 가리키거나 치리장로 직분의 존재를 말하는 것일 수 없다. 디모데전서 5:17에 대한 전통적 입장과 해석은 그 구절에서 명확히 명시하지 않은 치리장로의 직제를 무리하게 끄집어내고 있다.

이와 같이 치리장로 직분을 정당화하기 위해 칼뱅이 제시한 근거 구절들은 모두 그의 주장을 적절히 뒷받침하지 못한다. 칼뱅의 주장은 주관적 해석과 논리적 모순으로 채색되어 있다.[61]

3. 장로: 교회를 가르치고 돌보며 다스리는 역할을 맡은 목회자 직분

앞의 논의를 통해서 우리는 장로직과 관련하여 다음의 두 가지 점을 정리할 수 있다.

첫째, 신약성경의 교회에 치리장로 직분은 없다는 것이다. 치리장로 직분의 근거 구절로 보통 논의 되는 구절들은 치리장로 직분을 정당화하기에 적절하지 않다. 한국 장로교회에서 치리장로 직분의 근거 구절로 종종 언급되는 몇 구절들은 (즉, 딤전 3:1-7, 딛 1:5-9; 행 20:17-35 등은) 장로교회 정치 제도를 이론화한 칼뱅의 주장에도 벗어난 것이다(참조. 본고의 2.1.2.). 또한 칼뱅이 근거로 제시한 세 구절은 (즉, 고전 12:8, 롬 12:8, 딤전 5:17은) 치리장로 직분의 존재를 보여주기보다 칼뱅의 주관적 해석과 논리적 모순만을 보여줄 뿐이다(참조. 본고의 2.2.2.). 신약성경은 치리장로 직분이 제도화 된 것을 보여주지 않는다. 만일 가르치지 않고 다스리는 역할만을 하는 장로들이 있었다면 그들은 자신들에게 맡겨진 가르치는 일을 잘 수행하지 못했던 (교무)장로였을 뿐이다. 신약성경의 교회에는 치리장로 직분이 존재

---

61 아마도 칼뱅은 자기 시대 현실 속에 존재하고 있었고 또 존재해야만 하는 치리장로 직분으로 인해 부담을 느꼈는지 모른다. 아마도 이런 부담이 치리장로 직분을 정당화하도록 부추겼을 수 있다. 참조. 심창섭, '장로교 정치제도의 기원은 무엇인가? (I)', pp. 66-95; '장로교 정치제도의 기원은 무엇인가? (II)', pp. 168-91.

하지 않는다.[62]

둘째, 결국 장로(감독)는 모두 가르치는 장로라는 것이다. 이러한 점은 먼저 장로의 자격 기준을 언급한 본문에서 잘 알 수 있다(딤전 3:1-7; 딛 1:5-9). 장로는 교회의 지도자로서 여러 가지 덕목이 필요한데, 그 중에 가르치는 역할이 가장 중요한 것으로 부각 된다(딤전 3:2 딛 1:9).[63] 종종 장로의 이 역할을 약화시켜 이해하려 하지만, 장로 자격기준이 언급된 본문의 전후 맥락에 등장하는 거짓 교사의 존재는 장로들에게 가르치는 역할이 중요하게 요구되고 있음을 확인시켜 준다(참조. 딤전 1:3-7; 4:1-3; 6:3-5; 딛 1:10-16). 장로들에게 가르침의 책무가 있다는 점은 또한 장로들의 실제 사역을 언급하는 본문에도 잘 나타나 있다. 에베소교회의 장로들은 가르치는 역할이 얼마나 중요한지를 계속 도전 받는다(참조. 행 20:17-35; 딤전5:17). (사실 예루살렘교회의 장로들도 중요한 신학적 회의에서 사도와 함께 가르침의 문제를 다루고 있다[참조. 행15:6; 16:4]). 이처럼 신약성경 교회의 장로들은 가르치는 역할을 통해 교회를 돌보며 다스리는 목회자들이었다.[64]

따라서 우리는 신약성경으로 치리장로 직분이 정당화되지 않는다는 점뿐 아니

---

62 Torrance('Eldership', pp. 508-509)는 개혁교회에서 받아들이고 있는 치리장로(elders) 개념과 두 장로 이론에 성경적 근거가 없다는 점을 지적한다. 더구나 초대 교부들뿐 아니라 장로교회가 아닌 다른 교회들이 성경의 장로들을 이런 식으로 읽지 않았다는 점 또한 말하고 있다. 더 나아가 그는 개혁교회의 치리장로 직분은 목회서신과 초대교회 문서의 집사 직분에 해당하는 것이라고 주장한다(p. 512). Torrance의 이런 주장에 대한 개혁교회의 비판에 대해서는 Uprichard, 'The Eldership in Martin Bucer and John Calvin', pp. 21-37를 참고하라.

63 변종길('장로직', pp. 87-88)은 본 구절들을 통해 결국 치리장로에게도 가르치는 역할이 주어졌음을 완곡하게 인정한다. 하지만, 우리가 살펴본 대로 치리장로 직분 관련 구절들은 치리장로 직제의 존재를 보여주지 않는다. 따라서 결론은 치리장로 직분 자체가 없다는 것으로 정리되어야 한다.

64 이성희('장로직의 성경적 본질', p. 53)도 신약성경의 장로직이 '가르침과 다스림의 이중 기능을 가진 직분으로 현재의 목사와 장로의 기능을 동시에 가지고 있던 직분이었으며 교회 역사 속에서 목사 직분과 장로 직분으로 나뉘어'졌다고 판단하고 있다. 유사하게 황대식(『좋은 장로 되게 하소서』, p. 240)도 '초대교회에서 장로는 다스리는 일과 가르치는 일을 [함께] 하였던 것이다'라고 말한다. 그렇지만 황대식은 '다스리는 일이 장로직의 제 일차적인 임무'였다가 나중에 (특별히 칼뱅을 통해서) 가르치는 일과 다스리는 일이 분리되었다고 말한다(pp. 242-43). 이상하게도 황대식은 역사 속에서 장로직이 두 가지로 분리된 것을 정당하게 묘사한다.

라 장로직이 교회를 가르치고 돌보며 다스리는 역할을 맡은 목회 직분임을 알 수 있다.[65]

4. 함의

결국 우리의 이런 논의와 결론은 현대 한국 장로교회의 장로직 이해와 장로정치에 중요한 함의(含意) 점을 제공해 준다. 이것을 두 가지 면에서 생각해 볼 수 있다.

4.1. 장로의 가르치는 책무

첫째, 장로는 목회자로서 가르치는 책무를 맡았음을 분명히 해야 한다는 점이다.

---

[65] 하지만 이런 결론이 신약성경이 보여주는 장로직 전체 모습을 자세히 설명하는 것은 아니다. 사실 이런 가르치는 장로직 안에는 두 가지 구별되는 그룹이 있다. (물론 이것은 칼뱅이 제시한 교무장로와 치리장로의 두 구분은 아니다). 왜냐하면 신약성경은 장로의 가르치는 사역의 역할 모습과 특징에 있어 차이가 있는 두 그룹을 보여주고 있기 때문이다. 첫 번째 그룹은 지역 교회에 목회자로 세워진 장로들이다. 이들은 주로 지역교회를 가르치고 다스리는 목회자들로서 그 지역교회에서 선발 되었고, 대체적으로 비전임사역을 감당하였다 (참조. 행 14:23; 20:17; 딤전 3:1-7; 딛 1:5-9 등). 두 번째 그룹은 전문적 사역을 위해 특별히 선택된 사역자들로서 지역교회 목회 사역뿐 아니라 여러 곳에 특별히 필요한 사역을 감당하였다. 이들은 종종 특별한 훈련을 거쳤고, 자신들의 삶 전체를 사역에 쓰는 전임사역을 감당하였다. 이런 두 번째 그룹의 예로서 사도들 (e.g. 베드로, 요한, 바울 등) 을 들 수 있고, 또한 사도들이 특별하게 세웠던 전문 사역자들을 들 수 있다 (e.g. 디모데, 디도 등). 베드로와 요한은 스스로 장로라고 불렀으며 (참조. 벧전 5:1; 요이 1:1; 요삼 1:1), 바울은 자신을 장로회의 일원으로 여겼다 (참조. 딤전 4:14). 디모데와 디도는 나이가 많지 않았지만 장로로 인정되는 것처럼 보인다. 디모데는 장로회의 안수를 받았을 뿐 아니라 스스로 장로들을 세울 권한을 가진 것으로 보아 장로회의 일원으로 볼 수 있고 (참조. 딤전 3:1-7; 4:14), 디도 또한 장로들을 세우고 함께 장로회와 사역하는 것으로 보아 장로회의 일원이라고 볼 수 있다 (참조. 딛 1:5-9; 1:10-16; 이진섭 '디도서 3:8', pp. 190-91). 이와 같이 가르치는 장로들 안에 두 가지 구별되는 그룹이 있다. 이 두 그룹은 근본적으로는 같은 (교무) 장로이지만 그들 사역의 역할 모습과 특징에 있어 구별될 수 있다. 전자를 '일반장로' 라 부른다면, 후자를 '특별장로' 라고 부를 수 있다. 예루살렘 교회의 '사도와 장로' 그룹은 이러한 특별장로와 일반장로를 가리키는 것으로 볼 수 있을지 모른다. 장로회의 이런 모습에 대한 자세한 이해와 분석은 본고의 범위를 넘어서고 또 다른 소고를 필요로 한다.

이것을 위해서 두 가지 과제를 현실적으로 생각해 볼 수 있다.

첫 번째는 한국 교회에서 사용되는 장로의 개념을 바꾸는 것이다. 한국 교회에서는 '장로'라는 호칭이 자연스레 '치리장로'란 뜻으로 통용된다. 하지만 치리장로 직분은 없고, 장로는 모두 가르치는 장로이다. 따라서 한국교회가 갖고 있는 장로직의 개념을 바꾸도록 노력해야 한다. 이때 가장 먼저 당면하는 문제는 치리장로로서 이미 세워진 사람을 어떻게 하느냐는 것이다. 바람직한 길은 이들이 가르치는 장로가 되도록 힘쓰는 방향이다. 현재의 치리장로들이 가르치는 장로가 될 수 있도록 교회와 장로 자신이 부단히 노력하여 치리장로가 아닌 가르치는 장로가 되는 것이다. 물론 이것은 쉽지 않은 문제이다. 하지만 교회는 (개교회와 교단 차원에서) 적절한 훈련의 장(場)과 기회를 마련해야 하고, 장로 자신은 스스로 가르치는 장로가 되기 위해 부단히 노력해야 할 것이다. 또한 장로를 새로 세울 때에는 분명하게 가르치는 장로로 세워야 한다. 이를 위해서는 현실적으로 장로 자격 기준이 보다 엄격해질 필요가 있다. 성경에서 제시하는 자격 기준이 보다 현실화될 수 있도록 노력해야 한다. 예를 들어, 성경적 기준으로 대상자를 평가할 수 있는 평가표 같은 것이 장로 선발 과정에 만들어져 사용될 필요가 있을지도 모른다.

두 번째는 교무장로 사역의 다양성을 잘 이해하고 실현하는 것이다. 목사(교무장로)는 설교를 담당하고 장로(치리장로)는 행정적 다스림을 감당한다는 이분법적 사고는 적절하지 않다. 치리장로 직분 자체가 없고, 장로는 모두 교무장로이기 때문이다. 따라서 모든 장로는 함께 설교를 감당하고 함께 그룹 모임이나 심방을 감당할 수 있다. 왜냐하면 설교와 그룹 모임, 심방, 개인적 상담 등 모두는 교무장로 사역의 다양한 방법이기 때문이다. 이 말은 모든 장로가 예외 없이 돌아가면서 꼭 설교해야 한다는 의미는 아니다. 설교 사역에 더 많은 은사를 받고 더 많은 훈련이 된 장로들이 보다 우선적으로 설교 사역을 감당할 수 있다. 어떤 장로들은 심방이나 그룹 공부 때에 더 출중한 지도력을 나타낼 수 있다. 이런 차이는 설교 사역과 심방 사역(또는 그룹공부 사역)의 독특한 차이점으로 인해 나타날 수 있다. 종종 오해하는 것은 공중예배의 설교만이 교무장로의 진정한 (또는 가장 중요한) 책무라는 생각이다. 설교는 가르치는 사역의 효과적인 한 가지 방법일 뿐이다.[66] 디도서 2:1-10에 근거하여 디도가 가르쳐야 하는 바른 교훈의 내용은 사실 설교보다는 그룹 모임과 심방에 더 적절히 관련되어 보인다. 또한 초대 교회에는 연설 형태의 설교(monologue preaching)만이 아니라 양방향 대화나 변론 형태의 가르침이 많았다는 점도 기억할 필요가 있다(참조. 행 13:43; 18:7, 8, 11; 19:1-7 등).[67] 심지어 바울은 성도를 직접 만나기 힘든 경우에는 편지로라도 가르치는 일을 게을리 하지 않았다. (사실 우리가 갖고 있는 바울서신은 그가 글을 통해 가르침의 사역을 감당한 결과물이다.) 이처럼 장로의 가르치는 사역은 교회의 상황과 사역자의 정황에 따라 다양한 형태로 등장할 수 있음을 이해하고 실현해 가야 한다.[68]

4.2. 복수리더십

둘째, 복수의 장로들의 함께 하는 사역을 확고히 마련해야 한다는 점이다. 이것도 마찬가지로 두 가지 과제를 현실적으로 생각해 볼 수 있다.

첫째는 목사와 장로의 동역이 필수적이라는 점이다. 한국 장로교회에서는 목사는 사역을 하고 장로는 보필한다는 생각이 보편적이다. 또는 장로가 목사의 사

---

[66] 예수님은 대중 앞에서 가르치시기도 했고(참조. 마 5-7장[산상수훈 설교]; 마 13:1-9, 24-33), 소그룹으로 가르치시기도 했다(참조. 마 13:10-23, 36-43). 복음서는 이런 것을 혼합하여 기록하고 있다. 가르치는 자리도 공식적 종교 행사 자리만이 아니다. 때로는 심방하여 식사 중에(참조. 눅 7:36-50; 14:1-24 등), 때로는 병을 고치면서 가르치기도 하셨다(참조. 눅 6:6-11; 14:2-5 등).

[67] 참조. Norrington(*To Preach or not to Preach?*, pp. 1-19)은 현대 교회 예배에 등장하는 연설식 설교(sermon)가 초대교회에 있기는 하였지만 정례적인(regular) 것이 아니라 예외적인 것이라고 말한다. 더 나아가 그는 이런 일방통행의 연설이 교회 예배에 정례화 된 것은 대체적으로 이방 종교 형식에서 차용된 것이라고 지적한다(pp. 20-41).

[68] 그렇다면 설교의 권한을 가지고 목사와 장로로 구분하는 것이 의미 없음을 또한 알 수 있다.

역을 견제한다는 생각이 은연중에 있는지도 모른다. 하지만 이런 이해는 신약성경의 장로정치 체제를 오해한 데서 온 것이다. 장로는 곧 목회자이다. 가르치고 다스리는 지도자라는 점에서 목사(특별장로)와 장로(일반장로)는 다를 것이 없다. 목사와 장로는 동역의 관계이지 보필이나 견제의 관계가 아니다. 장로가 교인을 대표해서 목사의 사역을 견제한다는 생각이나, 목사가 장로를 무시하고 혼자만 가르치는 사역을 한다는 생각은 적절치 않다.

둘째는 교회에서 장로들이 복수로 리더십을 발휘해야 한다는 것이다. 한국교회는 담임 목사제가 보편적이다. 한 사람의 위임목사가 교회를 담임하고 다른 사람들은 (부목사나 장로들은) 그 담임 목사를 돕는다는 생각이 편만하다. 하지만 성경의 장로제도는 복수의 장로들이 함께 사역하는 정치제도를 보여주고 있다.[69] 한 사람이 한 지역 교회를 혼자 위임 받아 책임지는 방식이 아니라 복수로 목회의 책임을 감당하는 체제이다.[70] 바울은 교회가 세워진 후 적정한 때에 교무장로들을 복수로 세웠다(참조. 행 14:23; 20:17). 예루살렘 교회는 베드로가 혼자서 담임 목회하던 교회가 아니라 사도들과 장로들이 함께 복수로 사역하던 교회였다. 지도자들 중에 대표 사역자가 있을 수는 있다. 하지만 한 사람이 독점적으로 담임하는 체제는 신약성경이 보여주는 모델이 아니다.[71]

[69] Getz(『직분론』, pp. 273-81)는 신약성경의 교회가 장로들의 복수지도력을 보여준다는 점을 잘 지적한다. 하지만 그는 장로들이 가르치는 기능을 가지기보다 다스림과 목양의 기능을 가진다고 봄으로서 치리장로 직분 개념의 틀을 벗어나지 못하는 한계를 보인다(pp. 241-45, 264).

[70] 담임 목사 제도가 현대 한국 교회에서 운영되는 모습은 성경의 영향보다는 어쩌면 대통령 중심제 정치제도와 군사 문화의 영향이 깊은 것인지 모르겠다. 대통령이 나라를 이끌어 갈 때, 국민의 대표 격인 국회위원의 도움과 견제를 받는 것처럼 교회도 담임 목사가 책임을 지고 이끌어 가지만 교인의 대표인 장로들의 도움과 견제를 받는다고 생각한다. 또한 담임 목사부터 부목사와 전도사, 장로와 집사 등으로 이어지는 서열의식은 마치 군대에 있는 부대장, 장교, 하사관 등의 서열의식과 유사해 보인다.

[71] 이 말은 담임 목사 제도를 채택하는 교회가 목회를 무조건 잘못하고 있다는 뜻이 아니다. 담임 목사제를 통해서도 교회의 목표와 가치를 잘 실현하고 있다면 그 효율성을 인정받을 수 있다. 또한 정치제도라는 것은 역사와 사회의 흐름과 영향 속에 있기 때문에 한 정치 제도만이 무조건적으로 우월하다고 말하기도 어렵다. 하지만 잊지 말아야 하는 것은 신약성경의 교회에는 장로정치 제도가 두드러진다는 사실이고, 또한 그 속에 발현되는 복수리더십은 성경이 교회 리더십과 관련하여 중요하게 제시하는 원리

맺음말

한국 장로교회에서 치리장로 직분은 보편적으로 인정되고 있다. 하지만 신약성경은 치리장로 직분의 존재를 명확하게 말하지 않는다. 몇 개의 성경 구절(고전 12:28; 롬 12:8; 딤전 5:17)을 가지고 치리장로 직분을 이론적으로 정당화한 칼뱅의 주장은 받아들이기 힘들다. 오류와 모순이 있기 때문이다. 더구나 한국 교회가 치리장로 직분의 근거로 제시하는 몇 개의 본문(딤전 3:1-7; 딛 1:5-9; 행 20:17-35 등)은 더욱 받아들이기 힘들다. 해석의 오류가 분명하기 때문이다. 결국 신약성경에 치리장로란 존재하지 않으며, 장로는 가르침을 통해 교회를 돕고 다스리는 목회자를 말한다. 한국 교회는 이런 원리를 현실 목회와 교회 정치에 적절히 반영해야 한다.

란 사실이다. 이 원리를 어떤 모양으로든지 실현하는 것은 우리의 중요한 책무이다.

FAQ (자주 하는 질문)

아래 질문은 이 책의 주제를 이해하려 할 때 종종 갖게 되는 의문이다. 간단히 그에 대한 답을 요약하여 제시한다. 자세한 내용은 본서의 해당 부분에 설명되어 있기에, 이 책을 꼼꼼히 읽으면 많은 의문이 해결될 것이다.

1. **담임 목사제**는 좋은 건가, 안 좋은 건가? 꼭 **함께 동역하는 교회**로 가야 하나?

　　담임 목사제가 무조건 좋다거나 무조건 안 좋다고 말하기는 힘들다. 담임 목사제 안에서 신실하게 사역을 감당하는 사역자가 여전히 많다. 복수리더십도 마찬가지다. 정치제도는 그 단체와 모임의 목적과 목표를 가장 잘 이루는 게 관건이기에 그 결과가 어떠하냐에 따라 그 평가 여부가 달라질 수 있다. 또한 그 결과나 적합도 여부는 구성원의 상태나 단체의 상황에 따라 가변적인 면도 있다. 따라서 어떤 평가를 획일적이고 단정적으로 내리기는 힘들다. 그 제도가 내고 있는 결과와 열매를 잘 보며 평가해야 한다.

　　그럼에도 불구하고 교회의 리더십 제도를 살필 때에는 그 정치제도가 교회의 본질과 특성과 목표에 잘 부합하는가를 고민해야 한다. 담임 목사제는 복수리더십보다 타락의 위험성이 더 많다. 성경이 말하는 교회의 정체성과 신약성경에 나타난 교회의 모습을 고려할 때, 복수리더십이 교회의 정체성과 더 잘 맞는다. 예수님께서는 교회를 세우려 하실 때 복수리더십이란 청사진을 가지고 계셨고, 사도들과 제자들은 이를 초대교회에 실현하였다. 신약성경은 초대교회가 복수리더십의 교회라는 점을 잘 보여준다. 복수리더십의 교회로 갈 때 교회의 본질과 특성과 목표는 더 잘 실현될 수 있다.

2. **'복수리더십의 교회'**란 어떤 교회를 말하나? 목사와 장로와 함께 당회를 구성하

는 기존 교회 모습도 복수리더십의 교회가 아닌가?

'복수리더십의 교회'는, 한 사람의 리더가 (예컨대, 담임 목사 한 사람이) 교회 전체를 담임하는 형태가 아니라, 복수의 다양한 리더들이 교회의 목양 책임을 맡아 성도를 가르치고 돌보며 다스리는 교회를 말한다. 신약성경은 이 복수의 리더들을 조직의 직제에서 장로(감독)라고 부른다. 장로들은 장로회를 구성하는데, 이 장로회에는 특별하게 장로의 직분을 갖게 된 리더들이 있고(예컨대, 초대교회의 '사도'나 우리시대의 '목사') 또한 교회 공동체에서 일반적 방식으로 장로의 직분을 갖게 된 리더들이 있다. 전자를 '특별장로'라 부르고, 후자를 '일반장로'라 칭한다. 특별장로나 일반장로는 모두 가르치는 역할을 감당한다.

기존의 전통적 장로교회도 담임 목사(교무장로)와 장로들(치리장로들)로 구성되는 당회가 있기에 복수리더십으로 보일 수 있지만, 진정한 복수리더십이라고 보기는 어렵다. 치리장로는 그 개념 자체에 가르침의 역할이 논리적으로 배제되어 있을 뿐 아니라, 한 사람의 (담임)목사가 교회 목양의 책임과 권한을 전적으로 맡은 1인 리더십의 형태이기 때문이다. 따라서 담임 목사제는 오히려 1인 리더십 체제에 가깝다. 진정한 복수리더십이 되려면 복수의 목사들(특별장로)과 복수의 일반장로가 함께 가르치며 돌보며 다스리는 장로회를 형성하여 그 장로회의 복수 리더십을 실현하는 형태가 되어야 한다.

3. 보통 장로교에서는 장로를 **교무장로(목사)**와 **치리장로(장로)**로 구분한다. 왜 이 구분이 적절하지 않다고 보는가?

신약성경에 장로와 감독은 같은 직분을 가리키는 다른 표현이다. 신약성경은 장로(감독)의 가장 중요한 역할과 기능이 성도를 가르치는 것이라고 말한다 (딤전 3:2; 딛 1:9; 행 20:18-21, 30, 32; 엡 4:11 등). 장로와 (안수)집사의 가장 큰 차이는 가르치는 역할의 유무이다(딤전 3:1-7, 8-13). 모든 장로는 가르치는 장로이다.

 칼뱅은 이런 점에 기초하여 장로가 교회에서 가르치는 직분이라고 말하면서도(*Institute*, IV, 3, 6-8) 한편으로 장로들 안에 가르치는 '교무장로'와 가르침에 종사하지 않는 '치리장로'가 있다고 주장함으로 논리적 모순을 만든다(*Institute*, IV, 11, 1). 칼뱅이 치리장로 직분을 정당화하려고 제시한 구절은 매우 제한적인데(가장 대표적으로, 롬 12:8; 고전 12:28; 딤전 5:17), 이 구절들은 사실상 치리장로직을 정당화하지 못한다. 로마서 12:28과 고전 12:28에는 장로라는 용어 자체가 없고, 디모데전서 5:17은 본 구절의 석의와 디모데전서 전체 내용에 비출 때 치리장로의 존재를 증명하지 못한다. 이런 구절에 대한 칼뱅의 해석은 그의 '희망적 해석'(wishful interpretation)일 뿐이다. 중세 로마 가톨릭 교회의 교황 정치제도를 반대해야 하고 당시 개신교회에 이미 들어와 있는 다스리는 리더들의 존재를 정당화해야 하는 칼뱅의 시대적 상황에서는 그런 조치가 이해 가능하지만, 성경이 가르치는 바른 답이라 보기는 어렵다. 개신교회는 칼뱅의 장로교회 정치 제도를 유산으로 받기에 교무장로와 치리장로의 구분을 유지하지만, 이는 신약성경에 비출 때 적절하지 않다. 자세한 내용은 본서의 논의와 필자의 치리장로직 논문(본서의 부록 2.)을 참조하라(이진섭, '치리장로 개념은 성경적인가? — 치리장로직 관련 본문에 대한 연구', 「성경과 교회」 5 (2007), pp. 225-57).

4. **특별장로**와 **일반장로**는 무엇이며, **일반장로**는 **치리장로**와 어떻게 구분되나?

 특별장로는 베드로와 11사도, 바울, 디모데, 디도 같이 특별한 사역의 목적에 기초하여 전문적 훈련을 거쳐 전임 사역으로 특별하게 부르심을 받은 사역자를 일컫는 말이다. 현대 한국교회의 '목사' 직분은 특별장로의 범주로 볼 수 있다.

 일반장로는 전문적 훈련을 반드시 거치지 않고 전임으로 사역을 감당하지 않음에도 교회에서 가르치고 돌보며 다스리는 역할을 맡은 사역자를 지칭한다. 특별장로와 사역 성격은 유사하지만 일반장로는 주로 지역교회에 비전임(非專任) 사역을 감당한다. 현대 한국교회의 치리장로는 일반장로가 아니며, 일반장로가 되려면 가르치는 역할을 할 수 있는 자가 되어야 한다.

5. 교회의 (특별/일반)장로는 모두 설교해야 하나?

장로는 모두 가르침의 사역을 감당해야 한다. 하지만 가르침의 통로는 설교만이 아니기에 모든 장로가 다 반드시 설교를 해야 한다고 말하긴 힘들다. 또한, 장로들이 모두 똑 같은 회수로 설교해야 하는 것도 아니다. 하지만 장로들은 다양한 가르침의 사역(예컨대, 설교, 강의, 그룹성경공부, 나눔, 권면 등)을 감당해야 하고, 장로회는 각 장로가 잘 하는 사역의 영역을 전략적으로 분배할 수 있어야 한다.

그럼에도 불구하고 설교는 가르침의 사역 중에 매우 중요한 부분이기에 장로의 사역에 설교를 처음부터 배제하는 건 적절하지 않다. 장로는 설교를 할 수 있도록 훈련되어야 하고, 일정 부분 그 역할을 잘 감당할 수 있어야 한다.

6. 미자립교회가 많다고 한다. 미자립교회가 복수리더십을 하려면 교회는 재정적으로 더욱 힘들어 지는 것은 아닌가? 미자립교회 상황에서 한 사람의 담임 목사의 사례비도 감당하기 힘든데, 어떻게 복수리더십을 할 수 있는가?

물론 단순히 산술적으로 생각하면 미자립교회는 재정이 어려운 상태이기에 복수리더십을 채택하기 어려워 보인다. 하지만 복수리더십 교회를 향한 바른 전략과 적절한 방법을 택하면 재정 문제를 극복하면서 복수리더십의 교회로 갈 수 있다.

미자립교회는 재정 측면에서는 규모의 경제 효과가 발휘되지 않는다. 하지만 미자립교회들이 복수리더십의 형태로 연합하면, 규모의 경제 효과로 재정 효율이 높아지기에 재정 문제는 서서히 극복될 수 있다. (예컨대, 연합된 복수리더십의 교회는 장소 고정비가 줄기에 재정 증대 효과가 생긴다.) 또한 복수리더십 체계에서는 사역의 질(質)이 좋아지고(예를 들어, 설교 횟수가 줄어 설교 준비의 시간은 늘고 설교의 질은 좋아진다.) 사역의 폭(幅)과 양(量)이 늘어나기에 결국 재정 확대의 방향에 도움이 된다.

따라서 관건은 미자립교회가 복수리더십의 교회로 나아가는 적절한 길을 잘 찾는 일이다. 설교 교환, 순회 설교 제도 활용, 교회 통합/연합 등의 전략적 사다리를 잘 채택하면 재정 부담은 줄이면서도 미자립교회가 복수리더십의 교회로 갈 수 있다. 오히려 복수리더십 체계는 미자립교회가 아름답고 활발하게 살아날 수 있는 좋은 길이요 전략이다.

7. **'함께 동역하는 교회'**는 비현실적이지 않나? 이상적이고 이론적인 개념인 것 같은데, 현실에서 과연 가능할까?

21세기 현실에서 복수리더십의 교회가 잘 보이지 않기에 비현실적으로 보일 수 있다. 하지만 초대교회의 현장에서는 복수리더십의 교회가 현실이었다. 초대교회에 실현되었던 복수리더십이 이후에 가톨릭교회에서 교황 정치체제로 가며 뒤틀어졌다. 개신교회는 신약성경의 장로정치를 도입하여 이를 바로 잡으려 했지만, 온전한 장로정치를 실현하지 못하여 결국 부분적인 성공만 거둔 셈이다. 개신교회의 개혁정신은 우리 시대에 온전한 복수리더십(장로정치)을 실현하도록 요구한다. 초대교회에 가능했다면, 21세기 우리 현실에서도 가능하다. 해보지 않아서 안 되는 것처럼 보일 뿐이다. 추진하는 과정에 많은 어려움과 우여곡절이 있겠지만, 그 길이 맞는다면 우직하게 걸어가는 게 필요하다.

8. 복수리더십의 교회를 실현하려 할 때 가장 중요하게 고려해야 하는 요소는 무엇이며, 가장 먼저 해야 하는 건 무엇인가?

> 두 가지를 말할 수 있다. 첫째는 훌륭한 리더들이고, 둘째는 복수리더십의 이해이다.
>
> 복수리더십은 '복수'라는 점을 중시하지만, 그 성공의 기초는 '훌륭한 리더'라는 데 있다. 복수이기에 성공하는 게 아니라 훌륭한 리더이기에 성공하는 거다. 부적절한 사람들이 복수로 리더십을 발휘하는 것보다는 훌륭한 리더 한 사람의 단수리더십이 더 나을 수 있다. 하지만 훌륭한 리더들이 함께 하는 복수리더십이 단수리더십보다 훨씬 낫다. 중요한 건 '어떤 리더가 세워지느냐'이다. 복수로 사역을 하겠다는 말은 자신의 욕심과 권한에 집착하지 않고 오로지 주님의 신하들로서 다른 리더들과 함께 주님의 뜻을 추구하겠다는 다짐을 하는 거다. 그만큼 자기 욕심을 버리고 자기 부정이 된 사람들이라는 말이다. 또한 복수리더십 체제는 리더들이 교만해지거나 변질되는 길을 막는 면역 기능을 한다. 단수리더십 체제는 리더가 변질 될 수 있는 가능성이 높지만, 복수리더십 체제에서는 그 가능성이 상대적으로 낮다. 따라서 먼저, 좋고 훌륭한 복수의 리더들을 세우는 게 가장 중요하다.
>
> 또한 그러려면 복수리더십이 무엇인지 잘 알아야 한다. 리더 자신들도 복수리더십의 교회를 잘 이해해야 할 뿐 아니라, 교회 공동체 전체가 이 내용을 잘 알아야 한다. 잘 모른 채 진행하면 좌절과 실패로 갈 가능성이 크다. 어디로 어떻게 가는지 모르고 어떻게 길을 가겠는가? 결국, 복수리더십의 교회를 실현하려면, 교회 전체가 복수리더십 교회의 정체성과 구체적 실행 방법을 잘 이해해야 한다. 본서는 이러한 필요를 채우려 쓰였다. 복수리더십 교회의 필요성(1부), 정당성(2부), 실현 방법(3부)을 알려준다.

9. 리더가 복수이면 갈등이 생기지 않을까? 리더들의 가르침이 서로 다를 수도 있고, 또 리더 사이에 의견차이로 갈등이나 싸움이 더 쉽게 생기지는 않을까?

> 여러 사람이 있으면 의견 차이가 있는 건 당연하다. 하지만 의견 차이가 언제나 나쁜 쪽으로만 작동하는 건 아니다. 복수리더십은 다양한 의견 차이를 유익한 쪽으로 활용하는 제도이다.
>
> 관건은 '훌륭한 리더'라는 조건이다. 훌륭한 리더들이라면 신학적으로 진리 여부가 갈리는 차이는 쉽게 나타나지 않는다. 또한 훌륭한 리더들은 다양한 의견 차이를 오히려 좋은 쪽으로 활용할 수 있다. 복수리더십 체제는 서로가 서로에게서 배우는 기회를 마련할 뿐 아니라, 자신의 한계와 약점을 극복하게 하는 기능 또한 갖고 있다. 갈등과 싸움이 생기는 건, 그 원인이 리더 자체에 있는 경우가 많다. 리더 자신의 문제와 약점, 불완전함이 증폭된 경우다. 물론, 행정 체계와 소통의 문제도 이와 관련될 수 있기에 잘 조치해야 한다.
>
> 단수 리더십 체제에 갈등이 잘 안 보이는 것은 문제가 있음에도 노출되지 않는 구조 때문일 수 있다. 단수 리더십은 문제가 숨겨져 있어 구성원이 그 문제에 고통을 당하면서도 말하지 못하는 닫힌 구조인 반면, 복수리더십은 문제가 잘 드러나서 회복될 수 있는 기회가 열려 있는 구조이다. 문제와 갈등은 늘 있지만, 그것을 어떻게 다루고 처리할 것인가가 두 체제에서 다르다. 복수리더십은 갈등의 암초를 만날 수 있지만, 그것을 순화하고 승화하려는 목표를 지닌 체제이다.

10. 복수리더십은 리더들(목사들과 장로들)이 할 일을 똑 같이 나누어 사역하는 건가? 아니면 영역별로 나누어 다른 분야에서 사역하는 건가?

> 복수로 한다고 해서 일을 모두 똑같이 나누어 사역하거나, 꼭 영역별로 구분해서 사역해야 하는 건 아니다. 리더들의 능력과 역량과 특징과 성향이 모두 같지

않기에 일을 언제나 똑같이 균등 분배할 수는 없다. 능력과 역량이 출중한 리더가 더 많은 영향력을 미치는 게 당연하고, 사역의 결과에 차이가 있는 것도 당연하다. 복수리더십에도 리더들의 역할과 사역의 크기가 리더에 따라 달라질 수 있다.

    리더들의 특징과 성향이 다르기에 각 리더에게 언제나 똑같은 성격의 일을 맡기지 않을 수도 있다. 하지만 리더들에게 언제나 다른 영역의 사역을 하게 하는 게 복수리더십의 전형적인 모습은 아니다. 결국, 리더들의 능력과 역량과 특징과 성향에 맞게 사역의 양과 질과 성격을 적절히 배분하고 서로 협력하여 사역하는 게 복수리더십이 실현되는 자연스런 모습이다.

11. 복수리더십에 전체를 통솔하는 사람은 없나? 통솔하는 사람이 없기에 우왕좌왕하는 건 아닌가? 전체 책임은 누가 지나?

    여러 리더가 함께 사역한다고 해서 리더들 사이에 우열과 차이가 없는 것은 아니다. 리더들의 리더십은 분명 차이가 있다. 그 중에 가장 리더십이 출중한 사람이 리더들의 대표가 될 수 있다. 교회 복수리더십의 모임 형태가 장로회이기에, 리더들의 대표는 대표장로라 부른다.

    대표장로는 장로회에서 선임하고, 임기제로 활동하며, 장로회를 대표하고 이끈다. 리더의 능력과 리더십은 성장하기도 하고 쇠락하기도 하기에 대표가 변동되는 건 자연스럽다. 또한 대표는 큰 짐을 지는 자리이기에 일정 기간 담당하고 쉬는 것이 필요하다. 서로 돌아가며 대표장로라는 무거운 짐을 지는 게 좋다. 대표장로가 장로회를 이끌지만, 모든 결정은 장로회가 함께 하기에 그 책임은 대표장로와 장로회 모두에게 있다.

12. '함께 동역하는 교회'로 가고 싶은데 교단의 법이 복수리더십을 허용하지 않

는다. 이런 상황에서 복수리더십을 실현할 수 있는 방법은 없나?

교단법이 단수 리더십 체제를 못 박고 있다면, 일단 법을 따르는 게 중요하다. 그 법 아래에서 복수리더십의 모습을 실현할 수 있는 여러 방법과 아이디어를 찾아야 한다.

담임 목사제를 유지하면서도 복수의 설교자가 설교를 감당하게 하는 길을 찾을 수 있다. 설교를 잘 감당하는 부목사에게 주일 설교 강단을 열 수도 있고, 외부 교회와 설교 교환 시스템을 마련하는 방법도 있다. 정기적으로, 예컨대, 매월 4주차 설교를 외부 설교자에게 맡기는 방식도 있다. 두 사람의 부목사에게 중고등부와 대학청년부를 각각 맡기지 말고, 두 사람이 함께 두 부서를 맡아 서로 협력하여 복수리더십으로 사역하게 하는 방법도 있다. 예배의 공중 기도도 한 사람이 감당하기보다 두 사람이 같이 하는 것도 복수리더십의 모습을 이해하는 데 도움이 된다.

이런 모든 시도는 결국 교회 안에 복수리더십의 DNA를 생성하고 키우는 데 유익하다. 교회에 복수리더십의 정신이 이해되고 그 효과가 발현되면, 교회는 점점 더 '함께 동역하는 교회'로 발돋움할 기회와 가능성이 많아지고 커진다.

※ 복수리더십의 교육목회에 대한 아래의 논문을 함께 읽으면, 본서의 내용을 이해하는 데 도움이 된다. 이 논문은 '성경·삶·사역연구소' 홈페이지(www.BibleMinistry.kr)의 '연구자료실'에서 무료로 다운받을 수 있다.

이진섭, '바울이 전수하는 복수리더십의 교육목회(딛 1:5-9)', 「성경과 교회」 20/1 (2022), pp. 110-47.

참고문헌

본서의 참고자료에 언급된 저자의 논문은 '성경·삶·사역연구소' 홈페이지 (www.BibleMinistry.kr)의 '연구자료실'에서 무료로 다운받을 수 있다.

1. 한글 문헌

강영안 외, 『한국교회, 개혁의 길을 묻다: 새로운 한국교회를 위한 20가지 핵심 과제』, 서울: 새물결플러스, 2013.

강준만, 『선샤인 지식노트: 새로운 세상과 만나는 200개의 지식코드』, 서울: 인물과사상사, 2008.

김병원, 『목회서신』, 서울: 기독교문서선교회, 2004.

김세윤, 『칭의와 성화: 칭의란 무엇이고, 성화란 무엇인가?』 서울: 두란노, 2013.

김의환, '장로교회의 기원', 「신학지남」 159 (1972), 1972, pp. 12-20.

김홍범, 'μάλιστα의 해석과 디모데전서 5:17의 두 종류의 장로', 「신약신학저널」 5 (2001), pp. 143-56.

대한예수교장로회총회, 『대한예수교장로회 헌법』, 서울: 한국장로교출판사, 1994.

_____, 『대한예수교장로회총회 헌법』, 서울: 한국장로교출판사, 2007.

대한예수교장로회총회, 『헌법(2000년 개정판)』, 서울: 대한예수교장로회총회 출판국, 2000.

대한예수교장로회(합신)총회, 『헌법』, 서울: 대한예수교장로회(합신) 총회 교육부, 2007.

박윤선, 『대한예수교장로회 헌법주석: 정치예배 모범』, 서울: 영음사, 1983.

변종길, '복음의 눈으로 본 장로직', 「목회와 신학」 149 (2001년 11월호), pp. 82-95.

손병호, '한국 장로교 정치제도의 현황과 문제점', 심창섭 외, 『오늘의 한국 장로교

정치제도 이대로 좋은가?』, 서울: 엠마오, pp. 115-82.

심창섭, '장로교 정치제도의 기원은 무엇인가(I)', 「신학지남」 251 (1997), pp. 66-95.

_____, '장로교 정치제도의 기원은 무엇인가(II)', 「신학지남」 252 (1997), pp. 168-91.

양용의, 『마태복음 어떻게 읽을 것인가』, 서울: 성서유니온선교회, 2005.

양희송, 『가나안 성도 교회 밖 신앙』, 서울: 포이에마, 2014.

우병훈, 『교회를 아는 지식』, 서울: 복 있는 사람, 2022.

이성호, '부목사가 귀한 시대가 다가온다.', 「목회와 신학」 406 (2023년 4월호), pp. 114-19

이성희, '장로직의 성경적 본질', 「목회와 신학」 65 (1994년 11월호), pp. 47-53.

이승구, '21세기 한국 사회 속에서의 장로교회의 의미', (제 1회 장로교신학회 학술발표회), 2002, pp. 79-113.

이진섭, '디도서 3:8이 교회 가르침에 주는 시사점', 「성경과 교회」 4 (2006), pp. 170-201.

_____, '바울이 전수하는 복수리더십의 교육목회(딛 1:5-9)', 「성경과 교회」 20 (2022), pp. 110-47.

_____, '바울의 목회: 바울서신에 나타난 바울목회의 윤곽', 「성경과 교회」 9 (2011), pp. 120-62.

_____, 『빌립보서』, 성경문맥주석, 서울: 홍림, 2012; 고양: 새창조, 2016.

_____, 『성경사용설명서: 성경 묵상, 성경 공부, 설교를 위한 종합 매뉴얼』, 서울: 새물결플러스, 2017.

_____, '치리장로 개념은 성경적인가? — 치리장로직 관련 본문에 대한 연구', 「성경과 교회」 5 (2007), pp. 225-57.

이혜성 편, 『교회를 떠나는 사람들』, 북오픈, 2022.

임택진, 김득용 외, 『장로학』, 서울: 소망사, 1998.

임택진, 『장로교회 정치해설』, 서울: 기독교문사, 1986.

_____, 『장로회 정치해설』, 서울: 한국장로교출판사, 1994.

정재영, 『교회 안 나가는 그리스도인: 가나안 성도를 어떻게 이해할 것인가?』, 서울: 한국기독학생회출판부, 2015.

지용근, 김영수 외, 『한국교회 트렌드 2023』 서울: 규장, 2023.

최성애, 조벽, 존 가트맨, 『최성애 존 가트맨 박사의 내 아이를 위한 감정코칭』, 서울: 해냄출판사, 2020.

황대식, 『좋은 장로 되게 하소서』, 서울: 생명의말씀사, 1998.

황성철, 『교회 정치 행정학』, 서울: 총신대학교출판부, 2004.

_____, '한국 장로교 정치에 있어서 당회의 문제점과 그 해결을 위한 과제', 「신학지남」 251 (1997), pp. 216-51.

홍치모, '장로제의 기원에 관한 역사적 고찰', 「신학지남」 247 (1996), pp. 153-70.

Banks, R., 『바울의 그리스도인 공동체 사상』 *(Paul's Idea of Community: The Early House Churches in Their Historical Setting)*, 장동수 역, 서울: 여수룬, 1991.

Blackaby, H. R. Blackcaby, 『영적 리더십』 *(Spiritual Leadership)*, 윤종석 역, 서울: 두란노서원, 2002.

Branick, V.P., 『초대교회는 가정교회였다: 바울 서신에 나타난 초대교회의 모습』 *(The House Church in the Writings of Paul)*, 홍인규 역, 서울: 기독교연합신문사, 2005.

Calvin, J., 『기독교강요(하)』 김종흡 외 공역, 서울: 생명의 말씀사, 1986.

_____, 『데살로니가전서』, 신약성서주해 6, 존 칼빈 성서주해출판위원회역편; 서울: 성서교재간행사, 1981, pp. 411-76.

_____, 『디모데전서』, 신약성서주해 9, 존 칼빈 성서주해출판위원회 역편; 서울:

성서교재간행사, 1981.

Caliguire, J., 『사도 바울의 리더십 비밀』 (Leadership Secrets of Saint Paul), 조계광 역, 서울: 생명의 말씀사, 2006.

Collins, G.R., 『코칭 바이블』 (Christian Coaching), 양형주, 이규창 역, 서울: 한국기독학생회출판부, 2011.

Erickson, M.J., 『복음주의 조직신학(하): 구원론·교회론·종말론』 (Christian Theology), 신경수 역, 서울: 크리스챤 다이제스트, 1995.

France, R.T., 『NICNT 마태복음』 (The Gospel of Matthew), 권대영, 황의무 역, 서울: 부흥과개혁사, 2019.

Getz, G.A., 『진게츠의 직분론: 교회를 이끄시는 하나님의 계획』 (Elders and Leaders), 김형원 역, 서울: 국제제자훈련원, 2007.

Giles, K., 『신약성경의 교회론: 교회란 무엇인가』 (What on Earth Is the Church?: An Exploration in New Testament Theology) 홍성희 역, 서울: 기독교문서선교회, 1999.

Jones, B.W., 『목회 리더십과 경영』 (Ministerial Leadership in a Managerial World), 주상지 역, 서울: 생명의말씀사, 1994.

Jones, T.P., 『하루 만에 꿰뚫는 기독교 역사』 (Christian History Made Easy), 배응준 역, 서울: 규장, 2007.

Laniak, T., 『양을 돌보는 참 목자』 (While Shepherds Watch Their Flocks), 김재성 역, 용인: 킹덤북스, 2013.

Lincoln, A.T., 『에베소서』 (Ephesians), 배용덕 역, WBC 42, 서울: 솔로몬, 2006.

Longenecker, R.N., 『갈라디아서』 (Galatians), WBC 41, 이덕신 역, 서울: 솔로몬, 2003.

Maxwell, J.C., 『당신 안에 잠재된 리더십을 키우라』 (Developing the Leader within You), 강준민 역, 서울: 두란노, 1997.

Maxwell, J.C., 『열매 맺는 지도자』 *(Be All You Can Be)*, 오연희 역, 서울: 두란노, 1991.

Mounce, W.D., 『목회서신』 *(Pastoral Epistles)*, WBC 46, 채천석·이덕신 역, 서울: 솔로몬, 2009.

Ridderbos, H.N., 『마태복음(하)』 *(The Bible Student's Commentary: Matthew)*, 오광만 역, 서울: 여수룬, 1990.

Rosenberg, M.B., 『비폭력 대화: 일상에서 쓰는 평화의 언어, 삶의 언어』 *(Nonviolent Communication)*, Katherine Singer(캐서린 한) 역, 서울: 한국NVC센터, 2015.

Rush, M., 『예수의 경영원리』 *(Management: A Biblical Approach)*, 한석희 역, 서울: 요나, 1995.

Sanders, J.O., 『영적 지도력』 *(Spiritual Leadership)*, 이동원 역, 서울: 요단출판사, 1982.

Stott, J.R.W., 『디모데전서·디도서 강해: 진리를 굳게 지키라』 *(The Message of 1 Timothy and Titus: Guard the Truth)*, BST, 김현회 역, 서울: 한국기독학생회출판부, 1998 (1996).

_____, 『사도행전 강해: 땅끝까지 이르러』 *(The Message of Acts: To the Ends of the Earth)*, BST, 정옥배 역, 서울: 한국기독학생회출판부, 1992.

Willimon, W.H., 『사도행전』 *(Acts)*, Interpretation, 박선규 역, 서울: 한국장로교출판사, 2000.

2. 외국어 문헌

Barrett, C.K., *A Critical and Exegetical Commentary on the Acts of the Apostles: Acts 1-14*, Volume I, ICC, London/ New York: T&T Clark, 2004.

_____, *A Critical and Exegetical Commentary on the Acts of the Apostles: Acts 15-28*, Volume II, ICC, London/ New York: T&T Clark, 2004.

_____, *The First Epistle to the Corinthians*, BNTC, Peabody: Hendrickson, 1968.

Best, E., *A Critical and Exegetical Commentary on Ephesians*, ICC, London: T&T Clark, 1998.

Calvin, J., *Institutes of the Christian Religion*, J.T. McNeil ed., F.L. Battles tr., two vols., Philadelphia: The Westminster Press.

Campbell, P.C. 'The Theory of Ruling Eldership', in M.R. Brown ed., Order in the Offices, Duncansville: Classic Presbyterian Government Resources, 1993, pp. 81-89.

Campbell, R.A., 'Leaders and Fathers: Church Government in Earliest Christianity', *Irish Biblical Studies* 17 (January 1995), pp. 2-21.

_____, *The Elders: Seniority within Earliest Christianity,* Edinburgh: T&T Clark, 1994.

Conzelmann, H., *A Commentary on the First Epistle to the Corinthians,* J.W. Leitch tr., Philadelphia: Fortress Press, 1975.

Davies, W.D. & D.C. Allison, *The Gospel According to St. Matthew*, Vol. II, Edinburgh: T&T Clark, 1991.

Dunn, J.D.G., *The Epistle to the Galatians,* BNTC, London: A & C Black, 1993.

Fairbairn, P., *Commentary on the Pastoral Epistles: I and II Timothy,* Titus, Grand Rapids: Zondervan, 1956 (published *The Pastoral Epistles,* Edinburgh: T & T Clark, 1874).

Gundry, R.H., Matthew: *A Commentary on his Handbook for a Mixed Church under Persecution,* 2nd; Grand Rapids: Eerdmans, 1994.

Keener, C.S., *Acts: An Exegetical Commentary, 3:1-14:28,* Volume 2, Grand Rapids, Baker Academic, 2013.

Knight III, G.W., *The Pastoral Epistles: A Commentary on the Greek Text,* NIGTC, Grand Rapids/Carlisle: Eerdmans/Paternoster, 1992.

Lightfoot, J.B., *St. Paul's Epistle to the Philippians: A Revised Text with Introduction, Notes and Dissertation,* Peabody: Hendrickson, 1999.

Marshall, I.H., *A Critical and Exegetical Commentary on the Pastoral Epistles,* ICC, Edinburgh: T&T Clark, 1999.

Norrington, D.C., *To Peach or not to Preach?: The Church's Urgent Question,* Carlisle: Paternoster, 1996.

Osborne, G.R., *Matthew,* ZECNT, Grand Rapids, Zondervan, 2010.

Patzia, A.G., *Ephesians, Colossians, Philemon,* NIBC, Peabody: Hendrickson, 1990.

Richards, L.O., C. Hoeldtke, *Church Leadership: Following the Example of Jesus Christ,* Grand Rapids: Ministry Resources Library, 1980.

Skeat, T.C., 'Especially the Parchments: A Note on 2Tim. 4:13', *Journal of Theological Studies* 30 (1979), pp. 173-77.

Torrance, T.F., *The Eldership in the Reformed Church,* Edinburgh: The Handsel Press, 1984.

_____, 'The Eldership in the Reformed Church', Scottish Journal of Theology 37 (1984), pp. 503-18.

Towner, P.H., *The Letters to Timothy and Titus,* NICNT Grand Rapids: Eerdmans, 2006.

Uprichard, R.E.H., 'The Eldership in Martin Bucer and John Calvin', *Evangelical Quarterly* 61 (1989), pp. 21-37.

Wilson, S.G., *Luke and the Pastoral Epistles,* London: SPCK, 1979.